Martin Geck

MATTHIAS CLAUDIUS

MARTIN GECK

Matthias Claudius

Biographie eines Unzeitgemäßen

Siedler

MIX
Papier aus verantwortungsvollen Quellen
FSC® C014496

Verlagsgruppe Random House FSC® N001967
Das für dieses Buch verwendete FSC®-zertifizierte
Papier *Munken Premium Cream* liefert
Arctic Paper Munkedals AB, Schweden

Erste Auflage
September 2014

Umschlaggestaltung: Rothfos + Gabler, Hamburg
Lektorat: Fritz Jensch, München
Satz: Ditta Ahmadi, Berlin
Notensatz: Georg Allescher, München
Reproduktionen: Aigner, Berlin
Druck und Bindung: GGP Media GmbH, Pößneck
Printed in Germany 2014
ISBN 978-3-88680-986-8

www.siedler-verlag.de

Der Löwin

Inhalt

DER MOND IST AUFGEGANGEN

Die goldnen Sternlein prangen
Am Himmel hell und klar;
Der Wald steht schwarz und schweiget,
Und aus den Wiesen steiget
Der weiße Nebel wunderbar.

Wie ist die Welt so stille,
Und in der Dämmrung Hülle
So traulich und so hold!
Als eine stille Kammer,
Wo ihr des Tages Jammer
Verschlafen und vergessen sollt.

Seht ihr den Mond dort stehen? –
Er ist nur halb zu sehen,
Und ist doch rund und schön!
So sind wohl manche Sachen,
Die wir getrost belachen,
Weil unsre Augen sie nicht sehn.

Wir stolze Menschenkinder
Sind eitel arme Sünder,
Und wissen gar nicht viel;
Wir spinnen Luftgespinste,
Und suchen viele Künste,
Und kommen weiter von dem Ziel.

Gott, laß uns dein Heil schauen,
Auf nichts Vergänglichs trauen,
Nicht Eitelkeit uns freun!
Laß uns einfältig werden,
Und vor dir hier auf Erden
Wie Kinder fromm und fröhlich sein.

Wollst endlich sonder Grämen
Aus dieser Welt uns nehmen
Durch einen sanften Tod!
Und, wenn du uns genommen,
Laß uns in Himmel kommen,
Du unser Herr und unser Gott.

So legt euch denn, ihr Brüder,
In Gottes Namen nieder;
Kalt ist der Abendhauch.
Verschon uns, Gott! mit Strafen,
Und laß uns ruhig schlafen!
Und unsern kranken Nachbar auch![1]

Mein Claudius – damals

»'s ist Krieg!« – so beginnt ein Gedicht von Matthias Claudius; und Krieg herrschte auch, als ich in meiner Kindheit seinem »Abendlied« begegnete. Deshalb soll hier zunächst vom Krieg die Rede sein – also nicht von idyllischen Mondaufgängen, sondern von Bombennächten. Es geht um die ersten Jahre des Zweiten Weltkriegs, und ich erinnere mich gut daran, dass mein Vater vor dem Gutenachtkuss mit mir die Schlussstrophen aus Paul Gerhardts Abendlied »Nun ruhen alle Wälder« sang:

Breit aus die Flügel beide,
o Jesu, meine Freude,
und nimm dein Küchlein ein.
Will Satan mich verschlingen,
so laß die Englein singen:
»Dies Kind soll unverletzet sein.«

Auch euch, ihr meine Lieben,
soll heute nicht betrüben
kein Unfall noch Gefahr.
Gott laß euch selig schlafen,
stell euch die güldnen Waffen
ums Bett und seiner Engel Schar.

»Dies Kind soll unverletzet sein ...« – das war damals ein höchst aktueller Wunsch. Denn oft genug kam es vor, dass ich, kaum eingeschlafen, von Sirenen jäh geweckt und von meinem Vater in aller Eile in den Luftschutzkeller unseres Recklinghäuser Pfarrhauses getragen wurde. Nach der »Entwarnung«, die durch einen langen Sirenenton angezeigt wurde, trat ich an der Hand meiner Mutter auf die nachtdunkle, nur hier und da vom Feuerschein erhellte Straße. Dort traf man auf die Nachbarn, die sich wechselseitig versicherten, noch am Leben zu sein, alsbald die Bombenschäden in der nächsten Umgebung besichtigten und womöglich beim Löschen halfen. Bis heute habe ich das brennende Haus des Lebensmittelhändlers Stute in unserer Straße vor Augen. Und bis heute erinnere ich mich an die bizarren Formen der fingerlangen, manchmal auch handtellergroßen Flaksplitter, die ich am Morgen danach in einer Zigarrenkiste von der Straße aufsammelte – das harmlose Vergnügen eines Fünf- bis Sechsjährigen, dessen große Brüder schon als Flakhelfer oder Soldat »Dienst« taten.

Ich sehe mich auch noch auf der kleinen Mauer vor dem Pfarrhaus sitzen und mit dem Finger auf Leute zeigen, die plötzlich mit einem gelben Stern auf ihrer Kleidung auf der Straße erschienen. »Was ist das?«, fragte ich mit der Penetranz des Fünfjährigen. An die Antwort der Erwachsenen erinnere ich mich nicht mehr, sicherlich war sie verdruckst. Dabei war mein Vater kein Freund des nationalsozialistischen Regimes, vielmehr als Mitglied der Bekennenden Kirche im Visier der Gestapo, die ihn mehrfach ins Polizeipräsidium bestellte und vermutlich das Telefon abhörte, das er bei wichtigen Gesprächen immer mit einem Kissen abdeckte. Er hatte mich bei meiner Taufe im Jahr 1936 nach Martin Niemöller genannt, also nach dem Kopf der Bekennenden Kirche. Aber auch nach Martin Luther, dessen Statement »Hier stehe ich, ich kann nicht anders, Gott helfe mir« er nacheiferte. Freilich war er auch ein Anhänger von Luthers Zwei-Reiche-Lehre: Er, der im Ersten Weltkrieg ein hochdekorierter Reserveoffizier gewesen war, wäre kaum auf die Idee gekommen, sich dem politischen Widerstand anzuschließen. Vielmehr kämpfte er allein mit den »güldnen Waffen« der Bekenntnistreue – das allerdings mit großer Entschiedenheit und mit dem Risiko, sein Amt zu verlieren und seiner Frau mit ihren fünf Söhnen nicht mehr als Ernährer zur Verfügung zu stehen.

Die Metapher von den »güldnen Waffen«, von denen Paul Gerhardt in seinem Abendlied spricht, ist mir durch das Gutenachtlied meines Vaters als »Geschmack auf der Zunge« geblieben. Mit dem Wort »gülden« assoziierte ich eine Art überirdischen Glanzes; und das ging mir ebenso, wenn meine Mutter mit uns beiden jüngeren, im Haus verbliebenen Kindern von der »güldnen Sonne« im gleichnamigen Lied Paul Gerhardts sang.

Von ihr, die in ihrer Jugend eine Gesangsausbildung gehabt hatte und mich wie mein Vater zum Singen ermunterte, hörte ich auch zum ersten Mal des Matthias Claudius Abendlied »Der Mond ist aufgegangen, / Die güldnen Sternlein prangen / Am Himmel hell und klar«. Ja – sie sang von den »güldnen«, nicht von den »goldnen« Sternlein, denn sie hatte die entsprechende Strophe aus meinem Gutenachtlied »Nun ruhen alle Wälder« im Ohr:

Der Tag ist nun vergangen,
die güldnen Sternlein prangen
am blauen Himmelssaal.
Also werd ich auch stehen,
wann mich wird heißen gehen
mein Gott aus diesem Jammertal.

Ob es ihr bewusst gewesen ist, dass Matthias Claudius sein »Abendlied« in großer Selbstverständlichkeit demjenigen Paul Gerhardts nachgeschaffen hat? Die Reimschemata sind identisch, Naturbilder wie »schweigende Wälder« und »güldne Sternlein« sehr ähnlich. Darüber hinaus verweisen Paul Gerhardts Liedzeilen »Also werd ich auch stehen, / wann mich wird heißen gehen / mein Gott ...« auf eine weitere Dichtung von Claudius mit dem Anfang:

Es stand ein Sternlein am Himmel,
Ein Sternlein guter Art;
Das tät so lieblich scheinen,
So lieblich und so zart![2]

Claudius hat die Verse auf den frühen Tod seiner zweitältesten Tochter Christiane geschaffen, und meine Mutter mag sie gekannt haben, da sie angesichts ihrer berührenden Schlichtheit noch zu Lebzeiten des Dichters in die berühmte Volksliedsammlung *Des Knaben Wunderhorn* Aufnahme fanden und seitdem oft nachgedruckt wurden. Jedenfalls hätte sie Claudius' Leid über den Tod seines Kindes im Innersten verstanden, da sie lebenslang die Trauer um ihren früh verstorbenen zweitältesten Sohn mit sich herumtrug.

Auch wenn sie »Der Mond ist aufgegangen« sang, lag meiner Erinnerung nach eine leichte Trauer in ihrer Stimme: Sie dachte dann wohl nicht nur an die Naturidyllik der ersten Zeilen, sondern auch an die weiteren Strophen, in denen der Dichter ein ganzes Christenleben »durchgeht« – mit allen Zweifeln und Hoffnungen. Als Fünfjähriger habe ich das Lied, ohne schon seinen Sinn zu verstehen, von vornherein nicht als Idylle, sondern im Kontext der beschriebenen »schweren Zeiten« aufgenommen.

Doch auch im Krieg gab es, zumindest bis Stalingrad, für Kinder ganz ungetrübte Freuden. Dazu gehörte der Ausflug der Kindergottesdienstgemeinde. In dem Sommer, bis zu dem meine Erinnerung zurückreicht, ging er in die nahe gelegene Haard; und ich entsinne mich an die Rückfahrt im Personenzug von Sinsen nach Recklinghausen. Sie kann kaum länger als zehn Minuten gedauert haben, erschien mir aber wie eine Ewigkeit – geteilt mit den anderen Kindern, mit den »großen Mädchen«, die als Helferinnen dabei waren, und mit Schwester Olga, die »Der Mond ist aufgegangen« anstimmte. Die »großen Mädchen« legten viel Gefühl in ihren Gesang – wer weiß, wohin ihre Fantasie vor dem Horizont von Liebe und Leid schweifte. Ich selbst beherrschte bestenfalls die erste Strophe; doch ich saß glücklich auf dem Schoß eines der »großen Mädchen« und schaute durch das Abteilfenster in die langsam vorüberziehende Landschaft mit dem aufsteigenden Mond am Himmel. Ich entsinne mich nicht, ob er – wie im Lied – »nur halb zu sehen« war; für mich war er jedenfalls »rund und schön« – wie alles an diesem Tag.

In meiner Wahrnehmung bilden Lieder wesentliche Brücken zur Kindheit. Dabei geht es nicht nur um die Möglichkeit, sich bestimmter Gefühle und Stimmungen, die sich in Worten gar nicht fassen ließen, zu vergewissern. Darüber hinaus stellt die Gattung Lied eine unverwechselbare Chance dar, ein Sinnganzes in allem Widersinn zu spüren, also Gutes und Böses, Süßes und Bitteres, Hartes und Weiches, mystische Anmutungen und alltägliches Hin und Her als Gesamtzusammenhang zu erfahren. Das half mir schon damals und hilft bis heute, eine von Kriegs- und Nachkriegswirren sowie vom frühen Tod meiner Mutter bestimmte Kindheit als gelungen zu erleben – als ein Stück Schöpfung, das so hat sein sollen, wie es geworden ist. Wo mich Lieder begleiten, habe ich die Vorstellung, dass ich mit dem Leben gehe und das Leben mit mir.

Die Schriftstellerin Janne Teller, die vor einigen Jahren mit ihrem preisgekrönten Jugendroman *Nichts. Was im Leben wichtig ist* hervorgetreten ist, hat in der Zeitschrift *Lettre International* kundgetan, was ihr Gedichte bedeuten: »Ich könnte endlos darüber sprechen, wie man den Glauben an die Menschlichkeit verlieren kann, aber ich möchte viel lieber darüber sprechen, wie er wiederhergestellt werden kann. Ich möchte viel lieber über das Wasser und das Salz sprechen, das ich zwischen den Zeilen der Gedichte gefunden habe, die ich jeden Tag in kleinen Stücken zu mir genommen [und auswendig gelernt] habe. Einige der Gedichte habe ich seither vergessen, aber an die meisten erinnere ich mich noch. Jedes ist zu einem kleinen unsichtbaren Lächeln in meiner Seele geworden, traurig oder freudig …«[3]

Ohne den damit skizzierten Hintergrund würde ich mein Buch über Matthias Claudius nicht schreiben wollen. Es ist, wie sich bald zeigen wird, kein Erbauungsbuch, vielmehr auch dem »launigen« Claudius gewidmet und zugleich an dem regen künstlerischen und intellektuellen Diskurs der Goethe-Claudius-Ära orientiert. Jedoch kann ich nur über Dinge schreiben, die durch mich hindurchgegangen sind. So habe ich es bei meinen vielen Büchern über Musik gehalten, so halte ich es auch diesmal: Was an Claudius nicht »Musik in meinen Ohren« wäre, würde unspezifisch bleiben. Diesmal liegt der Fokus meines Interesses jedoch nicht auf der Musik, obwohl Claudius sie liebte und pflegte, sondern auf seinem Lebens-Werk, das auch ein Stück Lebens-Kunst war. Zwar wollte und könnte ich nicht leben wie Claudius, spüre auch keine Versuchung, seinen Alltag zu idealisieren. Gleichwohl gibt es Züge, die mir Claudius zu einem Vorbild machen – zu einem wichtigeren, als es mir der bedeutendere Zeitgenosse Goethe sein könnte.

Damit bin ich wieder beim Lied »Der Mond ist aufgegangen«. Ich spiele es seit vielen Jahren jeden zweiten Abend auf dem Klavier. Das ist, sofern es zeitlich auskommt, als kleine, wortlose Hausandacht für mich und meine Frau gedacht. Doch ich singe das Lied auch gern mit den Gästen zum Abschluss unserer Abendeinladungen oder Hausmusiken; und ich meine, dass sich dadurch noch niemand ernstlich geniert gefühlt hat. Mich selbst aber freut es, der bunten, gar nicht nur christlich gesinnten Gästeschar nahegebracht zu haben, wofür ich stehe.

Natürlich hat das etwas Hausväterliches – passend zu einer Intention des Liedes, die von Claudius-Kennern gern beschworen wird: Man mag sich eine ländliche Familie vorstellen, die nach getaner Arbeit im wahrsten Sinne des Wortes Feierabend macht und zur Ruhe kommt, indem sie in die nächtliche Landschaft schaut. Gleichwohl ist das Lied keine Idylle: Zwar mag man die vom Mond erhellte Landschaft als eine stille Kammer betrachten, in der sich des Tages Jammer vergessen lässt, jedoch ist in der Schlussstrophe von einem kalten Abendhauch die Rede; und wer seinen Claudius kennt, der spürt, dass er in seinem Gedicht von Anfang bis Ende die Gefährdung der menschlichen Existenz mitgedacht hat – bis hin zum Frösteln angesichts des Todes.[4]

Gibt sich die imaginierte Familie in den beiden Eingangsstrophen der Naturbetrachtung hin, so ergreift in den zwei folgenden Strophen – vielleicht auf die Frage eines Kindes hin – der Hausvater das Wort, um zu erklären, dass zu dem gerade aufgegangenen Halbmond eine unsichtbare zweite Hälfte gehöre. Daraus entwickelt er eine kleine Predigt über die Hybris des Menschen, der einerseits nur glaubt, was er sieht, und deshalb voreilig für unvollkommen hält, was an sich »rund und schön« ist; der sich aber andererseits zu allerlei Luftgespinsten und zweifelhaften Künsten versteigt.

Die letzten drei Strophen sind als Gebet zu verstehen: Der Hausvater bittet für sich und seine Familie um uneitel kindlichen Glauben, um einen sanften Tod und um Aufnahme in den Himmel. Wieder ganz in der Gegenwart, fügt er den Wunsch an, Gott möge die Hausgemeinschaft »ruhig schlafen« lassen, worauf – so erscheint es mir – ein anderes Stimmchen hinzufügt: »Und unsern kranken Nachbar auch!«

Gelegentlich ist dem Gedicht die »Reaktivierung« des »vorkopernikanischen Weltbildes«, mithin eine »explizite Wissenschaftskritik« und Aufklärungsfeindlichkeit vorgeworfen worden.[5] In der Tat war Claudius kein Freund bornierter Aufklärung und weitreichender Wissenschaftsgläubigkeit. Wenn er sich in seinem Abendlied gegen die »Luftgespinste« und »vielen Künste« des Menschen wendet, so ist er jedoch nicht seinerseits borniert, vielmehr eher hellseherisch – jedenfalls im Blick auf das, was manche der Dutzende von Interpreten seinem »Abendlied« angetan haben.[6]

Zwar ist es nicht ohne Sinn, das Gedicht poetologisch abzuhorchen und etwa festzustellen, dass das Reimschema dem Modell der »Schweifreimstrophe« folgt, oder zu spekulieren, dass die Vokalreihen der einzelnen Zeilen absichtsvoll »komponiert« sein könnten. Auch kann man den Text daraufhin durchgehen, welche Aussagen lutherisch, pietistisch oder gar mystisch zu verstehen seien, was sich mit der Theologie der Aufklärung vereinbaren lasse oder ihr widerspreche. Man mag auch darüber nachdenken, wie sich Claudius' Naturbilder zu denen des Ovid, des Frühaufklärers Brockes oder des Zeitgenossen Goethe verhalten. Da Claudius ein belesener Mensch war, wäre es geradezu ein Wunder, wenn seine Dichtungen nicht auch von reicher Bildung zeugten. Gleichwohl ist es ein Symptom der von ihm beschworenen Künsteleien und Luftgespinste, dass manche Experten nicht sehen wollen oder können, dass das

Gedicht »Der Mond ist aufgegangen« keines wissenschaftlichen Gütesiegels bedarf.

Was zählt, lässt sich nicht aus Dichtungstheorien und theologischen Systemen zusammenrechnen, ist vielmehr die einfache »protestantische Erzählung«, die sich als solche nach 1780 geradezu in Windeseile durchgesetzt hat, weil man sie brauchte und als wahr empfand. Obwohl Claudius nicht von der Absicht geleitet war, ein Kirchenlied zu schaffen, konzentriert er in seinem »Abendlied« Jahrhunderte evangelischer Glaubenserfahrung. Zugleich vermittelt er ein Weltbild, das auch modernen Christen etwas bedeuten kann: Der Mensch ist ein »eitel armer Sünder« nicht wegen einzelner Fehltritte, sondern aufgrund eines Dünkels, der ihn alles machbar erscheinen lässt und doch die Welt kaum bessert. Und wenn Claudius wünscht, in den »Himmel« zu kommen, so malt er diesen nicht in reichen Farben, lässt vielmehr jeden das Seine darunter verstehen. Darin ist er bei aller Nähe zum Leben ein Stück weit Mystiker.

Während der Komponist Johann Abraham Peter Schulz seine bekannte Vertonung aus dem Jahr 1790 nicht von ungefähr innerhalb der Sammlung *Lieder im Volkston* präsentiert hat, lässt sich der Text selbst kaum unter einer solchen Rubrik einordnen, die ja ein wenig Herablassung signalisiert. Ergiebiger ist die Beobachtung, dass Claudius-Freund Johann Gottfried Herder das Gedicht schon bald nach Erscheinen im *Vossischen Musenalmanach für das Jahr 1779* in seine Sammlung von »Volksliedern« aufgenommen hat, wo Beiträge noch lebender Autoren die große Ausnahme bilden. Und obwohl Herder zwei Strophen weglässt, hat er offenbar ein Gespür für die besondere Poesie des »Abendliedes«. Derlei »Poesie« preist er im Vorwort seiner Sammlung als »die Blume der Eigenheit eines Volks, seiner Sprache und seines Landes, seiner Geschäfte und Vorurtheile, seiner Leidenschaften und Anmassungen, seiner Musik und Seele«.[7] Wenn man in Herders angenehm unprätentiöser Definition die »Blume der Eigenheit eines Volkes« durch die »Blume der Eigenheit evangelischer Frömmigkeit« ersetzt, trifft sie wichtige Momente des »Abendlieds« von Claudius.

Schauen wir pars pro toto auf das Wörtlein »auch«, das Claudius' »Abendlied« ebenso beschließt wie Goethes berühmtes, wenige Jahre später entstandenes Gedicht »Wanderers Nachtlied«. Während das »auch« bei Goethe am Ende des Satzes »Warte nur, balde / Ruhest du auch« offenkundig höchst kunstvoll platziert ist, wirkt es in der Schlusszeile von Claudius' »Abendlied« unvermittelt – wie denn die ganze Schlusssentenz »und unsern kranken Nachbar auch« an eine plötzlich einsetzende direkte Rede erinnert und damit womöglich die »ganze selbstgenügsame Harmonie des Liedes [...] überraschend stört«.[8] Doch das ist gewollt: Ich stelle mir – wie schon angedeutet – ein Kind vor, das mit dem Satz herausplatzt, um das Seine zum Abendgebet beizutragen, und damit das Schlusswort hat – unaufgefordert, aber wohlgelitten.

Für Fachleute mag es einen kleinen Affront darstellen: ein Gedicht, das formvollendet ist, ohne dass man dies bis ins Einzelne an kunstimmanenten Kriterien zeigen müsste und könnte. Und ein Dichter, der das Leben nicht zu Kunst sublimiert – anders als Goethe, der das »Über allen Gipfeln ist Ruh« an die Wand einer Berghütte schreibt, um dort seine Signatur als bedeutender Künstler zu hinterlassen. Ein Dichter vielmehr, dessen Kunst aus dem Leben erwächst und in das Leben hineinwirkt. Das Leben einer christlichen Familie, das zwischen Daseinslust und Alltagssorgen, zwischen Todesfurcht und Himmelssehnsucht pendelt – und die Vielfalt im Lied schön »auf die Reihe kriegt«: Im Zeichen des Mondes schlägt der Dichter eine Brücke zwischen Gott und Mensch, Himmel und Erde, Zeit und Ewigkeit. Verwirrtheiten und Brüche, die fast jedes Leben – auch das des Claudius – kennzeichnen, werden für einen Augenblick geheilt, der sich zugleich in die Ewigkeit verlängert.

Schillers Unterscheidung zwischen naiver und sentimentalischer Dichtung greift hier nicht: Weder *ist* Claudius »Natur« und somit »naiv«, noch *sucht* er die Natur nach Art des »sentimentalischen« Dichters. Denn natürlich hat er über seinem Gedicht gesessen, sich überlegt, was er sagen wollte, und dabei poetologische Regeln im Kopf gehabt. Insofern war er keine »Natur«. Doch ebenso wenig suchte er nach solcher »Natur«. Es gibt da etwas Drittes, nämlich einen kindlich-gläubigen Geist; Christen sprechen vom Heiligen Geist. Dessen Unmittelbarkeit hat man nicht von Geburt an, man kann sie auch nicht ohne Weiteres im Laufe seines Lebens erwerben; man bekommt sie – bei Gelegenheit und keineswegs für immer – geschenkt, wie andere ihr künstlerisches Genie zum Geschenk erhalten.

Da mag man von faulem Zauber sprechen, wie Wolfgang Koeppen es in einem kleinen Essay von 1958 mit dem Titel »Der Reinfelder Mond« getan hat. Als es den Dichter, welcher der deutschen Literatur nach 1945 wichtige Impulse gegeben hat, vorübergehend in das schleswig-holsteinische Städtchen Reinfeld verschlägt, notiert er: Dort »ist Matthias Claudius geboren, in dem Pfarrhaus aus moosverwachsenen Backsteinen, unter den hohen Linden, in ihrem Sommerduft, am Ufer der träumenden Teiche, und der Mond steht wie 1740 über der Gemeinde«.[9] Koeppen lässt die bittere Feststellung folgen, dass die deutsche Innerlichkeit, die aus dem Gedicht von Claudius spricht und die sich in der idyllischen Fassade des Reinfelder Pfarrhauses spiegelt, an den Unmenschlichkeiten der neueren deutschen Geschichte nichts hat ändern können: »Hass, Gier, Neid, die Habsucht und die Herzensträgheit« regieren weiterhin die Welt.[10]

Kann man dafür Matthias Claudius verantwortlich machen, sollte man sein »Abendlied« deshalb nicht mehr singen? Ich kann die Bitterkeit Koeppens, der namentlich zur Zeit des Nationalsozialismus ein schweres Leben hatte, gut nachvollziehen. Ich denke an meine eigene Sympathie für die Studentenbewegung von 1968 und an ein Gedicht, das ich damals schätzte. Es nimmt die deutsche Innerlichkeit zwar nicht am Beispiel von Claudius' »Abendlied«, jedoch anhand von »Wanderers Nachtlied« aufs Korn. Ich meine Bertolt Brechts »Liturgie vom Hauch« aus seiner *Hauspostille* von 1927. Die erste Strophe lautet:

Einst kam ein altes Weib einher
Die hatte kein Brot zum Essen mehr
Das Brot, das fraß das Militär
Da fiel sie in die Goss, die war kalte
Da hatte sie keinen Hunger mehr.
Darauf schwiegen die Vöglein im Walde
Über allen Wipfeln ist Ruh
In allen Gipfeln spürest du
Kaum einen Hauch ...[11]

Es ehrt Menschen wie Koeppen und Brecht, dass sie die Welt, wie sie ist, nicht ertragen und sie keinesfalls zur Idylle verklären wollen. Doch Claudius malt keine Idylle: Ihm muss man nicht erklären, dass die Welt ein Jammertal ist; stattdessen legt er uns nahe, getrost in diesem Jammertal zu leben. »Getrost« – ein altmodisches Wort. Martin Luther liebte es; in seiner Bibelübersetzung erscheint es an die drei Dutzend Mal. So sagt Gott zu Josua (1, 9): »Siehe ich habe dir geboten, dass du getrost und freudig seiest.« Vor diesem Horizont bekommen die Zeilen des »Abendliedes«, »so sind wohl manche Sachen, die wir getrost belachen«, eine besondere Färbung: Man muss die Welt nicht bis ins Letzte ergründen wollen, darf sich vielmehr damit abfinden, »manche Sachen« nur getrost »belachen« zu können. Wer weiß es besser?

BIN AUCH AUF UNVERSTÄDTEN GEWESEN, und hab auch studiert. Ne, studiert hab ich nicht, aber auf Unverstädten bin ich gewesen, und weiß von allem Bescheid. Ich ward von ohngefähr mit einigen Studenten bekannt, und die haben mir die ganze Unverstädt gewiesen, und mich allenthalben mit hingenommen, auch ins Kollegium. Da sitzen die Herren Studenten alle neben'nander auf Bänken wie in der Kirch, und am Fenster steht eine Hittsche, darauf sitzt 'n Professor oder so etwas, und führt über dies und das allerlei Reden, und das heißen sie denn *dozieren*. Das auf der Hittschen saß, als ich drin war, das war 'n Magister, und hatt' eine große krause Paruque auf'm Kopf, und die Studenten sagten, daß seine Gelehrsamkeit noch viel größer und krauser, und er unter der Hand ein so kapitaler Freigeist sei, als irgendeiner in Frankreich und England. Mochte wohl was dran sein, denn 's ging ihm vom Maule weg als wenn's aus 'm Mostschlauch gekommen wär; und demonstrieren konnt' er, wie der Wind. Wenn er etwas vornahm, so fing er nur so eben 'n bißchen an, und, eh man sich umsah, da war's demonstriert. So demonstriert' er z. Ex. daß 'n Student 'n Student und kein Rhinozeros sei. Denn sagte er, 'n Student ist entweder 'n Student oder 'n Rhinozeros; nun ist aber 'n Student kein Rhinozeros, denn sonst müßt 'n Rhinozeros auch 'n Student sein; 'n Rhinozeros ist aber kein Student, also ist 'n Student 'n Student. Man sollte denken, das verstünd sich von selbst, aber unsereins weiß das nicht besser. Er sagte, das Ding »daß 'n Student kein Rhinozeros sondern 'n Student wäre« sei eine Hauptstütze der ganzen Philosophie, und die Magisters könnten den Rücken nicht fest genug gegenstemmen, daß sie nicht umkippe.[1]

KAPITEL 1

Von Reinfeld nach Wandsbek

1740 – 1770

Reinfeld ist ein zwischen Bad Oldesloe und Lübeck gelegenes Kleinstädtchen mit heute knapp 9000 Einwohnern. Wenn Wolfgang Koeppen in seinem Essay »Der Reinfelder Mond« glaubt, das »Pfarrhaus aus moosverwachsenen Backsteinen« als die Geburtsstätte von Matthias Claudius ausgemacht zu haben, unterliegt er einem kleinen Irrtum: In Wahrheit beschreibt er den Nachfolgebau von 1782, den der Dichter erst als Erwachsener kennengelernt hat. Geboren wurde Matthias Claudius am 15. August 1740 in dem alten Pastorat, das an gleicher Stelle gestanden hatte – auf einem Gartengelände zwischen Schloss und dem »Herrenteich«, in dem die Herrschaft die bis heute gerühmten Reinfelder Karpfen züchtete.

»Die Herrschaft« – das war für Vater Claudius, der von 1730 bis 1773 als Pastor auf der Reinfelder Kanzel stand, die im nahen Schloss residierende Herzogswitwe Dorothea Christina. Im weiteren Sinne war es auch ihr Sohn Friedrich Karl, regierender Herzog von Schleswig-Holstein-Sonderburg-Plön, einem Ländchen, dessen Größe im umgekehrten Verhältnis zur Länge des Namens stand.

Friedrich Karl hatte den Plöner Besitz 1729 als Folge dynastischer Verwicklungen gegen das ebenso kleine Herzogtum Norburg auf der Ostseeinsel Alsen eingetauscht. Für den Unterhalt von mindestens zwei Mätressen und das üppige Hofleben, das er im Plöner Schloss führte, dürften die Erträge des winzigen Herzogtums je länger, desto weniger ausgereicht haben. Jedoch half ihm der »Plönische Sukzessionstraktat«, dem zufolge er den dänischen König als Erben einsetzte. Im Gegenzug kam dieser für alle

Schulden auf, die der holsteinische Duodezfürst bei Lebzeiten angehäuft haben würde.

Seinen Pastor Matthias Claudius den Älteren, den Vater des Dichters, hatte der Herzog von Alsen mitgebracht – vermutlich, weil er dessen Loyalität zu schätzen wusste. Das bis in die Reformationszeit zurückreichende Pfarrergeschlecht der Claudius stammte aus Nordschleswig. Dort wirkte von 1598 bis 1639 der Pastor Claus Paulsen in Emmerlev bei Tønder; nach humanistischer Sitte latinisierte er seinen Namen zu Claudius Pauli.

Auch einer seiner Nachkommen, ebenjener Matthias Claudius der Ältere, wirkte als Pastor in Nordschleswig, bevor er 1730 mit 26 Jahren sein Amt in Reinfeld antrat. Er heiratete, bekam zwei Söhne und war schon sieben Jahre später wieder Witwer. Nach Ablauf des Trauerjahres ehelichte er Maria Lorck, Tochter eines Flensburger Ratsherrn. Sie gebar ihm acht Kinder; Sohn Matthias kam an zweiter Stelle. Im Erwachsenenalter hat Matthias Claudius seine Eltern als fromm und liebevoll dargestellt, und wir haben keinen Grund, an dieser Erinnerung zu zweifeln.

Offensichtlich war der junge Matthias schon früh für den Beruf des Pfarrers vorgesehen. Jedenfalls unterrichtet ihn der Vater zusammen mit dem wenig älteren Bruder Josias nicht nur in den Grundschulfächern, sondern auch im Lateinischen; und der große Lehnsessel im Pfarrhaus wird zur »Kanzel«, von der aus schon das Kind zur Hausgemeinde »predigt«.[2] Gleichwohl ist der junge Matthias augenscheinlich kein Stubenhocker: Er streift durch die Natur und entwirft eine abenteuerliche Seekarte,[3] um mit dieser Navigations-»Hilfe« den »Herrenteich« zu befahren. Als das Boot bei einer dieser Expeditionen kentert, ist er nahe am Ertrinken: »Ich hatte schon alles aufgegeben, und dachte nur daran, wie mir der Tod schmecken und was meine arme Mutter sagen würde.«[4] Das frühe Nahtoderlebnis hat sich in Claudius' Gedächtnis ebenso tief eingegraben wie der Verlust zweier Geschwister und eines Halbbruders, den der Elfjährige binnen eines einzigen Jahres zu verkraften hat.

Die Matthias-Claudius-Kirche in Reinfeld heute. Hier wurde Claudius am 16. August 1740 von seinem Vater getauft, falls dies nicht im Haus geschehen ist.

Das 1782 errichtete Pastorat in Reinfeld, vom Herrenteich her gesehen. Es ersetzte Matthias Claudius' Geburtshaus, das der auf einen Neubau bedachte Ortspfarrer als eine »verfallene, düsterne Hütte« bezeichnete, die »mehr finsteren und schmutzigen Viehställen als Wohnungsorten für Menschen« geglichen habe (Johannes Wolters, Aus Reinfelds Vergangenheit, *Eckernförde 1920, S. 103). Ansichtskarte aus der ersten Hälfte des 20. Jahrhunderts.*

Nach der Konfirmation schickt der Vater den Vierzehnjährigen zusammen mit Bruder Josias auf die Lateinschule in Plön. Da die Kinderschar inzwischen auf neun Köpfe angewachsen ist, wird er für Logis und Schulgeld kaum allein aufgekommen sein: Das Gehalt eines Dorfgeistlichen gibt dafür nicht genug her, selbst wenn zum Landpastorat traditionell eine Obstwiese und ein paar Kühe auf der Weide gehören. Vermutlich hat die Reinfelder Herzogswitwe mit Stipendien weitergeholfen, vielleicht auch der in Plön residierende Herzog selbst.

Zwischen einem Dorfpastor und seinem adeligen Patron herrscht in diesen Zeiten ein spezifisches Dienstverhältnis: Der Pastor ist oft der einzige Akademiker am Ort und deshalb bei Hof in der Regel wohlgelitten. Auch Pastor Claudius wird in Hofkreisen verkehrt haben; jedenfalls werden drei seiner Kinder zu Paten bei Mitgliedern des herzoglichen Hauses bestellt. Andererseits ist ein Pastor, sofern er nicht reich geheiratet hat, auf Gratifikationen unterschiedlicher Art angewiesen. Solche aber kommen vom Patron oder der Patronin, die als Gegenleistung absolute Loyalität erwarten. Das bedeutet de facto, dass der Pastor von der Kanzel und im Konfirmandenunterricht – in gut lutherischer Tradition – zum Gehorsam gegenüber der Obrigkeit aufzurufen hat, auch wenn eine innere Stimme ihm oftmals anderes nahegelegt haben mag. Sollte es zu Gewissenskonflikten kommen, gibt es eine spezifische Lösungsmöglichkeit. Diese besteht in dem Vorsatz, zwar nicht die Herrschaft zu kritisieren, jedoch als Pastor ein möglichst untadeliges Leben zu führen, dem einfachen Volk anteilnehmend zu begegnen und dem »kranken Nachbarn« nach Kräften zu helfen.

Im Leben des jungen Matthias Claudius scheint es einen Dreiklang von Natur-, Glaubens- und Patronatserfahrung gegeben zu haben, der auch seine weitere Existenz bestimmen wird. Schon früh erfährt dieser Akkord eine Eintrübung, die zwar nicht mit Schwermut gleichzusetzen ist, jedoch ein spezifisches Vorzeichen setzt: Bei allem Tun und Lassen hat Freund Hein ein Wort mitzureden. Die Auseinandersetzung mit dem Tod kulti-

Ein prunkliebender Landesherr: Herzog Friedrich Karl von Schleswig-Holstein-Sonderburg-Plön im Kreis der Familie im Garten seines Lustschlosses Traventhal. Gemälde von Johann Heinrich Tischbein, 1759. Was mag der junge Claudius, Schüler des Plöner Gymnasiums, von dieser Pracht gehalten haben?

viert nicht zuletzt das evangelische Pfarrhaus, welches zugleich den Nährboden für Claudius' späteres Künstlertum abgibt.

Andere Dichter haben diesen Hintergrund ebenfalls gehabt – Gryphius, Lenz, Lessing, Gellert, Jean Paul, Benn, Hesse –, auch Nietzsche. Es trifft da einiges aufeinander: Traditionsbewusstsein auf der einen Seite, bohrendes Fragen nach Gott, Welt und Mensch auf der anderen. Gleichwohl ist das Pfarrhaus nicht mehr als ein Nährboden. Was die Einzelnen daraus gemacht haben, hätte unterschiedlicher kaum sein können: Jeder hat auf seine Weise und in seiner Zeit versucht, mit diesem Erbe fertigzuwerden, jedem half sein persönlicher Genius.

Matthias Claudius ist noch auf der Suche, als er sich nach vierjährigem Besuch der Plöner Lateinschule im April 1759 gemeinsam mit dem Bruder an der Universität Jena einschreibt. Das thüringische Universitätsstädtchen ist zwar recht weit von Reinfeld entfernt, jedoch gibt es dort eine holsteinische Landsmannschaft mit den Farben Scharlachrot-Weiß. Vater Claudius warnt vorsorglich vor exzessivem Studentenleben und gibt in einem eigens dafür angelegten Heftchen entsprechende Winke: Die Brüder finden dort genaue Direktiven zum Besuch der Kollegien, Ratschläge zu Wohnung, Licht und Feuerung, Mahnungen zur Sparsamkeit, Warnungen vor Duellen. Zum Schluss gibt es ein fulminantes Resümee, das dem biblischen Buch Jesus Sirach entnommen ist: »Wein und Weiber betören die Weisen; und die sich an Huren hängen, werden wild und kriegen Motten und Würmer zum Lohn und verdorren, den andern zum merklichen Exempel.«[5]

Beide Brüder schreiben sich für ein Theologiestudium ein; Matthias wechselt jedoch schon nach einem Jahr in die juristische Fakultät, wo er vor allem Kameralwissenschaften studiert – modern gesprochen: Verwaltungsrecht und Wirtschaftswissenschaften. Einer ungesicherten Überlieferung zufolge ist der Wechsel durch ein Brustleiden bedingt, das ihn gelegentlich Blut spucken und für ein künftiges Predigtamt ungeeignet erscheinen lässt. Allerdings ist Claudius von den neuen Fächern offenbar nicht begeistert; seine Leidenschaft gilt jedenfalls der schönen Literatur: Er schließt sich der Jenaer Teutschen Gesellschaft an, die frischen Wind in Kunst und Wissenschaft bringen möchte. Diesem Ziel dienen Lese- und Diskussionszirkel, in denen man mit den Dichtungen von Hagedorn, Klopstock und Gleim in Berührung kommt – also mit all dem, was man Anakreontik, im weiteren Sinne auch Empfindsamkeit nennt.

Zwei Drucke zeugen von Claudius' Eintauchen in diese ihm neue Welt. Zum einen veröffentlicht er Ende 1760 seine Leichenrede zur Erinnerung an den in Jena an Blattern verstorbenen Bruder Josias – ein eigentümliches Dokument, das an seinem Schmerz zwar keinen Zweifel lässt, das existenzielle Thema »Tod und Verlust eines geliebten Menschen« jedoch mit einem dichterischen, theologischen und philosophischen Aufwand angeht, der eines Mitglieds der Teutschen Gesellschaft würdig sein mag, einen Zwanzigjährigen jedoch intellektuell und emotional zu überfordern droht.

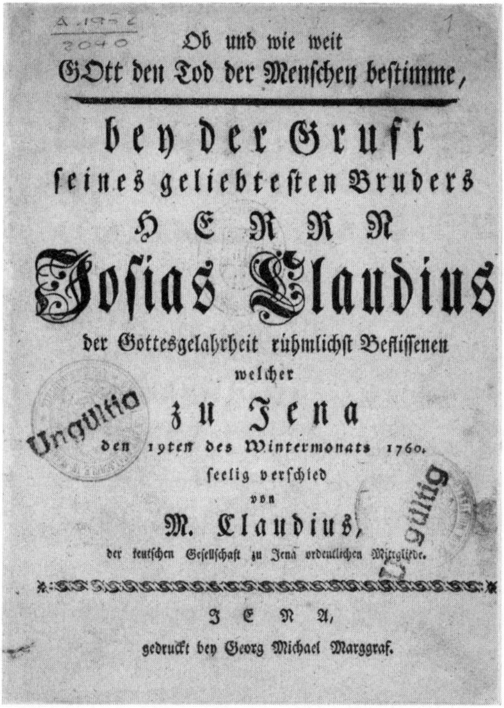
Ob und wie weit
GOtt den Tod der Menschen bestimme,
bey der Gruft
seines geliebtesten Bruders
HERRN
Josias Claudius
der Gottesgelahrheit rühmlichst Beflissenen
welcher
zu Jena
den 19ten des Wintermonats 1760.
seelig verschied
von
M. Claudius,
der teutschen Gesellschaft zu Jena ordentlichen Mitgliede.

JENA,
gedruckt bey Georg Michael Marggraf.

Titelblatt der von Matthias Claudius auf den Tod seines Bruders verfassten Trauerrede. Der Zwanzigjährige hielt sie »vor den Teilnehmern des akademischen Leichenzugs«. Die steife Argumentation und der barocke Stil wollen zu einem Mitglied der Teutschen Gesellschaft nur bedingt passen.

Unausgegoren und von der gelehrten Kritik nicht grundlos gescholten ist der Inhalt eines 64 Seiten umfassenden Büchleins mit dem Titel *Tändeleyen und Erzählungen,* das Claudius im Herbst 1762 veröffentlicht. Wer will, mag zu filtern versuchen, was von den mehr oder weniger geglückten Versen – auch die »Erzählungen« sind gereimt – als bloße Fingerübung im »stile anacreontico« einzuschätzen ist und was schon bedeutungsvoll auf den späteren Claudius hinweist. Dieser hat lediglich eines der frühen Gedichte – »An eine Quelle« – in seine *Sämmtlichen Werke* aufgenommen.[6] Interessanter erscheint die Frage, wie es zu einer zweiten, leicht veränderten

Auflage der *Tändeleyen* hat kommen können und wie sie finanziert wurde. Hat womöglich der Widmungsträger Geld zugeschossen, der damals siebzehnjährige Friedrich Ludwig Graf von Moltke? Oder dessen Vater, Oberhofmarschall in dänischen Diensten? Denkbar, jedenfalls für die Zeit nicht ungewöhnlich wäre, dass Claudius sich als Begleiter auf der Cavalierstour empfehlen wollte, die der junge Graf wenig später antreten wird.[7]

Sollte diese Absicht bestanden haben, so ist nichts daraus geworden. Vielmehr verlässt Claudius die Universität Jena im Herbst 1762, um für ein gutes Jahr ins Elternhaus zurückzukehren. Einen akademischen Grad kann er dem Vater nicht vorweisen; doch das ist Conditio sine qua non nur für einen jungen Gelehrten, der an der Universität Karriere machen will. Das aber hat der junge Claudius beileibe nicht im Sinn. Vielmehr wird er schon wenig später in seiner Rolle als Asmus die hohen Schulen als »Unverstädten« verspotten (siehe Seite 20)[8] und generell kein gutes Haar an ihrer unproduktiven Gelehrsamkeit lassen. Schon die *Tändeleyen und Erzählungen* enthalten die Fabel über einen Gelehrten, der angesichts der Aufgabe, einen Stein auf einen Hügel zu tragen, bloß nutzlos zu schwadronieren weiß:

> … Ich wills euch aus Begriffen sagen.
> Der Stein ist schwehr, das seht ihr hier,
> Doch wißt ihr nicht, warum? Ihr Ungelehrten ihr!
> Drum müsst ihr die Gelehrten fragen;
> Und ihr thut wohl. Ich dank es der Gelehrsamkeit,
> Ohn' welcher ich gewiß so tumm, wie ihr seyd, wäre,
> Nur blos des Steines Dichtigkeit
> Ist schuld an seiner grosen Schwehre,
> wär er nur halb so dicht, das folget nun daher,
> So wär er auch nur halb so schwehr. …[9]

Einer aus »der Philosophen Schaar, / Die, neben andern großen Gaben, / Nur Grillen in den Köpfen haben« will der junge Claudius nicht sein. Doch schwere Steine auf einen Berg zu tragen kann er auch nicht als Sinn des Lebens betrachten. Ebenso wenig mag er »nach Glückstadt gehen«, um »zu plädieren«,[10] also Advokat werden. Stattdessen schaut er sich nach Stellen um, auf denen er zwar etwas Geld verdienen, zugleich aber seinen Horizont weiten kann. Er wendet sich diesbezüglich an den nur wenig älteren Heinrich Wilhelm von Gerstenberg, dem er in Jena in der Teutschen Gesellschaft begegnet und mit dem Titel der *Tändeleyen* nacheifert. Der passionierte Dichter im Nebenberuf, inzwischen Offizier in dänischen Diensten, empfiehlt ihn an den Generalauditeur Caroc, Chef der militärischen Justizverwaltung. Doch lieber hätte Claudius »eine Sekretärstelle«; und vor der Hand genügt »das erste das beste, ich wollte gar zu gerne vom Hause«.[11] Vermutlich durch die Vermittlung eines Onkels klappt es mit der »Sekretärstelle« im Frühjahr 1764 beim Grafen Ulrich Adolph von Holstein, der nach Kopenhagen in die königlich dänische Heeresverwaltung berufen worden ist. Doch bereits nach einem guten Jahr ist Claudius erneut stellungslos: Da hat der Chef sein Amt schon wieder aufgegeben.

Indessen nutzt Claudius das Kopenhagener Jahr zu zahlreichen Kontakten, welche die Jahrzehnte weitgehend überdauern werden. Zu einer seiner Leitfiguren wird der 16 Jahre ältere Dichter Friedrich Gottlieb Klopstock, der auf Einladung König Friedrichs V. in der dänischen Hauptstadt weilt, um ohne materielle Sorgen an seinem großen Versepos *Der Messias* arbeiten zu können. Vermutlich ist Claudius nicht nur vom dichterischen Furor Klopstocks begeistert gewesen, sondern auch von dessen Geschick, Mäzene zu finden. Jedenfalls wird er im Laufe der Zeit versuchen, es Klopstock in diesem Punkt gleichzutun – wenngleich in weitaus bescheideneren Dimensionen. Schon der Passus aus einem Brief, den er im Sommer 1769 an den Freund Gottlob Friedrich Ernst Schönborn richtet, lässt in dieser Hinsicht tief blicken: »Die ökonomischen Angelegenheiten ziehen wie der Körper die Kräfte des Philosophen zur Erde und versengen die Fittiche seines Genies. Ha, ha, ha.«[12]

Claudius darf sich alsbald zum engeren Bekannten-, wenn nicht gar Freundeskreis Klopstocks zählen; er tut sich als Musikmeister hervor, fördert durch sein Klavierspiel die Geselligkeit und gefällt durch Wendigkeit beim Eislaufen, einer der Lieblingsbeschäftigungen des damals schon berühmten Dichters. Mit dem »Jüngling«, der in der 1764 entstandenen Ode »Der Eislauf« »den Wasserkothurn / Zu beseelen weiß und flüchtiger tanzt«,[13] soll Claudius gemeint gewesen sein. Dieser intensiviert indes auch seine Beziehungen zu Gerstenberg, der sich prominente Vertonungen seiner Dichtungen wünscht und darüber mit Claudius noch über Jahre hinweg in regem Gedankenaustausch bleiben wird.

Von Sommer 1765 bis Mai 1768 muss Claudius wieder mit dem Reinfelder Elternhaus vorliebnehmen. Weitgehend mittellos, kann er oft nicht einmal das Porto für die Korrespondenz mit Freunden aufbringen. »Der pflügt, der drischt, der läßts sein, der ist krank, der traurig, der liebt, der fällt in den Schnee, der stirbt, der brennt ab – das würden meine Neuigkeiten sein«,[14] teilt er Schönborn im Februar 1767 in der lakonischen Art mit, die er offenbar schon jetzt zu seinem Markenzeichen macht; und vermutlich ist er damals seinerseits darauf angewiesen, in der Landwirtschaft mitzuhelfen. Er wird auch das Orgelspiel betrieben haben, scheint sogar an der Organistenstelle einer Lübecker Kirche interessiert gewesen zu sein.

»Fragen Sie Wöldicke, wie er es gemacht hat, daß er Professor geworden, und machen Sie es ebenso und werden Sie auch Professor und laß es Dubois ebenso machen, so wird er auch Professor«,[15] heißt es in einem späteren Brief an Freund Schönborn. Das klingt nicht unbedingt launig, eher ein wenig frustriert – vor allem im Kontext einer anderen Briefpassage: »Klopstock hat nicht geschrieben, schreibt nicht und wird wohl auch nicht schreiben.«[16] Aber dann schreibt Klopstock doch und vermittelt sogar einen Posten: Claudius kommt bei den neu gegründeten, zweimal wöchentlich erscheinenden *Hamburgischen Adreß-Comtoir-Nachrichten* unter, die von Klopstocks Bruder herausgegeben werden. Man mag es Fügung oder Zufall nennen: Er hat damit einen vergleichsweise interessanten Job gefunden; denn Zeitungen, die mehrmals in der Woche erscheinen und um Aktualität bemüht sind, gelten im zweiten Drittel des 18. Jahrhunderts noch als abenteuerliche Projekte.

Claudius assistiert also seit Mitte 1768 Wilhelm Dumpf, dem Redakteur der *Adreß-Comtoir-Nachrichten,* liefert jedoch schon in der Ausgabe vom 2. Juli den ersten eigenen Beitrag – in Gestalt eines fingierten Briefes, in dem sich ein gewisser Gustav Pfahl der Zeitung als Korrespondent anbietet. Neben einer reichlich skurrilen Angebotsliste empfiehlt sich dieser »Humorist«, wie Claudius ihn in seiner Rolle als Redakteur nennt, mit allgemeinen Vorstellungen zum Profil des Blattes: »Ein Adreß-Comtoir ist nur für eine große Stadt; hier soll es ein erhabner Ort sein, wo man überall sehen kann, ein Hör- und Sprach-Rohr zugleich, ein magischer Spiegel, auf dessen einer Seite jedermann sein Bedürfnis schreibt, und auf der andern die Antwort liest.«[17]

Eine solcher Anspruch – hinter dem sich natürlich Claudius' eigene Vorstellungen verbergen – klingt geradezu modern, ist freilich auch arg idealistisch: Wie soll ihn ein achtseitiges Blatt einlösen, das man vor allem wegen seiner Geschäftsnachrichten, Schiffsmeldungen, Wetterberichte, Wechselkurse usw. abonniert? Doch gerade in der tendenziell pragmatischen Ausrichtung der *Adreß-Comtoir-Nachrichten* liegt für Claudius eine Chance: Er ist offenkundig vor allem für die Beiträge im locker gestalteten Schlussteil des Blattes zuständig; und dort lässt man ihn vorerst, so scheint es, unbehelligt schalten und walten. Und dies umso bereitwilliger, als das, was man wenig später Feuilleton nennen wird, noch in den Kinderschuhen steckt, sodass jede Zeitung hier Neuland betritt.

In etwa 30 Beiträgen nutzt Claudius die Gelegenheit, seine spezifischen Talente auszuprobieren – Talente, die er erst innerhalb der nachfolgenden Tätigkeit für den *Wandsbecker Bothen* ganz entfalten wird, jedoch schon in den *Adreß-Comtoir-Nachrichten* aufblitzen lässt. Da gibt es zum Beispiel die Korrespondenz zwischen Fritz, seinem Vater und seiner Tante. Eine aktuelle Hamburger Aufführung von Lessings *Minna von Barnhelm,* die der rührend naive, die Bühnenhandlung für bare Münze nehmende Jüngling besucht hat, bildet den Anlass zu Reflexionen über Moralität, Gefährlichkeit oder gar Sündhaftigkeit des Theaters; und Rolf Siebke, Herausgeber der aktuellen Claudius-Gesamtausgabe, geht wohl nicht fehl, wenn er in Fritzens bigotter Tante ein Widerbild des Hamburger Hauptpastors Johann Melchior Goeze sieht, der damals gegen das unsittliche Wesen der deutschen Bühne wettert – nicht zuletzt anlässlich besagter, höchst erfolgreicher Aufführung von Lessings Lustspiel durch die Ackermannsche Schauspieltruppe.[18]

Man kann die von Claudius präsentierte Mischung von Humor und Hintersinn oder – gemäß dem Titel einer Grabbe-Komödie – von »Scherz, Satire, Ironie und tieferer Bedeutung« kaum beschreiben. Man muss sie *lesen.* Als Beispiel abgedruckt sei hier ein kleines Gedicht, das für die Modernität einer Claudiusschen Moritat steht; es könnte auch von Peter Hacks stammen:

Grabschrift
Es lebte einst ein Ritter,
Bernhardus Parirot;
Er schmeckte süß und bitter,
Und wog viertausend Lot;
In einem Ungewitter
Schlug seine Frau ihn tot,
Und nun liegt hier der Ritter,
Bernhardus Parirot.[19]

Ein anderes Gedicht aus den *Adreß-Comtoir-Nachrichten* zählt zu den wenigen, die Claudius der Aufnahme in seine *Sämmtlichen Werke* für würdig befunden hat. Dort erscheint es in dieser Gestalt:

Ein Wiegenlied bei Mondschein zu singen

So schlafe nun du Kleine!
Was weinest du?
Sanft ist im Mondenscheine,
Und süß die Ruh.

Auch kommt der Schlaf geschwinder,
Und sonder Müh:
Der Mond freut sich der Kinder,
Und liebet sie.

Er liebt zwar auch die Knaben,
Doch Mädchen mehr,
Gießt freundlich schöne Gaben
Von oben her

Auf sie aus, wenn sie saugen,
Recht wunderbar;
Schenkt ihnen blaue Augen
Und blondes Haar.

Alt ist er wie ein Rabe,
Sieht manches Land;
Mein Vater hat als Knabe
Ihn schon gekannt.

Und bald nach ihren *Wochen*
Hat Mutter mal
Mit ihm von mir gesprochen:
Sie saß im Tal

In einer Abendstunde,
Den Busen bloß,
Ich lag mit offnem Munde
In ihrem Schoß.

Sie sah mich an, für Freude
Ein Tränchen lief,
Der Mond beschien uns beide,
Ich lag und schlief;

Da sprach sie! »Mond, oh! scheine,
Ich hab sie lieb,
Schein Glück für meine Kleine!«
Ihr Auge blieb

Noch lang am Monde kleben,
Und flehte mehr.
Der Mond fing an zu beben,
Als hörte er.

Und denkt nun immer wieder
An diesen Blick,
Und scheint von hoch hernieder
Mir lauter Glück.

Er schien mir unterm Kranze
Ins Brautgesicht,
Und bei dem Ehrentanze;
Du warst noch nicht.[20]

1764 entsteht Klopstocks »Willkommen, o silberner Mond, / schöner stiller Gefährt' der Nacht!«; 1777 dichtet Goethe »Füllest wieder Busch und Tal / Still mit Nebelglanz«. In meinem Exemplar des »Echtermeyer« – dieser von einigen Schülergenerationen benutzten Anthologie deutscher Lyrik – sind diese beiden Gedichte mit Bleistiftanmerkungen übersät: Wir »besprachen« sie in der Oberstufe. Warum fehlt Claudius' Wiegenlied?

Es mangelt ihm am »hohen Ton« der Allgemeingültigkeit: Die ästhetischen Maximen klassizistischer Kunst zielen auf Einheit, Vollkommenheit, Stimmigkeit, Konsequenz, Reinheit und Geschlossenheit; man will idealisieren, weder seinem Gegenstand noch dem Publikum zu nahe treten. Rein Stoffliches ist da ebenso fehl am Platz wie allzu Beziehungsreiches. Wie feinstens aus zart geädertem Marmor gehauen – so soll klassizistische Kunst wirken. Selbst für die Gattung der Idylle gilt Schillers Forderung: »In einem wahrhaft schönen Kunstwerk soll der Inhalt nichts, die Form aber alles thun; denn durch die Form allein wird auf das Ganze des Menschen, durch den Inhalt hingegen nur auf einzelne Kräfte gewirkt. [...] Darinn also besteht das eigentliche Kunstgeheimniß des Meisters, daß er den Stoff durch die Form vertilgt.«[21]

Claudius, seinen *Tändeleyen* entwachsen, kann solche Maximen nicht verstehen – oder er versteht sie zu gut, um sich mit ihnen anfreunden zu können. Er hält nichts von dem leeren Idealisieren, dem noch zu seinen Lebzeiten auch ein Frühromantiker wie Friedrich von Schlegel widersprechen wird, ohne doch dem Bannkreis des Idealismus zu entkommen.

Ohne dass man dem »Wiegenlied« mangelnde Formschönheit oder aufdringliche Materialität vorwerfen könnte, will es nicht etwa Leben zu Kunst gerinnen lassen, sondern Lebens-Kunst vorstellen: Schlag dein Lebensbuch auf, lautet seine Einladung. Und die Vorstellung eines Lebensbuches erinnert mich an das dicke Album, das meiner Familie kontinuierlich dokumentiert, was an unserem Leben – bei allen Widersprüchen – liebens- und schätzenswert ist: Es gibt dort diverse Eintragungen von Gästen, Fotos, Programmzettel, Zeitungsausschnitte, Kinderzeichnungen, Geburts- und

Todesanzeigen, den Ausdruck eines Elektrokardiogramms und als Eigengewächs viele skurrile Gedichte und Schüttelreime – eine Art Bricolage. An diesem Punkt ist mir Claudius sehr nahe.

Doch anstatt mich mit ihm messen zu wollen, vergleiche ich ihn lieber mit Mozart. Dessen Musik erlebe ich weit weg vom Weimarer Klassizismus und nahe an dem, was ich als »Harlequinade« beschrieben habe. Gemäß einer Definition des Philosophen Gottfried Wilhelm Leibniz war Harlequin allerdings keine dumme, komische Figur, sondern »Empereur de la Lune«, Beherrscher des Mondes. Als solcher verstand er sich auf die Kunst, das Schwierige angenehm und das Schwere leicht zu machen. Leibniz hat sich auch zum *Wesen* Harlequins geäußert: Man habe, als man ihn auf der Bühne entkleiden wollte, kein Ende finden können, weil unter jedem Gewand ein neues zum Vorschein gekommen sei; und das stehe für die unendlichen Entfaltungen des organischen Lebens.[22] Das passt nicht schlecht auch auf Claudius, den der Theologe Wichmann von Meding unlängst einen »Narren am Hof der regierenden Aufklärung« genannt hat.[23] Und schon Claudius' Zeitgenossen wussten, wenn sie nicht gerade Goethe, Schiller oder Wilhelm von Humboldt hießen, was sie an diesem Harlequin oder Narren hatten.

Der Verleger der *Adreß-Comtoir-Nachrichten* weiß es offenbar nicht; jedenfalls bekommt Claudius nach zwei Jahren eine Abmahnung, worauf er von sich aus kündigt. Sein letzter, am 1. Oktober 1770 erscheinender Beitrag lässt noch einmal Gustav Pfahl zu Wort kommen – mit der rhetorischen Frage, wie man es dem verehrten Publikum denn wohl recht machen könne: Möchte es etwas vom Türkenkrieg erfahren, oder von »Amor«, oder vom Thema »Genie und Geschmack«, oder besser vom Nichts? Von Letzterem verstehe er, Gustav Pfahl, nämlich besonders viel. Claudius äußert sich somit zum Ende seiner Tätigkeit so hintergründig-skurril, wie er begonnen hat; und man hätte es den braven oder weniger braven Hamburger Handelsleuten, denen das Blatt ja gefallen sollte, kaum verübeln können, wenn sie da nicht immer mitgekommen wären.

Drei prominente Zeitgenossen, mit denen der junge Journalist Claudius verkehrte: der Musiker Carl Philipp Emanuel Bach, der Dichter Friedrich Gottlieb Klopstock sowie der Denker und Theatermann Gotthold Ephraim Lessing (von links).

Aufs Erste ist es nun aus mit der Redakteurstätigkeit, die ohnehin so wenig abgeworfen hat, dass Claudius es mit der Lotterie versuchen[24] und zunächst mit einer »Stube« vorliebnehmen muss, aus der er »täglich mit Lebensgefahr zu einem Nachtstuhl im Keller hinab[zu]sinken« genötigt ist.[25] Doch gottlob hat er in den ersten Hamburger Jahren andere Partner als seine anonymen Leser; und *wenn* er in etwas geschickt ist, dann in der Kunst, prominente Bekanntschaften, wenn nicht gar Freundschaften zu schließen.

Der Erste in der Reihe ist Carl Philipp Emanuel Bach, zu dem Freund Gerstenberg schon längst den Kontakt sucht: Der zweitälteste Sohn Johann Sebastian Bachs ist die erste Persönlichkeit der neueren Musikgeschichte, die nicht nur als Komponist und Virtuose, sondern auch als aktuelle Geistesgröße Ansehen genießt. Wer damals von Empfindsamkeit oder Sturm und Drang spricht, denkt nicht nur an Klopstocks *Messias* oder Goethes *Werther*, sondern auch – wenn nicht vor allem – an Carl Philipp Emanuel Bach und seinen allseits gerühmten Vortrag der eigenen Klavierfantasien. Wem will Denis Diderot im März 1774 persönlich seine Aufwartung machen, als er auf der Rückreise von Sankt Petersburg nach Paris in Hamburg Station macht? Keinem anderen als Carl Philipp Emanuel Bach.

Während die Visite daran gescheitert sein soll, dass der berühmte französische Aufklärer seine Kleidung nicht comme il faut fand, hat Claudius im Frühsommer 1768 mehr Fortune: An einem Sonntagnachmittag »verfolgt« er den Komponisten, der erst einige Monate zuvor nach Hamburg gekommen ist, auf dem Rückweg von der Michaeliskirche zu dessen Haus, um dieses überhaupt ausfindig zu machen; zwei Tage später sucht er ihn dann auf, trifft ihn jedoch seinerseits »im negligé, darin er sprach, aber nicht spielte«. Über den Verlauf der Visite unterrichtet Claudius Gerstenberg in Kopenhagen brieflich:

Bach Verzeihen Sie, daß Sie mich so im *negligé* treffen.

Claudius mann findet *Virtuosen ordinoir* darin.

Bach bey leibe nicht, das sind nicht *virtuosen*, das sind liederliche Leüte.

Claudius Ich komme aus *Copenhagen* und habe einen Gruß für Sie von H Past. *Resewitz*, wenn Sie sich seiner noch erinnern.

Bach O ja – wie steht es um die Musik in Copenhagen?

Claudius sehr mäßig, *Schobert* und Ihr Bruder sind die Lieblings *Autor*s, Sie gefallen nicht sonderlich.

Bach darin muß ich mich finden. Schobert ist auch hier beckannt, er ist ein Mann, der Kopfs hat, aber hinter seiner und meines Bruders [Johann Christian Bach] itziger *Composition* ist nichts.

Claudius sie fällt gleichwohl gut ins Ohr.

Bach sie fällt hinein und füllt es, läst aber das Herz leer, das ist mein Urtheil von der neüen Musick, der neüen comischen Musick. die auch in *Italien*, wie mir *Galuppi* gesagt hat, Mode ist, so daß mann gar kein *Adagio*, lauter raüspernde *Allegro*, allenfalls ein *andantino* zu hören kricht. […]

Claudius sie verhält sich vielleicht zur eigentl. Musick, wie sich das Witzige zum pathetischen

Bach der Vergleich ist nicht übel. die Musick hat höhere Absichten, sie soll nicht das Ohr füllen, sondern das Herz in Bewegung setzen.

Hier sah ich ihm steif ins Gesicht.

Claudius Sie haben einige *piecen* gesetzt, darin Charaktere ausgedrückt sind, haben Sie die Arbeit nicht fortgesetzt?

Bach nein, die Stücke hab' ich gelegentlich gemacht, und vergeßen

Claudius es ist doch gleichwohl ein neüer Weg –

Bach aber nur ein kleiner, mann kanns näher haben, wenn mann Worte dazu nimmt.[26]

Der hier mitgeteilte Dialog ist Kennern zwar wohlbekannt; gleichwohl wird kaum gewürdigt, dass es sich in gewissem Sinne um das erste dokumentierte Interview in der Geschichte des Musikjournalismus handelt – und obendrein um ein so pfiffiges, dass es der Zunft bis heute zur Ehre gereicht. Gekonnt ist schon der Prolog: Claudius' angeblicher Mittelsmann, der Pastor Friedrich Gabriel Resewitz, hat von 1755 bis 1757 in Berlin gelebt, also gleichzeitig mit Bach. Natürlich ist es denkbar, dass sich der Bach-Sohn an Resewitz, einen inzwischen in Kopenhagen wirkenden, ebenso regsamen wie sozial engagierten Klopstock-Freund, noch nach einem knappen Jahrzehnt erinnert. Merkwürdig ist jedoch, dass Claudius angibt, Grüße vom Pastor mitzubringen: Ist er aktuell, ohne dass die überlieferte Biographie etwas davon wüsste, in Kopenhagen gewesen, ist er dort ausgerechnet mit Resewitz zusammengetroffen, und hat ihm dieser wirklich Grüße an Bach mitgegeben? Das Ganze klingt nach harmloser Flunkerei und zeugt zugleich von Claudius' Geschick: Bach ist offenkundig zwar nicht an Resewitz interessiert, wohl aber an den Musikverhältnissen in Kopenhagen, dem Musikzentrum des Ostseeraums.

Dort gefalle, so teilt Claudius seinem Gesprächspartner unmissverständlich mit, nicht dessen Musik, sondern neben derjenigen Johann Schoberts die Musik seines jüngeren, höchst erfolgreichen Halbbruders Johann Christian. Damit hat Claudius eine Schleuse geöffnet. Bach äußert sich engagiert zu dem aktuellen, jedoch von ihm verachteten »komischen« Stil, man könnte verkürzt sagen: dem neuen italienischen Opernstil. Ein solcher sei allein auf äußere Wirkung aus, lasse jedoch das Herz leer. Diesem Statement eines überzeugten »Deutschen«, der zudem einer empfindsamen Ästhetik anhängt, könnte Claudius eigentlich zustimmen. Jedoch scheint er das »Witzige« dem »Pathetischen« nicht unbesehen opfern zu wollen. Jedenfalls sieht er Bach »steif ins Gesicht« und bohrt – augenscheinlich gut informiert – nach: Sind nicht, so sein Einwurf, einige von Bachs älteren Instrumentalkompositionen sehr wohl auf äußere Wirkung bedacht – etwa das *Gespräch zwischen einem Sanguineus und einem Melancholicus* von 1751 oder einige Charakterstücke für Klavier, deren Überschriften *La Stahl, La Gleim* oder *La Louise* nahelegen, dass es sich um musikalische Physiognomien von Freunden und Freundinnen handelt? Bach fühlt sich ertappt und wiegelt ab: Das seien Nebenwerke, die er geradezu vergessen habe. Claudius, welcher seinerseits der Idee einer »naiv«-illustrativen Musik nicht ohne Weiteres den Laufpass geben will, insistiert auf der Möglichkeit eines »neuen Wegs«, ohne freilich den 26 Jahre älteren Bach zu überzeugen.

Dieser gibt dem musikinteressierten Gesprächspartner trotz seiner Keckheit Gelegenheit zu weiteren Treffen, auf die im Briefwechsel mit Gerstenberg vielfach angespielt wird. Claudius hat dabei eine konkrete Aufgabe. Er soll dem Komponisten Gerstenbergs Wunsch, seine, Gerstenbergs, Texte zu vertonen, nahebringen – wovon wiederum Claudius profitiert: Verschiedentlich darf er sich in privatem Kreis von Bachs Kunst, das Clavichord zu spielen, überzeugen; und »daran ist hauptsächlich *Lessing* schuld. Ich allein konnte Bachen nicht zum Spielen bringen, daher ich *Lessingen* bat, mich einmal mitzunehmen.« Bei Bachs Adagio-Spiel imaginiert Claudius einen Redner, der seinen Text nicht auswendig gelernt hat, »sondern von dem Inhalt seiner Rede ganz voll ist, gar nicht eilt, etwas herauszubringen, sondern ganz ruhig eine Welle nach der andern aus der Fülle seiner Seele herausströmen lässt, ohne an der Art der Herausströmung zu künsteln, wohl aber [= auch ohne] zu denken, so wie ich an diesem Gleichniß nicht gekünstelt, aber auch nicht gedacht habe.«[27]

Das ist, anachronistisch formuliert, gekonntes Musikfeuilleton: Es stellt nicht nur *generell* eine sehr frühe Beschreibung musikalischer Interpretation dar, sondern auch *speziell* die erste detaillierte Schilderung des Spiels von Carl Philipp Emanuel Bach. Ein vergleichbarer Augenzeugenbericht des berühmten englischen Musikhistorikers Charles Burney ist fünf Jahre jünger und zwar weitaus emphatischer, jedoch nicht präziser. Claudius vergisst nicht, in seinem Brief an Gerstenberg en passant – er drückt es lateinisch aus: »quod obiter moneo« – anzumerken, er habe dem Meister vorspielen dürfen und zur Antwort bekommen, man könne hören, dass er »mit Leib und Seele« dabei sei.[28]

Engere Freundschaft schließt Claudius damals mit einem anderen prominenten Musiker, nämlich mit Johann Friedrich Reichardt, der sich 1774 zu einem längeren Besuch in Hamburg aufhält. Diesmal ist er nicht nur der Nehmende, sondern auch der Gebende; denn der damals erst einundzwanzigjährige Reichardt, der schon wenig später als Hofkapellmeister nach Berlin gehen wird, ist am Zeitgeschehen und potenziellen gesellschaftlichen Neuerungen höchst interessiert und deshalb begierig auf die »sehr interessante Bekanntschaft« mit Claudius und »seiner lieben, schönen Rebecca«. Er freut sich, »mit diesem lieben Naturpaar in ihrer kleinen Wohnung, beym ländlichen Mahl allein« sein zu können, und schreibt weiterhin in seinen Erinnerungen: »Die freye Weise und unbefangne Fröhlichkeit, die dabey herrschte, wirkte sehr wohlthätig auf [mich], und hat einen sehr bestimmten Einfluss auf [m]ein ganzes künftiges Leben und [m]eine spätere Weltansicht gehabt.«

Claudius sei »sehr musikalisch« gewesen, habe das »Klavier recht brav, wiewol nach seiner Weise etwas hart und ungebunden« gespielt und »dazu mit ungebildeter Naturstimme, aber mit Sinn und Seele« gesungen. Händel und Bach seien »seine grossen Musikheiligen« gewesen. Die »besondere Religiosität«, von der Leben und Werk bestimmt waren, habe bei Reichardt jedoch zu wenig »Anklang« gefunden, als dass es »zu ganzer Vertraulichkeit« hätte kommen können. Gleichwohl sei sein Zusammensein mit

Claudius produktiv gewesen: »Bei Claudius machte [ich] zuerst die Erfahrung, daß man auf einem gänzlich verstimmten Instrumente mit Wohlgefallen und ungestört musiciren kann, sobald man davon unterrichtet ist; während man gleich über Einen, unerwartet anklingenden, falschen Ton im übrigens wohlgestimmten Instrumente empfindlich zusammenfährt. Claudius' schlechtes, kaum halbbesaitetes Klavier war fast immer verstimmt, und doch sangen und spielten [wir] oft mit wahrer Freude stundenlang. Damals kam [mir] jungen Künstler zuerst der Gedanke, dass die eigentliche Kunst der Musik wol in dem Bewusstwerden des innern, geheimen Calcüls der Seele bestehe, der ununterbrochen in ihr, den übrigen unbewusst, fortgehe. [C. Ph. E.] Bach wollte in diese Idee gar nicht eingehn; er schien sie eigentlich nicht zu fassen, so ein trefflicher Kopf er auch war.«[29]

In diesem Fall ist Reichardt selbst der treffliche Kopf! Übrigens ist der positive Tenor dieser Zeilen umso höher einzuschätzen, als sie in Zeiten niedergeschrieben wurden, zu denen sich die beiden wegen politischer Kontroversen bereits gründlich überworfen hatten (siehe Seite 211). Das hindert den »alten« Reichardt jedoch nicht, in sein recht ausführliches Claudius-»Kapitel« auch Anekdoten aufzunehmen, die ihm der Dichter seinerzeit selbst erzählt haben wird, sofern sie nicht in Hamburger Kreisen umliefen. Hier ein Beispiel:

> An einem sehr heißen Sommertage saß Claudius allein auf dem großen, offenen Postwagen; neben demselben mühte sich ein Landmädchen im tiefen Sande eine schwere Last fortzuschleppen. Claudius sagte zu ihr: »Du mugst wull löwer mitfaahren?« – »Ja, Heer, wenn ick dat kunnte!« Der mitleidige Dichter ruft darauf dem Postillon zu: »Schwager namm dat Mäken met uppen Wagen«. Dieser erwiederte aber trocken, ohne sich umzusehen: »Dat do ick nich«. Da rief jener in gebietendem Ton: »Ick säg di, du schallst glück still hoolen un dat Mäken mitnehmen«. Nun dreht sich der Postillon um, kehrt zugleich die Peitsche herum, und das dicke

Ende des Stiels seinem Gegner vorhaltend, fragt er in bißigem, kreischenden Tone: »Wat beleevt der Heere?« Claudius faßt sich sogleich und sagt ganz gelassen: »Ick sage, ick wull di en good Drinckgeld gäwen, wenn du dat Mäken mitnemst«. »I worum dat nich, von Harten geern«, sagt der andere und läßt sie mit aufsitzen.[30]

Anregungen, die Claudius bei Bach und Reichardt auf musikalischem Gebiet findet, bietet ihm Gotthold Ephraim Lessing auf literarischem Feld. Der 1729 geborene Dichter wirkt seit 1767 als Dramaturg und Berater am Hamburger Nationaltheater. Diese Einrichtung ist zwar vorab kaum mehr als eine der Realisierung harrende Idee; jedoch gelingen Lessing während seines dreijährigen Hamburger Aufenthalts immerhin Musteraufführungen seines Lustspiels *Minna von Barnhelm*, die von Claudius, wie erwähnt, positiv, wenn auch gewohnt »naiv«-witzig rezensiert werden.

Materiell gesehen sind beide arme Schlucker, denn auch Lessing, obwohl als aufstrebendes Genie gehandelt, lebt unsicher und mit drückender Schuldenlast. Dergleichen kann verbinden, wenn gemeinsame Neigungen hinzukommen. Und die sind vorhanden: Beide haben eine Affinität zur florierenden Anakreontik, ohne auf sie fixiert zu sein; beide sehen in Dichtung und Literatur eine Sprache des Herzens, beide streiten für Natürlichkeit des Denkens und Handelns. Und nicht nur Lessing kämpft für Toleranz und gegen Fürstenwillkür, vielmehr gibt es solche Impulse auch im Denken von Claudius. Wohl kaum zufällig werden beide Mitglieder einer Hamburger Freimaurerloge.

Nachdem Lessing 1770 nach Wolfenbüttel übergewechselt ist, wo er nur noch elf Jahre zu leben hat, bleibt das freundschaftliche Verhältnis bestehen. Lessing liefert kleine »Sinngedichte« für den *Wandsbecker Bothen* – darunter bereits in der dritten Nummer des ersten Jahrgangs folgenden Vierzeiler, der deutlich Claudius' launigen Stil aufgreift:

Es ist doch sonderbar bestellt,
sprach Hänschen Schlau zu Vetter Fritzen
daß nur die Reichen in der Welt
das meiste Geld besitzen.[31]

Claudius' Wertschätzung für Lessing lässt sich daran ablesen, dass er sein Alter Ego Asmus in der bekannten Satire »Nachricht von meiner Audienz bey'm Kaiser von Japan« vortragen lässt, was ein gewisser Philosoph Lessing zur Verteidigung der Religion geäußert habe, worauf der Kaiser anerkennend resümiert: »Herr Lessing gefällt mir. Sollte er wohl Lust haben nach Japan zu gehen?«[32]

Der Dichter fühlt sich durch diese Erwähnung, die er im dritten Teil der *Sämmtlichen Werke* lesen kann, geehrt und dankt Claudius am 19. April 1778 in einem ausführlichen Brief – dem einzigen übrigens, der sich vom Briefwechsel Lessing – Claudius erhalten hat. Alles Übrige ist – der Familienüberlieferung zufolge – verbrannt worden: Claudius hatte seiner Frau Rebecca das Versprechen abgenommen, das Briefkonvolut zu vernichten; die Gattin hatte es zwar nicht übers Herz gebracht, jedoch auf dem Sterbebett Sohn Franz dazu verpflichtet. Unter großen Skrupeln kam dieser der Verpflichtung seinerseits erst auf dem Sterbebett nach.[33]

Ich erwähne dieses Detail nicht grundlos, ist es doch symptomatisch für Claudius' Absicht, seine Korrespondenz vor Einblicken zu schützen, und bietet Anlass zum Nachdenken: Schon 1776, anlässlich seines Umzugs nach Darmstadt, verbrennt Claudius vor den Augen des Freundes Johann Heinrich Voß viele »Briefe und Noten« (siehe Seite 131). In späteren Jahren hat er die Vernichtung der Briefe von Herder und Hamann eingeräumt; gut bezeugt ist ferner, dass er sich von den Briefen Friedrich Heinrich Jacobis getrennt hat.[34] Lessing, Herder, Hamann und Jacobi sind jeweils über Jahre oder Jahrzehnte hinweg seine wichtigsten unmittelbaren Gesprächspartner in Fragen der Theologie und Philosophie gewesen; die drei Letzteren darf man sogar als Freunde bezeichnen. Selbst wenn man unterstellt, dass Claudius auch die übrige Korrespondenz weitgehend vernichtet hat, lässt sein Verhalten darauf schließen, dass er einer Verbreitung seines philosophisch-theologischen Schriftwechsels entschlossen entgegenwirken wollte.

Das entspricht dem Motto des *Wandsbecker Bothen* – »Asmus omnia sua secum portans« – und deutet darauf hin, dass der »naive« Asmus letztendlich allen geistigen Ballastes ledig sein will: »… Laß uns einfältig werden, / Und vor dir hier auf Erden / Wie Kinder fromm und fröhlich sein.« Es mag sich so verhalten oder auch nicht – für mich hat es jedenfalls die Konsequenz, dass ich in diesem Buch darauf verzichte, Claudius' philosophische und theologische Äußerungen beständig mit denen seiner Zeitgenossen – unter der Fragestellung: Was hat er von wem? – abzugleichen. Solches ist fraglos das gute Recht jeden Forschers. Zumal Claudius ja nicht nur Briefe verbrannt, sondern reichlich philosophisch-theologische Debatten geführt hat. In späteren Jahren ließ er sich vom Freund Jacobi sogar die Philosophie Kants erläutern, um sich mit ihr in den letzten Teilen der *Sämmtlichen Werke* auseinanderzusetzen.

Gleichwohl halte ich es eher mit einem Claudius, der die Schriften der Mystiker liest, zum Teil sogar übersetzt, sie jedoch nicht intellektuell auswertet, sondern einzig fragt, was er an ihnen hat. Und ich stelle mir vor, dass Claudius seinerseits von einem Biographen erwartet hätte, dass dieser nach seiner *Originalität* Ausschau hielte – was ja nicht heißen muss, dass er deshalb blind für Claudius' Umwelt wäre.

Womit wir noch einmal bei Lessing sind. In dessen Hamburger Jahren dürfte Claudius ein »Zuhörer ohne Profilierungsanspruch« gewesen sein.[35] Lessings ausgreifend aufklärerische Ideen helfen ihm bei der Gewinnung des eigenen Standpunkts: Er hat sie wohlwollend bis skeptisch, jedoch niemals feindselig zur Kenntnis genommen. Dass er gleichwohl mit Lessings Engagement für eine Autonomie der Vernunft letztendlich nichts anfangen kann, versteht sich fast von selbst und muss im Einzelnen nicht nachgewiesen werden.

Da ist ihm Johann Gottfried Herder näher, der im März 1770 in Hamburg seinen Weg kreuzt. Der vier Jahre Jüngere, als Sohn eines pietistisch gesinnten Kantors und Schullehrers aus verwandtem Milieu stammend, ist auf dem Weg nach Eutin, um von dort aus den Sohn des Fürstbischofs von Holstein-Eutin auf dessen Cavalierstour zu begleiten. Trotz seiner jungen Jahre hat Herder schon so bedeutende ästhetische Schriften wie die *Fragmente über die neuere deutsche Literatur* und *Kritische Wälder. Oder Betrachtungen, die Wissenschaft und Kunst des Schönen betreffend* herausgebracht; und Claudius dürfte die erste Begegnung genutzt haben, um sich von Herders Enthusiasmus beeindrucken, wenn nicht anstecken zu lassen. Beiden liegt daran, die verkrusteten Strukturen des geistigen und gesellschaftlichen Lebens aufzubrechen: Wir befinden uns ja nicht nur in der Epoche der Empfindsamkeit, sondern auch in derjenigen des Sturm und Drang.[36] Da feiert man das Originalgenie; und auf spezifische Weise ist offenbar auch der neugierig-spontane Claudius für Herder ein solches Originalgenie.

Man mag sich im Haus von Julius Gustav Alberti getroffen haben. Der Pastor an Sankt Katharinen liegt in theologischem Streit mit Goeze, steht Claudius jedoch trotz seiner Freisinnigkeit näher als der verbissen rechtgläubige Hauptpastor. Ein Insider, nämlich der Kopenhagener Hofprediger Cramer, nennt Alberti einen deutschen Yorick und Swift[37] – das ist Musik in Claudius' Ohren, der in seinen eigenen *Adreß-Comtoir-Nachrichten* Auszüge aus *Yoricks empfindsamer Reise* von Laurence Sterne lesen kann – falls er sie dort nicht sogar selbst platziert hat.

Als er seinen Redakteursposten im Herbst 1770 verliert, muss Claudius nicht lange auf einen neuen warten: »Auf Neujahr legt Bode eine Zeitung in Wandsbeck an und werde sie schreiben helfen«, heißt es im Brief an Gerstenberg vom Oktober 1770.[38] Mit Bode ist Johann Joachim Christoph Bode gemeint, der kurz zuvor mit der finanziellen Unterstützung seiner Frau einen Verlag und eine Buchdruckerei gegründet hat, in der er 1772 immerhin 11 Gesellen beschäftigt. Da Bode eng mit Lessing kooperiert, wird er schon zuvor mit Claudius verkehrt haben. Und weil er an einer Übersetzung von Laurence Sternes *Tristram Shandy* sitzt, dürften ihm auch Skurrilitäten à la Claudius nicht gegen den Strich gegangen sein.

Sein künftiger Redakteur sieht sich jedenfalls alsbald nach einer Wohnung in Wandsbek um.

ICH BIN EIN BOTHE UND NICHTS MEHR,
Was man mir gibt, das bring' ich her,
Gelehrte und polit'sche Mär;
Von Aly Bay und seinem Heer,
Vom Tartar Chan der wie ein Bär
Die Menschen frißt am schwarzen Meer,
(Der ist kein angenehmer Herr)
Von Persien wo mit seinem Speer
Der Prinz Heraclius wüthet sehr.
Vom rothen Gold, vom Sternenheer,
Von Unschuld, Tugend, die noch mehr
Als Gold und Sterne sind, –
(Virgil lässt auch oft Verse leer)
Von dem verschwiegnen Freymäurer
Vielleicht wohl auch, doch heimlicher,
Von Fried Tractaten, Krieg und Wehr,
Von Couriers die von ohngefähr
Gewiß nicht reiten hin und her,
Vom Heringsfang von Freud und Gram,
Von Bender das der Russe nahm,
Vom Lotto das aus Welschland kam
Und nicht Quaternen mit sich nahm,
Vom Podagra, von Horn und Ham,
Vom Zuckerrohr in Surinam
Vom grossen Mogul und Madam,
Von Zank, Erfindungen und Lehr
Von klein Verdienst und grosser Ehr,
Von groß Verdienst und kleiner Ehr,
Und tausend solche Sachen mehr
Die sich begeben ohngefähr
Und alle anzuführen schwer:
Aus allen Enden fern und nah,
Aus Asia und Africa,
Europia und America,
Und andern Ländern hie und da,
Doch nicht aus Cappadocia.
Die nackte Wahrheit lieb ich sehr,
Doch gibt man mir noch etwas mehr,
Wenn's nur noch eine Sage wär,
Und wenn's ein Spott zur Beßrung wär,
Und wenn's ein sanftes Liedgen wär,
Und wenn es sonst so etwas wär,
Je nun – da bring ich's auch mit her,
Dafür bezahlet mich mein Herr.
Als ich von Hause gieng, sprach er:
Geh hin! und saget die und der,
Seht doch! wo kommt der Bote her?
So wünsche höflich dem und der
Ein frölich Neujahr und noch mehr
Und sprich, ich komm von Wandsbeck her.[1]

KAPITEL 2
Der *Wandsbecker Bothe*

Claudius wechselt also Ende 1770 nach Wandsbek, eine Fußstunde von Hamburg entfernt. Neben Schloss und Dorfkirche hat der kleine Ort damals nur 136 Feuerstellen aufzuweisen.[2] Ein am Lübecker Steindamm gelegenes Häuschen ist zu vermieten. Claudius lässt es sich von einem jungen Mädchen aus der Nachbarschaft, der damals sechzehnjährigen Anna Rebecca Behn, aufschließen und zieht alsbald ein.

Im Schloss residiert Heinrich Carl von Schimmelmann. Als Herr über Wandsbek besitzt er auch ein Zeitungsprivileg, das ihm nicht nur Einnahmen für die Lizenzerteilung beschert, sondern auch die Oberaufsicht über den 1745 gegründeten *Wandsbecker Mercurius* – ausführlicher Titel: *Wandsbeckische Zeitungen von Staats- und Gelehrten Sachen*. Dieses 1770 aufgrund beständiger Proteste seitens einiger Hamburger Honoratioren eingestellte Blatt soll nun durch den *Wandsbecker Bothen* ersetzt werden.

In der Claudius-Literatur wird der *Wandsbecker Mercurius* als ein auf »Schmierereien« spezialisiertes »Skandalblatt« gehandelt.[3] Auch Claudius selbst scheint das Blatt beiläufig eine »Chronique scandaleuse« genannt zu haben.[4] Demgegenüber spricht die Zeitungsforschung von einem »Blatt mit ganz normaler politischer Berichterstattung, die sich jedoch durch ihre respektlosen und erläuternden Anmerkungen von den Hamburger Blättern« abhebe.[5] Allerdings sind Frechheiten keine Seltenheit. So wird eine »Grabschrift« mit dem Hinweis »Aus Capadocien« – gemeint ist Hamburg – folgenden Wortlauts mitgeteilt:

Der hier liegt, möchte nicht sein Leben höher bringen;
Die Musen werden ihn gewißlich nicht besingen.
Er war der Mammon Freund,
Und aller Menschen Feind;
Er dacht nicht an die Ewigkeit;
Drum starb er in der Ochsen Zeit.

Nicht von ungefähr beschwert sich der Hamburger Senat bei Schimmelmann speziell über diese »Grabschrift«, da man sie – einer Aktennotiz zufolge – auf den »Oberalter Kellinghusen, gest. 26. Oct. 1764« gemünzt glaubt.[6] Indessen ist der *Wandsbecker Mercurius* nicht nur bei Gelegenheit obrigkeitskritisch, sondern stärker als andere Blätter an der »Lebenssphäre« eines Lesepublikums orientiert, das andere Zeitungsmacher als »Pöbel« – das Wort kommt von »populus« gleich »Volk« – noch kaum im Blick haben. In diesem Sinne übt das Blatt schon in einer seiner ersten Nummern Kritik an der Konkurrenz:

Dies wird so hin erzehlt. Der Leser sieht es an,
Doch weil er sich mit nichts dabey vergnügen kann,
kein Urtheil, Scherz noch Witz das matte Blättlein würzet,
So wird die lange Zeit ihm schlecht dadurch verkürzet.
Er lieset es, und gähnt, und schlummert drüber ein,
und spricht nur noch: [...]
Die Zeitung gebt mir her, die man in Wandsbeck schreibt,
Denn die versteht die Kunst, wie man die Zeit vertreibt.[7]

In Sinne dieses Selbstlobs gibt es im *Wandsbecker Mercurius* neben politischen Nachrichten auch heitere Gedichte, Skurrilitäten, fiktive Leserzuschriften auf Plattdeutsch und Beiträge, die zwar kolportagehafte Züge tragen, jedoch auch Sozialkritik transportieren. Zudem tritt im Dienste der Leserbindung »Mercurius« in persona auf – diese vermeintliche Besonder-

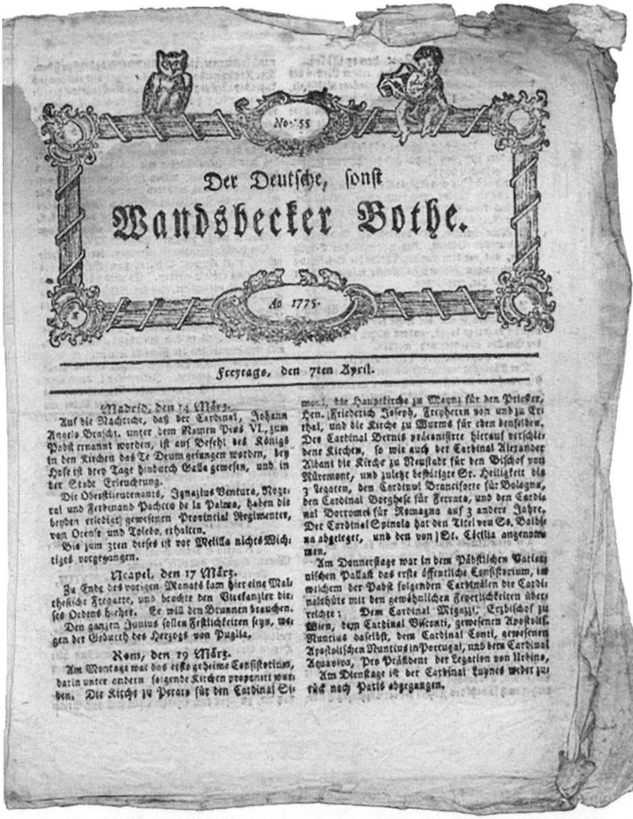

No. 55

Der Deutsche, sonst

Wandsbecker Bothe.

Ao 1775.

Freytags, den 7ten April.

Madrid, den 14 März.

Auf die Nachricht, daß der Cardinal, Johann Angelo Braschi, unter dem Namen Pius VI. zum Pabst ernannt worden, ist auf Befehl des Königs in den Kirchen das Te Deum gesungen worden, bey Hofe ist drey Tage hindurch Galla gewesen, und in der Stadt Erleuchtung.

Die Obrestlieutenants, Ignazius Ventura, Mozeral und Ferdinand Pacheco de la Palma, haben die beyden erledigt gewesenen Provincial Regimenter, von Orense und Toledo, erhalten.

Bis zum 3ten dieses ist vor Melilla nichts Wichtiges vorgegangen.

Neapel, den 17 März.

Zu Ende des vorigen Monats kam hier eine Maltesische Fregatte, und brachte den Vicekanzler dieses Ordens hieher. Er will den Brunnen brauchen.

Den ganzen Junius sollen Festlichkeiten seyn, wegen der Geburth des Herzogs von Puglia.

Rom, den 19 März.

Am Montage war das erste geheime Consistorium, darin unter andern folgende Kirchen proponirt wurden. Die Kirche zu Pesaro für den Cardinal Simoni, die Hauptkirche zu Maynz für den Priester, Hrn. Friederich Joseph, Freyherrn von und zu Erthal, und die Kirche zu Worms für eben denselben. Der Cardinal Bernis präconisirte hierauf verschiedene Kirchen, so wie auch der Cardinal Alexander Albani die Kirche zu Neustadt für den Bischof von Nüremont, und zuletzt bestätigte Se. Heiligkeit die 3 Legaten, dem Cardinal Branciforte für Bologna, den Cardinal Borghese für Ferrara, und den Cardinal Borromei für Romagna auf 3 andere Jahre. Der Cardinal Spinola hat den Titel von So. Balbina abgeleget, und den von St. Cäcilia angenommen.

Am Donnerstage war in dem Päbstlichen Vaticanischen Pallast das erste öffentliche Consistorium, in welchem der Pabst folgenden Cardinälen die Cardinalshüte mit den gewöhnlichen Feyerlichkeiten überreichte: Dem Cardinal Migazzi, Erzbischof zu Wien, dem Cardinal Visconti, gewesenem Apostolis. Nuntius daselbst, dem Cardinal Conti, gewesenem Apostolischen Nuntius in Portugal, und dem Cardinal Aquaviva, Pro Präsident der Legation von Urbino,

Am Dienstage ist der Cardinal Luynes wieder zurück nach Paris abgegangen.

Titelseite des Wandsbecker Bothen *vom 7. April 1775.*

heit des *Wandsbecker Bothen* somit schon ein wenig vorwegnehmend. Gut denkbar, dass Claudius bei Dienstantritt nicht nur seine Erfahrungen bei den *Adreß-Comtoir-Nachrichten* in die Waagschale geworfen, vielmehr auch genau studiert hat, was sich eventuell vom *Mercurius* lernen ließe. Das kann seine Eigenleistung im Dienst von fast fünf vollständigen Jahrgängen des *Bothen* freilich nicht schmälern. Allein der Arbeitsaufwand ist beträchtlich: Aller Wahrscheinlichkeit nach ist Claudius nicht nur, wie bisher in den *Adreß-Comtoir-Nachrichten*, für die »letzte Seite« des viermal in der Woche mit jeweils vier Seiten erscheinenden Blattes verantwortlich, sondern auch für die politischen Nachrichten, die in der Regel auf den drei vorangehenden Seiten platziert sind.

Möglich, dass Claudius Einfluss auf die Namensgebung des *Wandsbecker Bothen* genommen hat. Jedenfalls sorgt er für die Gestaltung des Kopftitels. Dort möge, so lässt er den befreundeten Kupferstecher Johann Martin Preisler wissen, »irgendwo eine Gruppe von 3–4 Fröschen mit offenem Munde angebracht [werden] und oben darüber eine Eule, die ins Geschrei sähe und auf der anderen [Seite] ein kleiner genius mit einem aufgeblasenen Dudelsack«.[8] Die Eule als Symbol der Weisheit, Frösche, die nichts als quaken können, ein Dudelsack blasender Genius – darunter mag sich jeder vorstellen, was er will! Dass Claudius sich als bescheidener »Bothe« den Namen Asmus gibt, bedarf wohl keiner speziellen Herleitung, denn Asmus ist damals ein gängiger Vorname. Allerdings ist es auch die Kurzform von »Erasmus«, was so viel wie »der Liebenswerte« heißt. Diesen schönen Namen zu Asmus zu verkürzen entspräche der Attitüde des »Bothen«, seine Herkunft aus dem Volk durch das Verschlucken von Vokalen zu betonen. Ein markantes Beispiel dafür ist die *Werther*-Rezension (siehe Seite 64), die geradezu programmatisch mit dem Satz beginnt: »Weiß nicht, ob's 'n Geschicht oder 'n Gedicht ist«.

Wie hat man sich Claudius' Berufsalltag als Redakteur des *Wandsbecker Bothen* vorzustellen? Er muss regelmäßig in dem ihm schon gut bekannten Hamburger »Adreß-Comptoir« erscheinen – einer Art Nachrichtenbörse, in der Zeitungen ausliegen und Bücher verkauft werden. Vermutlich reist er mit der Postkutsche, die auf ihrer Route Hamburg – Lübeck in Wandsbek Station macht, nach Hamburg und wieder zurück. Gelegentlich wird er den Weg auch zu Fuß gehen. Als ein an Technik interessierter Mensch würde er heute wohl auch das Fahrrad benutzen. In Hamburg gilt es – mit oder ohne Helfer? – Nachrichten zu sichten und per Hand für den Setzer auszuschreiben. Der *Wandsbecker Bothe* erscheint in vier Ausgaben pro Woche; man darf jedoch bezweifeln, dass Claudius sich auch viermal wöchentlich von Wandsbek nach Hamburg begeben hat.

Vielmehr übernachtet er des Öfteren in Hamburg; gleichwohl bleibt für Wandsbek so viel Zeit, dass er dort von Freunden und Besuchern zur Genüge anzutreffen ist. Auch kleinere Reisen passen zu Claudius' geselligem Wesen. Verleger Bode könnte die womöglich lockere Berufsauffassung seines Redakteurs zunächst hingenommen, wegen des ausbleibenden Erfolgs der Zeitung jedoch zunehmend missbilligt haben.

Wir wollen jedoch nicht vorgreifen, vielmehr zunächst die erste Ausgabe des neuen Blattes – datiert auf den 1. Januar 1771 – exemplarisch vorstellen. Sie enthält politische Nachrichten aus Kopenhagen, Sankt Petersburg, Paris, Versailles, Livorno, Turin, London, New York, Newburn in Nordcarolina und Hamburg. Die aus Hamburg stammende Notiz ist erst einen Tag, diejenige aus Newburn fast ein Vierteljahr alt. Es geht um Alltägliches wie Ordensverleihungen oder Besuche hoher Herrschaften, aber auch um einschneidende Ereignisse wie die kriegerischen Auseinandersetzungen zwischen Russen und Türken, Spaniern und Briten. Die erste Nummer berichtet auch vom Aufstand der amerikanischen »Regulatoren« aus Carolina gegen den britischen Gouverneur William Tryon, vom Protest des französischen Parlaments gegen ein Edikt Ludwigs XV., das den Abgeordneten den Gebrauch von Wörtern wie »classes« und »unité« untersagt, und vom Ausbruch der Pest auf der westindischen Insel Hispaniola.

In späteren Nummern wird der politische Teil der Zeitung auch umfangreiche Beiträge bringen – teils langatmige Deklarationen und Reden, teils originelle Korrespondentenberichte, die Claudius in Einzelfällen selbst veranlasst. So berichtet sein Freund Schönborn, nachdem er Legationssekretär in Algier geworden ist, aus Nordafrika; der Gesandtschaftsprediger Müller meldet sich auf Vermittlung des Freundes Johann Heinrich Voß aus Lissabon.[9] Persönliche Kommentare, wie sie gelegentlich in den von Claudius mitredigierten *Adreß-Comtoir-Nachrichten* zu finden waren, sind nunmehr selten. Doch summa summarum dürften die rund 400 Käufer des Blatts nicht wesentlich schlechter oder später über das Weltgeschehen unterrichtet worden sein als die Leser weit auflagenstärkerer Hamburger

Zeitungen – etwa der *Neuen Zeitung*, deren Auflagenhöhe 1798 mit 5000 Exemplaren angegeben wird.[10] Auch im Vergleich zu heutigen Verhältnissen ist der Informationsfluss beachtlich: Natürlich gelangen inzwischen Nachrichten wesentlich schneller als damals zum jeweiligen Empfänger; und sicherlich bemühen sich moderne Redaktionen mehr darum, Nachrichten auf den Punkt zu bringen, leser- oder hörerfreundlich zu präsentieren und mit Hintergrundinformationen anzureichern. Jedoch bleibt auch gegenwärtig viel Wissenswertes unerwähnt, und anderes verschwindet rasch wieder aus dem Fokus des öffentlichen Interesses – ganz abgesehen davon, dass die politische Berichterstattung nach wie vor personenbezogen ist.

Claudius' Hauptaugenmerk gilt der Rubrik »Gelehrte Sachen«, wie die »letzte Seite« damals überschrieben ist – aus Tradition, jedoch nicht unbedingt treffend. Der *Wandsbecker Bothe* bringt dort nämlich nicht nur Abhandlungen und Rezensionen, die der Wissensvermittlung dienen; vielmehr bietet er ein buntes Gemisch von unterschiedlichen Textsorten. Neben redaktionellen Beiträgen gibt es schon bald eine ständige Rubrik für Geld- und Wechselkurse, wenig später auch für Lotteriezahlen. Geschäfts- oder Privatanzeigen bleiben die Ausnahme, sodass Claudius zusehen muss, wie er den verbleibenden Platz füllt. Bereits vor Antritt seiner Tätigkeit bittet er seine gelehrten Freunde dringlich um Beiträge; doch diese liefern weder auf Kommando, noch scheuen sie sich, auch die erfolgreicheren Hamburger Konkurrenzblätter zu bedienen. Gleich in der ersten Nummer des *Wandsbecker Bothen* muss Claudius die Rubrik »Gelehrte Sachen« mit den Worten einleiten: »Aber ich habe heute keine. Die Gelehrten sind nachläßige Leute, ich habe seit dem letzten Kriege viel Verkehr unter ihnen gehabt, und ich habe auch heute etwas mithaben sollen, aber es hat mir keiner nichts gegeben, nicht Z der Theologe, noch Y der Schönkünstler, noch X der philosophische Wetterhahn, noch W das kritische Einhorn, noch Freund V mit der freyen Hand, noch U mit dem Kloz am Fusse, (sie geben sich denn so allerley Namen unter einander), keiner von allen.«

So muss sich der »Bothe«, als der Claudius unterschreibt, alsbald selbst aus der Deckung wagen und zu der gewichtigen Frage äußern: »Steht das Genie unter den Sprüchen der Kunstrichter?« Seine Antwort beginnt mit dem Statement: »ich habe einmal eine schreckliche Geschichte von einem Romeo, einer Julie und einem Doctor Benvoglio gelesen, die Frage kömmt mir ebenso lustig vor, als wenn es jemand eingefallen wäre, in dem Augenblick, als eben die Schauer und das Geschrey der Liebe und Verzweiflung in Todtenstille verstummt war und die sterbenden Nerven der liebenswürdigen Schwärmerin zum letzten Mal zuckten, an die Thür des Begräbnisses anzupochen und den Doctor zu fragen, ob Julie ihre Rolle mit Ausdruck und nach den Regeln der Kunst gemacht habe. [...] Wenn aber die Geschichte von Romeo und Julie auf dem Theater nachgespielt würde, so wäre der Handel ganz anders, dann hät ein jeder Zeit und Recht Kunstrichter zu werden.«

Im weiteren Verlauf dieses seines ersten Beitrags spottet der »Bothe« über »einige Schriftsteller und Kunstrichter«, die sich im Dunstkreis von Genies offenbar selbst für solche halten, jedenfalls »so zuversichtlich und altklug thun als wenn sie mehr könnten als Brod essen. Diese Unholde scheinen mir so liebenswürdig und groß, daß ich aus Bescheidenheit die guten Geschöpfe, für die sie schreiben, in einem glänzenden Stern vermuthe, ich seegne sie in meinem Herzen und oft wenn ich des Nachts unterwegens bin an sie denke und zu dem glänzenden Stern aufsehe, überfällt mich ein Herzklopfen und eine so neue kühne Raserey, daß ich manchmal glaube, ich sey zu etwas anders als zu einem Bothen bestimmt, ich gehe indeß immer meinen Gang fort, und finde auch bald wieder daß es mein Beruf war.«

Es folgt ein Seitenhieb auf ein gewisses »Publicum«, das sich wie eine »Schöne« geriert, die »Mückenwolken« von Verfassern und Rezensenten zum Lächeln bringen wollen: »Man läßt sich keine Mühe verdrießen, verschwendet tausend kleine Gefälligkeiten, hat immer Bonbons und Zuckerbrodt in der Tasche, flattert mit der geschäftigen, freundlichen, schüchternen, bescheidenen, zudringenden Dienstfertigkeit eines verliebten unaufhörlich um sie, und stellt das übrige ruhig Amorn anheim, der läßt so viel treuen Eifer nicht unbelohnt, und ist er doch so eigensinnig, so verplampert man sich anderswo. So kommt mir auch vor – – – doch genug des Unsinns! Die Gelehrten mögen ihn verantworten, warum haben sie mir nichts mitgegeben? Bey meinem Stab ich behalte meine Einfälle lieber für mich, sie sollten nur besser als nichts seyn.«[11]

Da zeigt sich schon zu Anfang und auf dem knappen Raum einer einzigen Seite der ganze »Bothe«. Claudius stellt sich nicht nur mit seinem Eingangsgedicht »Ich bin ein Bothe« als solcher vor, macht vielmehr von vornherein auf das Listigste deutlich, was dies für seine Zeitung bedeutet: Es ist nicht seine Schuld, dass die »Gelehrten« ihm noch nichts mitgegeben haben; vielmehr können die Leser froh sein, dass er gleich selbst einspringt – doch sollten sie nicht zu viel erwarten. Das Letztere ist natürlich ein pfiffiges Understatement; denn sogleich über das Dreiecksverhältnis von Kunstschöpfer, Kunstrichter und Leser zu räsonieren heißt nichts anderes, als von vornherein den Stier bei den Hörnern zu packen und über ein Thema zu schreiben, das jeden Feuilletonisten ständig beschäftigt. Der »Bothe« geht es freilich nicht von intellektueller Warte an, legt vielmehr zunächst eine aktuelle Erfahrung zugrunde, die zum Teil auch die seiner Leser sein könnte.

Ausgangspunkt ist nämlich Christian Felix Weißes Trauerspiel *Romeo und Julie,* das damals viel gelesen und unter anderem in Hamburg mit großem Erfolg aufgeführt, jedoch in den dortigen Blättern kritisch besprochen wird.[12] Claudius nimmt zu diesem Diskurs von seiner »naiven« Warte aus Stellung: Wer ein Stück *liest*, sollte primär nicht fragen, ob es nach den »Regeln der Kunst gemacht« sei, sondern danach, ob die tragische Handlung vom »Genie« mit der nötigen Anteilnahme geschildert wird. Dabei scheint Claudius vorauszusetzen, dass diese Handlung nicht nur so geschehen sein *könnte*, wie es zu lesen steht, sondern wirklich so geschehen *ist:* Was soll man da viel fragen, ob der Dichter nach den Regeln der Kunst vorgegangen ist! Für den »Bothen« liegt der Fall nur dann anders, wenn die Handlung auf dem Theater regelrecht *vorgeführt* wird: In diesem Fall dürfen Kunstrichter auf den Plan treten, um über die schauspielerische Leistung zu urteilen.

Wer jedoch glaubt, der »Bothe« habe den Kunstrichtern damit eine sinnvolle Funktion zugewiesen, sieht sich schnell getäuscht. Vielmehr geißelt er Selbstgefälligkeit, Neid und Opportunismus dieser Zunft. Freilich ist das Publikum nicht viel besser, denn es liebt Bonbons und Zuckerbrot. Die drei Gedankenstriche innerhalb des letzten Absatzes lassen ahnen, dass hier ein konkretes, möglicherweise aktuelles Beispiel seinen Platz hätte; doch das behält der »Bothe« bescheiden für sich, obwohl ihn auf seinen nächtlichen Gängen schon manchmal eine »Raserey« angekommen ist – des Sinnes, dass er zu »Höherem« bestimmt sei.

Auch von dieser »Raserey« dürfen seine Leser ruhig wissen: Wer von ihnen hat nicht schon davon geträumt, einem literarischen Raptus nachzugeben! Man soll also vordergründig über den naiven »Bothen« schmunzeln, unterschwellig mit ihm sympathisieren. Da gibt es ein augenzwinkerndes Spiel zwischen dem »Bothen« und seinen Lesern, die bei allem Bildungsanspruch froh sind, im Dialog mit ihm keine Bildung vortäuschen zu müssen, die sie nicht haben.

Wer sind diese Leser? Zwar bemühen sich damals alle Zeitungsverleger – mehr aus Geschäftsinteresse als im Zeichen der Aufklärung – um neue Leserschichten. Sind unter den real 400 Lesern des *Bothen,* der trotz intensiver Bemühungen des Verlegers außerhalb Groß-Hamburgs nur wenig Abnehmer findet, viele »einfache« Leute? Geht es im Kern tatsächlich um »Volksunterhaltung«, wie in zeitungsgeschichtlicher Literatur gelegentlich zu lesen ist?

Dagegen sprechen Indizien, die bereits beim Überfliegen der Zeitung ins Auge fallen. Es gibt dort ja nicht nur die regelmäßige Rubrik »Geld= und Wechsel=Cours in Hamburg«, die von Belang nur für Handeltreibende ist; vielmehr finden sich auch des Öfteren Texte in englischer, französischer, lateinischer und selbst griechischer Sprache. Das ist nichts für den einfachen Mann, mutet vielmehr selbst gebildeten Lesern allerlei zu. Zwar

Porträt Matthias Claudius. Die Bleistiftzeichnung stammt aus dem Jahr 1789 und vermutlich von der Malerin Friederike Leisching, einer Freundin der Familie Claudius. Das Blatt trägt unten links den Vermerk der Enkelin Carolina Claudius: »Von diesem Bild hat Großmama gesagt, es sei noch das einzige, bei dem sie einigermaßen sich seiner erinnern könne.« Das ist als immanente Kritik an den geschönten Ölbildern Leischings zu verstehen. Auf der rechten Seite: Eine Porträtgalerie mit wichtigen persönlichen Freunden von Matthias Claudius.

mögen solche Spaß daran haben, wenn der *Bothe* das an die *Odyssee* angelehnte Scherzgedicht »Murner in der Hölle« des damaligen Modedichters Justus Friedrich Wilhelm Zachariae zweisprachig mitteilt – erst in den originalen deutschen Hexametern: »Singe, scherzende Muse, die grossen heroischen Thaten, / Und den kläglichen Tod von einem unsterblichen Kater«, danach in der lateinischen Übersetzung von Benedikt Christian Avenarius, einem Jugendfreund Goethes: »Ausa atque exhaustos mihi, Musa iocosa, labores.«[13] Gilt es jedoch, auf eigene Faust zwölf obskure lateinische Zeilen auf einem Gedenkstein zu Ehren »eines gewissen heldenmüthigen Zrini« zu übersetzen, der in einer Waldung »zu Tschackthurn [...] von einem wilden Schwein getödtet worden«,[14] so dürften sich damit selbst gute Lateiner schwergetan haben.

Zwar braucht man nicht jede Zeile einer Zeitung zu verstehen, um sie zu mögen; doch eine gewisse Verschmelzung der Vorstellungshorizonte muss gegeben sein. Und da wendet Claudius sich ersichtlich an die Gebildeten – wie denn auch umgekehrt vor allem Gebildete für ihn schreiben:

Friedrich Müller, genannt Maler Müller

Johann Gottfried Herder

Johann Georg Hamann

Heinrich Wilhelm von Gerstenberg

Johann Wilhelm Gleim

Heinrich Christian Boie

Johann Heinrich Voß

Friedrich Heinrich Jacobi

Johann Martin Miller

Zwar vermag er nicht gleich in der ersten Nummer mit einem bekannten Namen aufzuwarten; jedoch kann er im Laufe der Jahre – in Konkurrenz zu weitaus größeren Blättern – mit so bekannten Autoren wie Goethe, Herder, Lessing, Klopstock, Gerstenberg, Gleim, Boie, Hölty, Eschenburg, Miller, Voß, Ramler und Bürger dienen.[15] Am häufigsten ist der Studienfreund Jacob Friedrich Schmidt vertreten – ein freier Literat, der von seinen Beiträgen für diverse Zeitungen leben muss.

Manche Texte bietet Claudius als Erstveröffentlichungen. In anderen Fällen handelt es sich um Nachdrucke – wobei man annehmen darf, dass er zuvor um Genehmigung eingekommen ist, da er selbst gegen die Praxis des Raubdrucks angeht. Zu den Erstveröffentlichungen gehören Herders Rezension einer *Biographie der Dichter* von Christian Heinrich Schmid und Goethes Gedicht »Rezensent«, das in dessen *Werken* erst 1815, im *Bothen* jedoch schon 1774 erscheint – hier noch anonym und ohne Titel:

Da hatt ich einen Kerl zu Gast,
Er war mir eben nicht zur Last,
Ich hatt so mein gewöhnlich Essen.
Hat sich der Mensch pump satt gefressen
Zum Nachtisch was ich gespeichert hatt!
Und kaum ist mir der Kerl so satt,
Thut ihn der Teufel zum Nachbar führen,
Ueber mein Essen zu raisonniren.
Die Supp hätt können gewürzter seyn,
Der Braten brauner, firner der Wein.
Der tausend Sackerment!
Schlagt ihn todt den Hund! Es ist ein Recensent.[16]

Das ist starker Tobak; freilich teilen die Rezensenten des *Wandsbecker Bothen* ihrerseits tüchtig aus. Herder etwa beschimpft besagten Christian Heinrich Schmid wegen seiner Ignoranz großen Geistern gegenüber als einen »Schmierer und Zusammenstoppler«, den man nur mit »Unsinnigen Besessenen« vergleichen könne: Solche Leute müsse man heutzutage ertragen, während sie ehedem »von den Gräbern der Heiligen und Propheten […] vom ganzen Volke weggesteinigt worden« wären.[17] Die im *Bothen* mitgeteilten Gedichte stehen zu großen Teilen der damals beliebten Anakreontik nahe; auch entspricht es den aufklärerischen Tendenzen der Epoche, dass die eingestreuten kleinen Verse überwiegend heiter belehrenden Charakters sind. Gemäß der Aufzählung im Eingangsgedicht, die weder die »Podagra« noch die »Erfindungen« auslässt, kommen auch Alltagsdinge zur Sprache. So findet sich im zweiten Jahrgang folgendes Rezept: »Salbe, die leicht zu machen und gut für alle Wunden ist. (aus der Gazette Salutaire) Nim ein Glass weissen Wein und ¼ Pfund Honig: setze es auf ein gelindes Feuer und rühre es mit einem hölzernen Spatel um, bis der Wein verdünstet ist, und der Ueberrest die Consistenz einer Salbe erhalten hat.«[18]

Im vierten Jahrgang wird in aller Ausführlichkeit eine vom Bergedorfer Tischler Dürland erfundene Maschine zum Reinigen des Korns beschrieben: »Durch einen daran sehr gut angebrachten Windflügel wird aller Staub und Kaff zurückgetrieben. […] Da ein paar Räder daran gebracht sind, so kann ein Knabe es einige Stunden drehen, ohne sich zu sehr zu ermüden, und eine Person schüttet es auf. Die Maschine ist zierlich, und nach ihrer Art dauerhaft gemacht, der Preis ist, wie wir erfahren 2 Rthlr. Der Erfinder ist zu blöde [schüchtern], um sich bekannt zu machen, und vielleicht raubt ihm ein anderer die Ehre seiner Erfindung, weshalb man es hier bekannt macht.«

Breiten Raum nehmen Rezensionen ein; sie vor allem rechtfertigen die Bezeichnung der letzten Seite als »Gelehrte Sachen«. Fast alle Besprechungen dürften original für den *Bothen* geschrieben worden sein, denn es gibt immer genug Leute, die zwar Mühe haben, eigene Gedanken zu Papier zu bringen, jedoch gern den Richter über die Texte anderer spielen. Der *Bothe* bringt in dieser Sparte Gelehrtes und Langatmiges, Witziges und Nichtssagendes in bunter, offenkundig kaum geplanter Folge. Die Palette der Themen ist erstaunlich breit: Sie reicht von Theologie und Philosophie über Geschichte, Pädagogik, Literatur, Politik und Medizin bis zu Technik und Musik. Die vom Redakteur selbst stammenden Rezensionen kann man – wenn auch nicht immer zweifelsfrei – an einem spezifischen »Bothen«-Ton erkennen, der allenthalben auf den praktischen Aspekt abhebt. So wird ein Liederbuch wie selbstverständlich aus der Sicht des Benutzers beschrieben: »Aber meine Lieblingsmelodien sind S. 27 und S. 19. Die erste tönt schön traurig und innig klagend und zieht einem die Brust recht zusammen, und die andre macht sie einem wieder weit den hohen Lobpsalm Davids so recht aus aller Macht heraus zu singen; und daß man in der zwoten Zeile auf *Größe Gottes* etc. so lange aushalten muß, das ist just wie ichs gerne mag.«[19]

Das schreibt Asmus über *Herrn Doctor [Johann Andreas] Cramers übersetzte Psalmen mit Melodien zum Singen bey dem Clavier von Carl Philipp Emanuel Bach* und hat dabei die Lieder »Tag und Nacht, du Heil der Frommen, seufz ich, Herr, mein Gott, zu dir« (Psalm 88) und »Die Himmel rufen, jeder ehret die Größe Gottes« (Psalm 19) im Ohr. Übrigens steht Claudius in diesem Band als »Asmus, *pro tempore* Wandsbecker Bote« bereits im vorn abgedruckten »Verzeichnis der Pränumeranten«, das kaum weniger Namen zählt, als der *Wandsbecker Bothe* Abonnenten hat. Eine andere Rezension von Claudius gilt den *Empfindsamen Reisen durch Deutschland,* die der damals dreiundzwanzigjährige Junglehrer und Poet Johann Gottlieb Schummel 1771 anonym herausbringt.[20]

> Auweh! Auweh! Ouais! Helas! Proh dolor! Diable! Peste! Ohime! Ohime! Mein Rüken! Mein Fuß! Mein Bein! Meine Lenden! Mein Kopf! Meine Zähne! Meine Finger! Meine Nase! Meine Hosen! Ich bin lahm! Ich bin zum Kröpel geschlagen! Ich bin blutig! Ich kann nicht gehen! Ich kann nicht stehen! Ich kann nicht sitzen! Ich kann nicht liegen! Ich auch nicht! Ich auch nicht! O der Barbar! Der

> Unmensch! Der Heyde! Der Türke! Der Scharfrichter! Der Nero! Der Domitian! O! O! O! Keine Gnade! Keine Barmherzigkeit! Ach! Ach!

So beginnt nicht etwa die Rezension, sondern die Eingangsszene des Romans; und bei den »Schreyern« handelt es sich um die Unzahl gelehrter Schreiberlinge, die ihre Bücher mit langatmigen Vorreden beginnen. Der Autor hat sie soeben »mit einem guten Knüppel in der Hand [...] vom Theater der Gelehrsamkeit herabgefegt« – um den Leser nun seinerseits mit einer langen Vorrede zu langweilen und damit herauszurücken, dass er sich an Laurence Sternes *Empfindsamer Reise* orientiere, deren deutsche Ausgabe gerade bei Claudius' Verleger Bode erschienen ist. Was er danach auf 308 Seiten an philosophischen und zeitkritischen Reflexionen sowie an skurril-chaotischen Abenteuern im Geiste Yoricks auftischt, scheint Claudius gefallen zu haben – im Gegensatz zum jungen Goethe, der die geistigen Höhenflüge und wirren Abenteuer des Helden als abgeschmackt und eines Bildungsromans unwürdig verurteilte.

Der »Bothe« hingegen hat – spöttisches – Verständnis sogar für das Techtelmechtel des Romanhelden mit einer »fünfzehnjährigen Schönen«,[21] weil »dergleichen [Kammermädchen] jeder sentimentale Reisende sich ja anschaffen muss«.[22] Zudem ist es journalistisch vom Feinsten, wie Claudius die Neugier des Lesers weckt und zugleich eine dem Buch spiegelbildliche Besprechung im Geiste Sternes präsentiert. Auf dessen Spuren verhilft er sogar der beliebten Lücke im Text zu einem Auftritt: »Hier war das Mspt. mit Dinte übergossen«, heißt es als Anmerkung zu einigen fragmentarischen Zeilen seiner Rezension:

> ... Nach Hamburg ist er nicht gereiset, weil er sich nicht vorstellen können, daß es da sonderlich empfindsam hergehe. Nun so lüge du! Habe ich
> doch --------------------------------

empfindsamen Schöne in Char---
Schmause herrlich-----------------
empfindsam hergieng-------------
Terne und Quaterne ---------------
Empfindsame Banquer ------------
sagt: dort wirst du Säulen----------[23]

Wer hat Lust, den Text zu ergänzen und eine dem »Bothen« angemessene, nämlich ironisch eingefärbte Lanze für ein »empfindsames« Hamburg zu brechen? Dazu müsste man vorab wissen, dass die Begriffe Terne und Quaterne damals beim Zahlenlotto benutzt wurden. Doch wie ließe sich der Wortanfang »Char...« ergänzen?

Eine bis heute viel zitierte Rezension gilt Goethes *Leiden des jungen Werthers*. Der »Bothe« zeigt dieses 1774 anonym erschienene Kultbuch des Sturm und Drang seinerseits ohne Angabe des Verfassers, jedoch mit beachtlicher Empathie an:

> Weiß nicht, ob's 'n Geschicht oder 'n Gedicht ist; aber ganz natürlich gehts her, und weiß einem die Thränen recht aus 'm Kopf herauszuhohlen. Ja, die Liebe ist 'n eigen Ding; läßt sich's nicht mit ihr spielen wie mit einem Vogel. Ich kenne sie, wie sie durch Leib und Leben geht, und in jeder Ader zückt und stört, und mit 'm Kopf und der Vernunft kurzweilt. Der arme Werther! er hat sonst so gute Einfälle und Gedanken. Wenn er doch eine Reise nach Pareis oder Pecking gethan hätte! So aber wollt' er nicht weg von Feuer und Bratspieß, und wendet sich so lange d'ran herum, bis er caput ist; und das ist eben das Unglück, und darum sollen sie unter der Linde an der Kirchhofmauer neben seinem Grabe eine Graßbank machen, daß man sich darauf hinsetzen und den Kopf in die Hand lege und über die menschliche Schwachheit weine. – Aber, wenn du ausgeweint hast, sanfter guter Jüngling, wenn du ausgeweinet

> hast; so hebe den Kopf frölich auf, und stemme die Hand in die Seite, denn es gibt Tugend, die, wie die Liebe, auch durch Leib und Leben geht, und in jeder Ader zuckt und stört. Sie soll nur mit viel Ernst und Verleugnung errungen werden, und deswegen nicht sehr bekannt und beliebt seyn, aber wer sie hat dem soll sie auch dafür reichlich lohnen, bey Sonnenschein u. Regen, und wenn Freund Hain mit der Hippe kommt.[24]

Natürlich kann Asmus sich mit dem Selbstmord Werthers nicht einverstanden erklären. Anstatt jedoch wie der Hamburger Hauptpastor Goeze gegen die Gottlosigkeit des Buches zu wettern und sein Verbot zu fordern, tut er dem empfindsamen Zeitgeist Genüge, indem er Verständnis für Werthers »menschliche Schwachheit« zeigt und sich sogar eigener Liebesnöte erinnert. Vor diesem Horizont schmecken die guten Ratschläge – »Wenn er doch eine Reise nach Pareis oder Pecking gethan hätte!« – nicht nach bornierter oder hilfloser Pädagogik, lassen den Leser vielmehr schmunzelnd darüber nachdenken, ob man es mit der Empfindsamkeit nicht zu weit treiben könne. Und obwohl Asmus nicht entscheiden möchte, ob es sich um eine »Geschicht« oder ein »Gedicht« handele, rät er seinerseits dazu, es als Letzteres zu nehmen und – anders als Werther – sich dem Leben zu stellen – der Tod werde noch früh genug kommen.

Schon 1775 erscheint unter dem Titel *Prometheus Deukalion und seine Recensenten* ein Goethe zugeschriebenes, in Wahrheit jedoch von seinem früh verstorbenen Freund, dem Sturm-und-Drang-Dichter Heinrich Leopold Wagner stammendes Knittelvers-»Drama«, das mit diversen *Werther*-Kritikern abrechnet. Unter den Dramatis Personae erscheint Claudius als Nachteule in Begleitung von Fröschen – gemäß der charakteristischen Vignette im Kopftitel des *Wandsbecker Bothen*. Asmus schreitet alsbald zur Besprechung dieser Farce: »Sind c. zwey Bogen, darin uns armen Recensenten, die wir uns erkühnt haben über die Leiden des jungen Werthers den Mund aufzuthun, mit scharfer Lauge der Kopf gewaschen wird, ärger als Pope und Aristophanes zu ihrer Zeit zu waschen pflegten, und mit ebenso glücklichen Kurzweil und so viel Reiz zum Vergnügen und Lachen der Zuschauer.«

Die Rezension zitiert ferner aus dem Schlussmonolog des *Prometheus:*

Sagt mer, was thät wol kumme herus
Zögt ihr d'Jack und d'Hosen mir us
Würd bym Teufel schön do stahn,
Menht ihr denn i hätt sie umsonst an?
Wenn i wollt nackend syn,
Steckt i min Arsch nit selbst ninn.

»Nicht doch, lieber Herr Doctor!«, lautet Asmus' Erwiderung, »die Hose muß bey gewissen Gelegenheiten herunter, ob sie gleich aufgezogen war, den Arsch zu bedecken.« Und weiter mit beachtlichem Selbstbewusstsein: »Was nun insonderheit Asmus und seine Anzeige der Leiden des jungen Werthers betrift, da können wir vermelden, daß sie in seinen sämmtlichen Werken wieder aufgelegt ist, wenn der Herr Doctor vielleicht nach Jahren ihren edlen Sinn begreifen lernen sollte.«[25]

Mit dem »Herrn Doctor« meint Claudius vermutlich Goethe persönlich; indessen ist er fair genug, im *Bothen* eine Berichtigung nachzuschieben, nachdem er von seinem Irrtum erfahren hat. Jedoch versetzt er dem Dichter des *Werther* einen weiteren kleinen Stich, indem er dem Wiederabdruck der Rezension in den ersten beiden Teilen der *Sämmtlichen Werke* diesen Vierzeiler folgen lässt:

Fritze
Nun mag ich auch nicht länger leben,
Verhaßt ist mir des Tages Licht;
Denn sie hat Franze Kuchen gegeben,
Mir aber nicht.[26]

Es liegt nahe, bei Fritze und Franze an die Romanfiguren Werther und Albert, bei der weiblichen Person an die angeschwärmte Lotte zu denken. Wahrlich – der »Bothe« ist kein Unschuldsengel, weiß sich vielmehr seiner Haut zu wehren, wenn er sich angegriffen fühlt. Schon im ersten Jahrgang schreibt er unter den »Gelehrten Sachen« gegen einen »Verseschmied« an, der ihn attackiert hat:

> Mollibit aversos penates / Farre pio et saliente mica.
> [Er wird die erzürnten Penaten mit fromm geopfertem Mehl und einem Körnchen Salz besänftigen.]
> Es hat jemand Verse auf mich gemacht – und kein Johann Hagel [Synonym für Pöbel] – er soll eine Perüque tragen und auf König Salomo und die Königin von Arabien Verse gemacht haben. Ich halte seit einiger Zeit nicht viel auf Menschen=Lob und zeitliche Ehre, und grub die Verse in die Erde, und als ich sie eingegraben hatte, sagte ich, »weht sanft ihr Winde! – die heilige Epopee ruht, und der Verfasser soll Dank haben«. Und damit gieng ich fort. Da fiel mir unterwegs ein, daß die Königin von Arabien die Verse wohl nicht eingegraben hätte [...]. Kurz und gut, ich grub die Verse wieder aus, und gebe sie hier zum Besten. Eine Höflichkeit ist die andre werth.
> Wie dumm kann sich der schlaue Bothe stellen?
> Dies Urtheil soll dein Leser fällen.
> Doch weißt du was dein Leser spricht?
> Wie schlau dünkt sich der dumme Bothe nicht![27]

Der »Bothe« weiß genau, dass es sich bei dem Kontrahenten um den Göttinger Mathematiker Abraham Gotthelf Kästner handelt, welcher sich mit dieser Sottise dafür rächt, dass seine Epigramme im *Wandsbecker Bothen* nur geteiltes Lob gefunden haben. Claudius schlägt nunmehr zurück, indem er dem Vierzeiler Kästners, der – so seine spöttische Unterstellung – »in

G[öttingen] bey allen Abendmusicken abgesungen wird«, fünf »Variations« hinzufügt, sodass eine echte Kantate daraus wird. Die neuen fünf Vierzeiler gefallen sich in hübschen Wortspielereien und -verdrehungen über das von Kästner vorgegebene »Thema« und enden mit dem sinnig als »Fugato« – also als eine Art Durcheinander – ausgewiesenen Nonsens-Vers:

Sich Bothe kann dum doch wie schlaue stellen
Soll dies dein Urtheil Leser fällen
Dein doch du was weißt Leser spricht
Denkt dumme der wie sich schlau Bothe nicht.

Der »Bothe« will die kleine Nonsens-Kantate nicht selbst verfasst haben, vielmehr soll sie von seinem »Herrn« stammen. Gleichwohl muss das Opus natürlich in der Zeitung erscheinen: Denn »ich muß alles mitnehmen, was mir gegeben wird, aber wenn mein Herr etwas einbrockt, da mag ers auch allein ausessen, ich gehe einer tollen Mücke lieber aus dem Wege«.[28]

Das Ganze ist das typische Versteckspiel, das bereits Kästner durchschaut, allerdings mit Missmut aufnimmt: Für ihn verbirgt sich hinter vorgetäuschter Einfachheit die pure Gefallsucht des »Bothen«. Doch der spielt sein Spiel weiter, obwohl es inzwischen – nach 132 Nummern des *Wandsbecker Bothen* – vermutlich auch jeder Leser der Zeitung durchschaut. Einerseits gibt er vor, so spöttisch-dadaistische Verse wie die auf Kästner gemünzten gar nicht produzieren zu können, andererseits beginnt er seine eigene Satire mit einem einschlägigen Horaz-Zitat – obwohl er doch nur der Asmus und damit ein »gemeiner« Bote ohne Nachname ist, der sich für seine Lateinkenntnisse geradezu entschuldigen muss: »Meine Muhme hat mich vor lange schon gebeten: ich sollt doch 'nmal 'n lateinisches Buch anzeigen. Wozu hätt's dich dein Vater lernen lassen, spricht sie, wenn du mit der schönen römischen Zunge hinterm Berge halten willst? – hab immer nicht dran gemocht daß mirs die Leute nicht zum Hochmuth auslegten, oder gar dächten, wenn sie den Bothen und Latein zusammen sehen, daß was anders dahinter stecke.«[29]

Die Kontroverse mit Kästner gibt Gelegenheit, noch einmal Claudius' Rolle im *Wandsbecker Bothen* zu beleuchten. Unter seinem bürgerlichen Namen taucht er dort nirgends auf; stattdessen spricht Asmus. Der aber versichert sich einzelner Mitstreiter. Es gibt da einen »Vetter«, der als ein kluger Kopf und »Erzkriticus«[30] »auf alles etwas weiß«,[31] seine Beiträge allerdings nicht immer zuverlässig liefert: »Er fängt oft etwas an, und kommt ihm denn eine andere Grille in den Kopf, da läßt ers gut seyn, und schämt und grämt sich nicht.«[32] Passt diese Beschreibung nicht gut auf Claudius selbst?

Mit einem weiteren Vetter namens Andres, der nicht mit dem namenlosen »Vetter« verwechselt werden darf, verkehrt Asmus brieflich wie mit einem guten, ihm schon aus der Jugendzeit bekannten Kumpel, der keine herausragenden intellektuellen Fähigkeiten besitzt: Worin der anonyme »Vetter« Asmus voraus ist, darin steht ihm Vetter Andres nach. Als eine leicht ironisch angeleuchtete Respektsperson tritt ferner »Herr Ahrens« in Erscheinung. Er ist der einstige, zur Pedanterie neigende Schulmeister von Asmus und seinem Vetter Andres. Nebenrollen spielen die alte Muhme, ein Pastor, ein Küster und der »Barbierer«, den Asmus anlässlich einer anstehenden Rezension fragt,

> ob er wohl von zween Doctors, Meckel und Zimmermann gehört hätte? Und er hat mir gesagt, daß er sie sehr gut kenne, und da müssen sie gewiß recht lang und weit berühmt seyn, denn sonst kommt ihr Ruhm nicht bis nach unsern Ort. Er sagte, der eine, ich weiß nicht genau wer, habe schöne Bücher von Ruhr und Erfahrung gefertigt. Denn wäre es wohl gar der Zimmermann, der vom Nationalstolze geschrieben hat; doch recht kann ich es nicht glauben, weil so gar nichts von Recepten darin steht. Aber, wenn ich mich recht besinne: so war es doch auch ein Zimmermann, von dem ers sagte. Und der andre sey ein weltberühmter Mann in der Anatomie daß die jungen Leute weit her zu ihm kämen, und die Anatomie muß er auch würcklich gut verstehen denn er hat das was seinem Freunde

am Leibe unrecht war, so auf den Kopf getroffen. Ein kluger Doctor muß er gewiß auch seyn, das habe ich ihm bald abgemerkt. Wische Wasche macht er nicht, sondern urtheilt alles so kurz u. grade weg und ordnet alles so richtig an.

Der »Bothe« berichtet dann nicht ohne Faszination von der Operation, die Meckel zusammen mit seinen Assistenten, die er »recht wackere Feldscheerer« nennt, in Berlin durchgeführt hat, und er will die Arbeit solcher »Feldscheerer« »oft im Felde« beobachtet haben: »[...] was ich an ihnen besonders leiden mag, ist, daß sie so rüstig angriffen, wo es seyn mußte, und doch so vorsichtig dabey und so mitleidig, daß sie dem armen Cammeraden nicht gerne wehe tun wollten, wenn sie es denn hindern konnten. Auch gefiel mir das sehr gut, daß sie nicht so französisch mit den vielen schnörkelichen Instrumenten Parade machen, sondern sich bloß mit einem guten scharffen Messer, einem deutschen Verstande und 2 mal fünf Fingern behelfen. Es ist ein Bruchschaden gewesen. [...] Gott bewahre auch alle Bothen, daß uns solch Unheil nicht begegne. Das Berlin ist so weit, und hier umher, – ja hier umher –«[33]

Erst am Ende erfährt man, welches Buch der »Bothe« denn nun bespricht, nämlich »Meckels Tr[actat] *de morbo hernioso congenito*«. Zudem wird nicht recht deutlich, dass der Berliner Anatom Johann Friedrich Meckel, damals eine Kapazität auf seinem Gebiet, sein Buch dem Kollegen und Freund Johann Georg Zimmermann gewidmet hat, nachdem er diesen zuvor innovativ und erfolgreich an einem komplizierten Hoden- und Leistenbruch operiert hat – eben davon handelt seine Schrift.[34] Immerhin hat der »Bothe« im Zuge der Recherchen für seine Rezension herausgefunden, dass selbiger Zimmermann, damals königlicher Leibarzt in Hannover, seinerseits Bücher geschrieben hat, von denen er in der oben zitierten Besprechung die folgenden mit ihren Kurztiteln anführt: *Von der Erfahrung in der Arzneikunst* (1763/64), *Von der Ruhr unter dem Volke* (1765) und *Von dem Nationalstolze* (1758).

Das Ganze hat eine Nachgeschichte, die belegt, wie unbekümmert sich der »einfache« Claudius in intellektuellen Kreisen zu bewegen weiß. Als Zimmermann, vermutlich durch Herder auf den *Bothen* aufmerksam geworden, sich erbietet, Subskribenten für die *Sämmtlichen Werke* zu werben, nimmt Claudius alsbald den brieflichen Kontakt auf, um seinen neuen Gönner im Frühjahr 1776 auf der Durchreise nach Darmstadt auch persönlich aufzusuchen, und zwar in Hannover. Dort ist Zimmermann nicht nur als Mediziner, sondern auch als Autor bekannt, der wenig später sein viel diskutiertes Buch *Über die Einsamkeit* herausbringen und sich als Gesprächspartner von Friedrich dem Großen, aber auch als Gegner der Aufklärung einen Namen machen wird. Von seinem Gast Claudius ist Zimmermann so beeindruckt, dass er von ihm einen Scherenschnitt anfertigen lässt. Dieser gelangt über Caroline Herder zu Johann Caspar Lavater, der ihn 1777 in den dritten Band seiner *Physiognomischen Fragmente* mit dem Kommentar aufnimmt:

> Asmus … *Omnia sua secum portans.* Weder Schwachkopf, noch Scharfkopf. Gesunder, schlichtguter … aber durchaus nicht fortdringender, reihender, gliedernder Verstand. Hell und richtig und rein wird er sehen und »richten, was vor ihm kömmt; dem Reichen als dem Armen, dem Armen als dem Reichen: niemand zu lieb noch zu leid.« Kurz! Schlecht und recht! einfältig und gerade! Genie des Wahrheitsinnes! Genie des Herzens – Armuth und Zufriedenheit! Demuth und unerkäufliche Ruhe und Festigkeit des Sinnes – und in der Form und in den Zügen des Profils die Abgeschliffenheit, Unangespanntheit eines freyen Naturempfinders.[35]

Kann man das aus einer Silhouette herauslesen? Welcher Ruf mag dem so Charakterisierten vorausgeeilt sein? Immerhin hat Claudius den ersten Band von Lavaters *Physiognomischen Fragmenten,* in dem er selbst noch nicht vertreten ist, im dritten Band seiner *Werke* mit kritischem Wohlwollen besprochen: Generell findet er die Deutung eines menschlichen Charakters aufgrund des physischen Erscheinungsbildes spannend – ist doch für ihn die Existenz »die erste aller Eigenschaften«.[36] Zugleich warnt er vor Engführungen – nicht ohne ein wenig Spott, den ihm sein künftiger Bewunderer Lavater jedoch nicht nachtragen wird:

> … schnürt diese Lehre nicht der Freiheit des Menschen den Hals zu? Denn wenn einer notwendig 'n Schurk ist der z. E. ein großes Maul hat; so muß er 'n Schurk leben und sterben, 's Maul wird sich nicht zusammenziehen.
> Hierauf würde ich antworten: umgekehrt, so wird 'n Schuh daraus. Ein Mensch ist kein Schurke wenn er 'n großes Maul hat, sondern wenn er 'n Schurke ist, so hat er 'n großes Maul. Er wird freilich mit dem großen Maul auch wohl 'n Schurke bleiben, aber er kann's doch ebensogut auch nicht bleiben, als wenn er gar kein Maul, sondern statt dessen etwa einen Schnabel hätte oder gar rund zugewachsen wäre. Und wenn er sich bessert, warum sollte sich auch sein großes Maul nicht zusammenziehen können? Zieht sich doch eine dicke Stange Eisen, die Meister Schmiedt geglüht hat, in der Kälte wieder zusammen, und so hart und dumm ist doch kein Maul als eine Stange Eisen.[37]

Das ist freilich nichts gegen die Kritik des Naturforschers und Aphoristikers Georg Christoph Lichtenberg, der in einer Schrift *Wider die Physiognomen* aus Shakespeares *König Heinrich V.* zitiert: »Not working with the Eye without the Ear, / And, but in purged Judgement, trusting neither?« (»Im Aug' nicht folgend ohne das Gehör, / Und ohne reifes Urteil keinem trauend?«; Übers. A. W. Schlegel.)[38]

Ginge man, wie hier zuletzt geschehen, dem Kontext einer jeden Rezension des »Bothen« nach, so müsste man eine ganze Diskursgeschichte der Zeit aufblättern. Hier soll es pars pro toto nur noch einmal um die

Johann Caspar Lavater. Aquarell von Markus Dinkel, 1790. Der Schweizer Künstler hat den in seine Studien vertieften Theologen, Philosophen und Physiognomen nicht zufällig mit einem Bild im Hintergrund gemalt, das einen in kindlichem Vertrauen zum Himmel blickenden Knaben darstellt. Ähnlich seinem Gesinnungsgenossen Claudius hat Lavater sich nämlich zeitlebens nach sinnlich spürbarer, wenn nicht mystischer Gotteserfahrung gesehnt, die er allein aus Büchern nicht zu gewinnen vermochte.

Besprechung des medizinischen Fachbuchs gehen – nunmehr unter der Fragestellung, warum und für welches Publikum Claudius sie verfasst haben mag. Vermutlich ist der Redaktion des *Wandsbecker Bothen* Meckels Schrift eingesandt worden, und Claudius vertieft sich sogleich in 148 Seiten Fachlateinisch; jedoch mag er auch die fast gleichzeitig erscheinende deutsche Übersetzung des seinerseits bekannten Mediziners Ernst Gottfried Baldinger zurate gezogen haben.

Jedenfalls kniet er sich mit einer Intensität in das Thema, die sich mit seiner Tagesarbeit kaum vereinbaren lässt; und wir verstehen alsbald, weshalb Claudius auf Dauer keinen Redakteur abgeben kann, der für *jede* Ausgabe seiner Zeitung Passendes zur Hand hat: Er arbeitet und schreibt am liebsten nach Lust und Laune. In diesem Fall treibt ihn die Neugier nach dem Tun großer Männer, konkret: bedeutender Chirurgen. Und wie so oft betrachtet er deren Handlungen nach ihrem Nutzen für die Allgemeinheit: Da schneidet der Anatom und Chirurg Meckel gut ab, weil er eine komplizierte Operation an einem Kollegen beherzt und mit Erfolg durchzuführen weiß. Etwas Nationalstolz darf bei seiner Bewunderung nicht fehlen – ebenso wenig wie die »applicatio ad se ipsum«, also die Anwendung der Nachricht auf sich selbst: Claudius ist fasziniert von dem Vorgang der eineinhalb Stunden dauernden Bruchoperation, die ihn vermutlich auch deshalb erschauern lässt, weil sie das – in der Rezension freilich nur dezent angedeutete – Risiko der Kastration in sich birgt. Er hat Mitgefühl mit den Leiden des Patienten und hofft zugleich inständig, selbst von alledem verschont zu bleiben – zumal es in seinen Landen wohl keinen Operateur vom Kaliber Meckels geben dürfte und die Reise nach Berlin mit einem schmerzhaften und grässlich verwachsenen Skrotum doch sehr weit wäre …

Damit stellt sich die Frage nach dem Leser: Claudius sieht ihn als Partner, der einerseits etwas von der Welt der Gelehrten mitkriegen, andererseits jedoch vor allem über Gott und die Welt »schnacken« will. Und so gibt er den »Asmus«, der mit seiner Bildung hinter dem Berg hält und stattdessen vorgibt, dass sein Barbier mehr als er selbst wisse; der sich jedoch etwas auf seine Erfahrungen aus dem Feld – der wirkliche Claudius war nie im Krieg – zugutehält. Kern des Gesprächs mit dem Barbier ist letztendlich die Angstlust des gottlob nicht Betroffenen angesichts einer monströsen Operation – garniert mit Bildungsbröckchen. Der Text ist somit etwas für Leute, die den Besuch von Buchhandlungen zwar nicht scheuen, dort vielleicht auch medizinische Fachliteratur in lateinischer

Sprache kurz in der Hand halten, dann aber auf den »Bothen« warten: Der soll sie über das zur Lektüre nicht unbedingt einladende Buch ins Gespräch ziehen – ein Gespräch, an dem man sich mit seiner »naiven« Lebenserfahrung beteiligen darf, ohne sich gleich dumm vorzukommen.

Dass Claudius mit seinen Lesern in unterschiedlichen Rollen kommuniziert, ist der Struktur nach schon in den damals beliebten, jedoch meist kurzlebigen »moralischen Wochenschriften« angelegt, die sich im Zuge der Aufklärung von England aus nach Deutschland verbreiten und auch von Claudius fleißig gelesen sowie in seiner Zeitung rezensiert werden. Deren Redakteure suchen ebenfalls die Nähe zum Leser und arbeiten gleich dem *Wandsbecker Bothen* gern mit fingierten Zuschriften. In ihrer Kritik an Standesdünkel, schulmeisterlicher Bildung und leichtfertigem Lebenswandel vermögen sie damals dem *Wandsbecker Bothen* durchaus das Wasser zu reichen. Doch ist es ein Unterschied, ob etwa in der von Johann Christoph Gottsched herausgegebenen Zeitschrift *Die vernünftigen Tadlerinnen* die Damen Phyllis, Calliste und Iris über ihre vorgeblichen Erfahrungen plaudern oder ob Asmus mit seinem Barbier über eine Hodenoperation räsoniert: Da kommt eine skurrile Note ins Spiel, die ihren Charme bis heute verbreitet, während der gelehrte Gottsched inzwischen nur noch für Spezialforscher interessant ist.

Es ist das Markenzeichen des Matthias Claudius, vor einem breiten Bildungshorizont zu operieren und zugleich Distanz zu dieser Bildung zu zeigen. Oder: vor der Gelehrsamkeit den Hut zu ziehen und sie zugleich vom hohen Ross zu nötigen – beides ebenso ernsthaft wie ironisch. Die vermutlich wenigen Intellektuellen, die sich nicht erst Asmus' *Opera omnia* zu Gemüte führen werden, sondern schon den *Wandsbecker Bothen* lesen, wissen vermutlich gerade das zu schätzen: Der aufklärerischen Zeigefingerpädagogik müde, erfreuen sie sich an der literarischen Figur eines Asmus, der »das alles« nicht so tierisch ernst nimmt. Viele seiner Rezensionen mag Claudius bewusst als Gegenstücke zu allzu beflissen-besserwisserischen Besprechungen in anderen Blättern geschrieben und insgeheim gehofft haben, dass seine Leser nach vorheriger Lektüre einer gelehrten Rezension neugierig auf den Kommentar des »Bothen« wären.

Dem ist die Kommunikation wichtig – der Austausch mit dem »Vetter«, dem Barbier und potenziell mit allen Beziehern der Zeitung. Auch wo sein Urteil harsch ausfällt, erfolgt es nicht von kunstrichterlicher Warte. Vielmehr pocht der »Bothe« auf das subjektive Moment seiner Besprechungen. Er will bewusst aus dem persönlichen Augenblick heraus sprechen – ja, *sprechen:* Denn alle seine Rezensionen muss man sich als Unterhaltung mit sich und anderen vorstellen. Es liegt ihm nicht, Autoren durch kritische Rezensionen »erziehen« zu wollen: »Vom Wiegen wird die Sau nicht fett«, hätte er womöglich angesichts solcher Bemühungen gesagt. Und ganz undenkbar erscheint, dass er mit einem Autor umgesprungen wäre wie einst der Literaturkritiker Marcel Reich-Ranicki auf dem Klagenfurter Literaturfestival von 1984 mit dem hochbegabten Szeneautor Jörg Fauser und dessen Borderliner-Roman *Rohstoff:* »Dieser Autor hat hier nichts verloren.«[39]

Das heißt aber nicht, dass es im *Wandsbecker Bothen* nicht auch viele beflissen-besserwisserische Besprechungen gegeben hätte: Claudius kann unmöglich alles selbst schreiben; auch dürfte er kaum Kraft und Lust gehabt haben, alle für die Rubrik der »Gelehrten Sachen« eingehenden Texte gründlich zu redigieren. Aufs Ganze gesehen, finden sich in der Rubrik der »Gelehrten Sachen« somit keineswegs nur Perlen der Poesie oder des Wissenschaftsjournalismus, sondern vieles, was zumindest nach heutigen Maßstäben missglückt, nichtssagend oder langweilig erscheint. Dass die Zeitgenossen dies ähnlich gesehen haben, lässt sich vielleicht an der stagnierenden Auflagenhöhe der Zeitung ablesen. Zwar will Verleger Bode um der größeren Verbreitung willen aus dem *Wandsbecker Bothen* schon im zweiten Jahr einen »Deutschen Bothen« machen; doch wegen des Widerstandes von Claudius heißt es dann erst ab dem dritten Jahrgang *Der Deutsche, sonst Wandsbecker Bothe,* wobei die alte Bezeichnung weiterhin durch große Lettern hervorgehoben ist. Immerhin wird die Zeitung inzwischen tatsächlich von einzelnen auswärtigen Geistesgrößen empfohlen – so etwa von dem schon genannten Georg Christoph Lichtenberg;[40] gleichwohl bleibt neben dem lokalen auch der überregionale Erfolg aus.

Es ist denkbar, freilich reine Spekulation, dass sich Claudius in den letzten Jahrgängen der Zeitung vom politischen Teil mehr oder weniger verabschiedet hat; jedenfalls zeigt dieser je länger, je weniger die kommentierende Handschrift des »Bothen«. Auch die Rubrik der »Gelehrten Sachen« verliert am Ende merklich an Esprit. Claudius scheint nun froh über jederart von Zuschriften, Verlagsanzeigen usw. zu sein; und man mag es für symptomatisch halten, dass in einer der letzten von ihm verantworteten Nummern ein Buch mit dem Titel *Etwas aus den Papieren eines Verstorbenen* in aller Ausführlichkeit »besprochen« wird – ohne dass der unbekannte Rezensent jedoch nur mit einer Zeile auf den Inhalt dieser Papiere einginge oder wenigstens mit geistvollen Aperçus über die Kunst des Rezensierens überflüssiger Neuerscheinungen aufwartete. Nicht zu übersehen ist ferner, dass Claudius in den ersten Band seiner *Sämmtlichen Werke* vor allem Beiträge aus den beiden ersten Jahrgängen des *Wandsbecker Bothen* aufgenommen hat: Die späteren Jahrgänge sind ihm offenbar als weniger ergiebig erschienen.

Bode lässt Claudius am 22. Juni 1775 die Kündigung überbringen, hält jedoch auch mit dem nachfolgenden Redakteur nur noch wenige Jahre durch. Der »Bothe« selbst ist nun erst einmal brotlos, will folglich auch nicht länger allein mit seiner Zeitung identifiziert werden; vielmehr betont er nach Kräften, dass seine journalistischen Beiträge seit April dieses Jahres zu einem guten Teil in Buchform vorliegen: *Asmus omnia sua secum portans. Sämmtliche Werke des Wandsbecker Bothen, I. und II. Theil.*

Unter dem 9. August, also kurz nach erfolgter Kündigung, weiß Johann Heinrich Voß brieflich zu vermelden: »Er schreibt vielleicht eine Art gelehrter Zeitungen unter dem Titel Heinrich Blaubart, wenn keine andere Versorgung sich finden sollte.«[41] Sollte das an König Heinrich VIII. erinnern, der als Monster auf dem englischen Thron in die Geschichte eingegangen ist? Es ist wohl eher ein vergnüglicher Augenblicksgedanke.

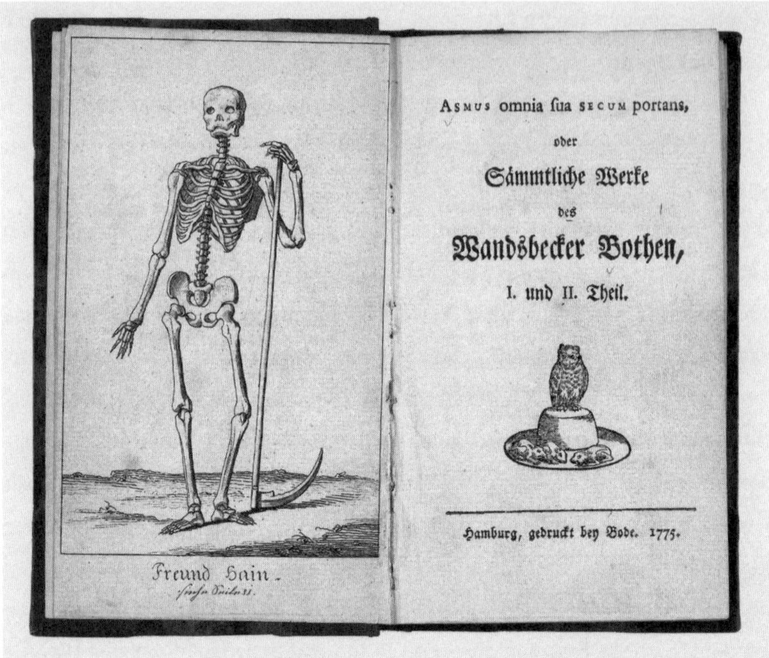

Frontispiz und Titelblatt von Claudius' Sämmtlichen Werken, *Teil 1 und 2. Das Frontispiz bestellte Claudius beim Kopenhagener Hofkupferstecher Johann Martin Preisler.*

Weniger lustig mag es Claudius gefunden haben, dass der Sturm-und-Drang-Dichter Christian Friedrich Daniel Schubart die Leser seiner *Deutschen Chronik* im November 1775 mit der folgenden, liebevoll am Sprachstil des »Bothen« orientierten Nachricht überrascht:

> Todesfall. Durch Schwagern Postillon erfuhr ich so eben, daß kürzlich der *Wandsbeker Bote* an einer Auszehrung sanft und seelig im Herrn entschlafen sey. 'S war 'n ehrlicher Kerl, lief durch Wind und Wetter, durch Staubwolken und Schneegestöber, sang sein herziges deutsches Liedlein, und gab mit dem Stiftstecken den Takt dazu. Hatt' auch wohl sein Späßlein mit 'm Narren, der ihm in den Weg

> lief, trank sein Gläschen Lachs, rauchte sein Pfeifchen, und hatte meistens gute, deutsche Laune. Er starb, und sank freudig seinem Freund *Hain* in die Arme. Gott verleih ihm sanfte Ruhe, und 'ne fröhliche Urständ![42]

Weil manche an eine reale Todesanzeige glauben und gelegentlich sogar Gedichte auf den vermeintlich Entschlafenen verfassen,[43] sorgt Schubart eilig für eine Richtigstellung: »Der herzige launhafte *Claudius*, den ich nicht selbst *todt* sagte, wie man mich links verstand, (hab ja nur den unterbrochenen Wandsbeker Bothen gemeynt,) hat eine ansehnliche Stelle und gutes Gehalt zu *Hannover* erhalten. Gott segn's ihm, und geb ihm Muse, noch Manches zu schreiben! 's ist sogar ein Schriftsteller nach meinem Herzen.«[44]

Von einer Berufung nach Hannover kann zwar nicht die Rede sein, indessen ist Claudius gerade dabei, eine Kutsche zu kaufen, um mit der Familie nach Darmstadt überzusiedeln und dort eine in der Tat »ansehnliche Stelle« anzutreten. Doch noch ist er in Wandsbek; und es wird Zeit, den Blick auf sein dortiges Leben zu richten.

WAS IM HIRN IST, das ist im Hirn;
und Existenz ist die erste aller Eigenschaften.[1]

KUNZ UND DER WUCHERER:
ADV. Ja, Ehrlichkeit und gut Gewissen sind eine große Gabe!
K. Und gute Zähne auch! Doch ich erkenn es erst,
seit ich sie nicht mehr habe.[2]

KAPITEL 3

Das kleine Wandsbek und die große Welt

1771–1775

Als Redakteur des *Wandsbecker Bothen* lebt Matthias Claudius seit der Jahreswende 1770/71 in Wandsbek. Zwar befindet sich sein Büro vermutlich in den Räumen des Hamburger Verlegers Bode. Da das Privileg der Zeitung jedoch in den Händen des dänischen Untertanen Heinrich Carl von Schimmelmann liegt, muss auch Claudius seinen Wohnsitz auf dänischem Gebiet und in Reichweite seines Patrons nehmen. Letzteres ist auch deshalb angebracht, weil sich der *Wandsbecker Bothe* im Gegensatz zu seinem Vorgänger, dem *Wandsbecker Mercurius*, von intim-provokanter Berichterstattung aus der Freien und Hansestadt Hamburg fernhalten soll. Programmatisch verkündet »Bothe« Asmus in seinem Prolog zur ersten Ausgabe der Zeitung, er werde Nachrichten aus aller Welt überbringen, jedoch »nicht aus Cappadocia«: Unter dieser Rubrik hatte der *Mercurius* zum Ärger vieler Stadtoberen satirisch aus Hamburg berichtet.

Die Vorstellung, eine Familie zu haben und mit ihr anspruchslos auf dem Lande zu leben, mag einem Lebensentwurf des damals Dreißigjährigen entsprochen haben – nunmehr setzt er ihn in die Tat um: Am 15. März 1772 heiratet Claudius seine große Liebe, die am 26. Oktober 1754 geborene und damit erst siebzehnjährige Zimmermannstochter Anna Rebecca Behn. Sie ist die junge Frau, die ihm den Schlüssel zu dem Häuschen am Lübecker Steindamm übergeben hat, in dem er seither wohnt. Vor ihrer Eheschließung hat sie, so berichtet der frühe Claudius-Biograph Carl Mönckeberg nach Familienüberlieferungen, die »Küsterschule« besucht; und »Claudius hörte gerne, wenn sie sonntags bei der Kinderlehre in der Kirche am besten mit antwortete«.[3] Das dürfte zwar eine Legende sein;

jedoch bestand in Familienkreisen sicherlich Anlass, die schulisch wenig gebildete Rebecca als von Haus aus aufgeweckt darzustellen. In einem Brief an Herder vom Herbst 1771 schreibt Claudius über sein »Mädchen«: »Meins ist ein ungekünsteltes, rohes Bauermädchen im wörtlichen Verstande, aber lieb hab ich sie darum nicht weniger, mir glühen oft die Fußsohlen für Liebe.«[4]

Mit Herder teilt er damals ein Maß an Armut, welches eine Heirat riskant erscheinen lässt. Ansonsten sind die Ausgangslagen verschieden: Herders Braut Maria Caroline Flachsland bewegt sich im Darmstädter Kreis – einem einflussreichen literarischen Zirkel, dem zeitweilig auch Goethe angehört; Rebecca hingegen ist, wie es ein weiterer Brief an Herder bestätigt, durchaus »einfältig«.[5] Solches wird vor allem von jüngeren Zeitgenossen nicht als Nachteil betrachtet. Lichtenberg beispielsweise gibt damals in seinen *Sudelbüchern* den Aphorismus zu Protokoll: »Die Bauernmädchen gehen barfuß und die Vornehmen barbrust!«[6] Zudem hat der Rousseauismus Konjunktur; und Claudius dürfte die Story gekannt haben, der zufolge Rousseau im Jahr 1752 zur Uraufführung seines Singspiels *Der Dorfwahrsager* – dessen Heldin Colette als Schäferin ihrerseits zu den Bauernmädchen gehört – in provokant nachlässiger Kleidung in Fontainebleau erschienen sei und sich dadurch einer Ehrung durch Ludwig XV. trotzig entzogen habe.

Zumindest wird der Freundeskreis nicht von einer »Missheirat« gesprochen haben; vielmehr dürfte man Claudius' Verbindung mit einem »Bauermädchen«, als das er die Tochter eines Handwerkers ebenso liebevoll wie geschickt präsentiert, im Zeichen des Geniezeitalters gewürdigt haben: im Sinne von Liebe, Herz, Natürlichkeit, Originalität, Spontaneität, Freiheit von Standesdünkel. Und nicht nur Claudius weiß, was er an seiner Rebecca hat: Alle Zeitgenossen, die ihr künftig begegnen, werden ihr natürliches, angenehmes und liebenswürdiges Wesen hervorheben. Ein charakteristisches Echo auf ihren Charme sind die warmen Worte, die der respektvoll »Magus des Nordens« genannte Philosoph Johann Georg

Hamann am 24. Oktober 1776 an die ihm persönlich noch unbekannte »Liebwertheste Freundin und Gevatterin« richtet, als diese sich am neuen Wohnort Darmstadt schwertut:

> Vergeßen Sie Ihres Wandsbecks und freuen Sie sich auf einen Boden verpflanzt zu seyn, wo Mandeln wachsen, die meine kleine Pathin, wenn ihr der liebe Gott mehr Zähne schenkt, recht gern zu ihrem Brodtchen beißen wird. Sie haben mir, ohne es zu wißen, in Ihren vierzehn Zeilen mehr angenehme Neuigkeiten geschrieben, als der gelehrte Mann auf seinen 3 Seiten. [...] Nun, liebenswertheste Frau Gevatterin, übernehmen Sie getrost das Oberhaus=Commissariat und erlauben Sie Ihrem Herrn Gemahl nicht, daß er Sie zum Nothnagel braucht, seinen halben Bogen voll zu schreiben um seine *Ditòs* beym Mondschein, in Küch und Keller abzuwarten. Da er zu einem Fitzliputzli auf einer höheren Bühne beruffen ist, so lohnt es [für Ihren Gemahl] nicht der Weile an Bauernhütten, kleine Obstgärten, Gänse, Hühner und eine Kuh, sondern an Luftschlößer, Marställe, GallaKleider und eine standesgemäße Aussteuer für meine kleine Pathin und ihre lieben Schwestern zu denken.[7]

Für Hamann, der gleich Claudius mehr vom sokratischen »Nichtwissen« als von dünkelhafter Aufklärung hält, sind die Kurzberichte über Haus und Garten, die Rebecca damals neben oder nach der Darmstädter Tagesarbeit verfasst, ebenso wertvoll wie die scherzhaft »Ditòs«, also »Einerleis«, genannten Ausführungen ihres weisen Fitzliputzli-Gatten. Wie wäre wohl dem Briefschreiber Goethe zumute gewesen, wenn man die Postskripta seiner Christiane mehr beachtet hätte als die eigenen »Ditòs«? Hat doch der Weimarer Dichterfürst »die Vulpius« lebenslang seiner eigenen Person nachgeordnet: Frau von Goethe durfte sich die Tochter eines studierten Aktenkopisten erst nennen, nachdem sie über 18 Jahre hinweg als Geliebte und Mutter mehrerer, bis auf den Sohn August früh verstorbener Kinder mehr oder weniger versteckt worden war. Und weiter gefragt: Gibt es Indizien dafür, dass Goethes Beziehung zu Christiane Vulpius bedeutsamen Einfluss auf sein Schaffen hatte? Claudius zeigt eine andere Haltung, indem er seine Rebecca zeitlebens liebt, verehrt und immer wieder andichtet.

Doch noch sind wir in der frühen Wandsbeker, also der Verlobungszeit, als er sich Freund Gerstenberg unter dem 3. September 1771 mit den Worten empfiehlt: »Ich habe mir die unnötige Mühe gemacht, ein unbedeutendes Bauermädchen lieb zu gewinnen, und ich habe es mit ehrlichem Blut und Hirn beschlossen, sie zur Männin [biblischer Ausdruck] zu machen, wenn mir irgendwo auf dem Lande eine kleine Amtsverwalter pp Stelle werden könnte, im Dänischen oder Deutschen, gleich gut.«[8]

Auch Herder wird dringlich gebeten, nach einer passenden Stellung Ausschau zu halten. Ein undatierter, offenbar noch vor der Heirat geschriebener Brief lässt unmissverständlich verlauten: »Hier kann ich nicht bleiben, ob mich der Baron, wie er zu sagen geruhet, gerne behalten will.«

Einige Zeilen zuvor hatte es geheißen: »Ja, ja ist wahr, meine bonmots aus Adreßblatt und Zeitung sollen zusammengedruckt werden, und die wollt' ich mitschicken, sind aber noch nicht fertig, ist noch nicht daran angefangen.«[9] Offensichtlich kann Claudius von seinem Redakteursgehalt, das etwa 200 Taler jährlich beträgt,[10] eine Familie nicht ernähren, und augenscheinlich sieht er in dem neuen Posten weder eine Dauerstellung noch eine Lebenserfüllung. Bereits nach einem guten Jahr heißt es im Brief an Herder: »Mit dem Wandsbecker Boten wills nicht recht fort und ich glaube, daß ers nicht lange mehr aushält. Bode wäre auch nicht gescheut, wenn er ihn zu seinem Schaden noch lange fortsetzte.«[11]

Dass er schon zu einem frühen Zeitpunkt plant, seine journalistischen Arbeiten gesondert herauszugeben, mag zwar vor allem der Hoffnung auf einen Zuverdienst geschuldet sein, spricht aber auch für beachtliches Selbstbewusstsein: Er möchte sein Leben nicht als anonym »dienender« Zeitungsschreiber fristen, es auch nicht – gleich seinem Freund Johann Heinrich Voß – irgendwann als pensionierter Schulrektor oder Professor beschließen. Vielmehr will er als ein origineller Kopf wahrgenommen werden, der Anspruch auf eine bescheidene Pfründe hat.

Das klingt in Zeiten des Geniekults weniger vermessen als heute: Damals gelingt es einem Klopstock vortrefflich, sich von Potentaten mäzenieren zu lassen; und die Freunde Lessing, Gerstenberg und Hamann gelangen zumindest in Ämter, die ihnen nur wenig Arbeit abfordern: Lessing wird herzoglich Wolfenbütteler Bibliothekar, Gerstenberg Justizdirektor der königlich dänischen Lotterie, Hamann Packhofverwalter beim Königsberger Zoll und zu guter Letzt ansehnlich alimentierter »Adoptivvater« eines wohlhabenden westfälischen Wasserburgbesitzers. Gleichwohl ist Claudius ein Fall für sich; und daher wünscht Hamann von seinem Freund Herder bereits 1774, als er Claudius noch gar nicht persönlich begegnet ist, zu wissen: »Melden Sie mir doch, wie alt ist unser Claudius? Besitzt er Stärke in der alten u. griechischen Litteratur? Wie ist er zu einer Frau gekommen? Und kennen Sie selbige? Ist seine Liebe zur Unabhängigkeit, Eigensinn, Faulheit oder Unvermögenheit?«[12]

Erst in späteren Jahren wird Claudius den Vorzug bescheidener Alimentierung genießen. Aktuell muss er das Wagnis einer Liebesheirat ohne entsprechende Absicherung eingehen. Nachdem die Trauung am 15. März 1772 stattgefunden hat, geht folgender Bericht an Herder ab:

> Aus dem Briefe erfahren Sie, daß ich Hymen, Hymenee geschrien habe und zwar ganz unvermutet für alle, welche des Zeugen geworden, als da sind Klopstock, der Verfasser der gelehrten Republique ist, nb. [notabene] die ganze Abhandlung in dem Hypochondristen neue Auflage, Professor Ehlers, der itzo Rektor des Gymnasiums in Altona ist, der dicke Herr [Bode] aus Hamburg, dem seine Frau vorgestern einen kleinen Herrn geboren hat, der auch vielleicht einmal, wenn unsere Enkel Zeitung lesen und schreiben, ein dicker Herr sein wird, Schönborn, der ein Gesicht wie eine Eichenrinde und ein Herz wie Blumenduft hat und ein Gemüt wie Newton und

> Cartesius, und noch 3 andere Herrn, die nicht dick und nicht dünne waren und auch seitdem nicht geworden sind. Denn als diese Gevattern alle durch Kunstgriffe versammelt waren und der Pastor loci, fing ich an, von copuliert werden zu sprechen, gleichsam scherzweise, und ward, nachdem ich eine Königliche Concession, ein Richtweg in den Ehestand, aus dem Schubsack gezogen hatte, gleich auf der Stelle copuliert, und nun ist Betty mein, o Hymen Hymenee fein, und alles Wasser ist mir Wein, und bei dem allen denk ich dein, o Hymen, Hymenee![13]

Man stolpert über die »Königliche Concession«, die vermutlich Graf Schimmelmann besorgt oder selbst ausgestellt hat: Sie erlaubt eine Trauung »im Hause ohne Verlobung und Aufgebot«, wie das Wandsbeker Kirchenbuch ausdrücklich vermerkt,[14] ist jedoch in der Regel ein Hinweis darauf, dass die Braut schwanger ist und ohne öffentliches Aufsehen »copulirt« werden soll. Dass das erste Kind bereits sechs Monate nach der Eheschließung zur Welt kommt, wird von Claudius im Brief an Herder allerdings im Sinne einer Frühgeburt gedeutet: »Mein Bauermädchen hat schon einen kleinen Bauerjungen geboren, aber 2 Monat zu früh. Er hat nur einmal in ihrem Arm zum Mond bitterlich aufgeweint, dann ging er wieder heim.«[15]

Wie immer man die vorliegenden Informationen interpretieren will: Gewiss hätte Claudius einem anderen Paar in vergleichbarer Situation keine Vorhaltungen gemacht. Dazu muss man nur registrieren, wie enthusiastisch er sich des Aufrufs »Hymen o Hymenai« bedient, mit dem die alten Griechen, den Gott der Hochzeit anrufend, das Brautpaar in seine Gemächer zu geleiten pflegten.[16]

Doch so urtümlich Claudius' Heirats-»Anzeige« wirkt und gegenüber Herder auch wirken soll – der gelehrte Horizont des »Bothen« ist auch am Hochzeitstag unübersehbar. Ob bei der Trauung auch Angehörige des »Bauermädchens« anwesend sind, lässt Claudius in seinem Bericht bezeichnenderweise offen. Namentlich genannt werden nur Freunde und

Honoratioren aus dem eigenen Bekanntenkreis, die aus Hamburg und Altona nach Wandsbek gelockt worden sind, nämlich die alten Studienkollegen Gottlob Friedrich Ernst Schönborn und Schulrektor Martin Ehlers, ferner der Verleger Bode und last, but not least Klopstock.

Klopstocks Namen kann Claudius natürlich nicht erwähnen, ohne sich mit Herder alsbald über aktuelle Interna auszutauschen: Von Klopstock stamme, so will er – zu Recht – wissen, eine Abhandlung mit dem Titel *Gesetze der Gelehrtenrepublik in Deutschland.* Diese ist unlängst anonym in der von Gerstenberg und Jacob Friedrich Schmidt unter dem Pseudonym »Zacharias Jernstrup« herausgegebenen Wochenschrift *Der Hypochondrist* erschienen. Übrigens ist dieser Text nicht mit Klopstocks späterem Buch fast gleichlautenden Titels zu verwechseln; vielmehr beschäftigt er sich hier ernsthaft-spöttisch mit den Attitüden der Gelehrtenzunft. So heißt es im Paragraphen »Von den Nachtwächtern«: »Wer fünf Jahre und sieben Tage nichts anderes gethan, als mittelmäßige Bücher übersetzt hat, wird Nachtwächter.«[17]

Claudius wird sich über derlei Ironie freuen. Denn auch er selbst ergeht sich ja gern in kleinen Anzüglichkeiten und Anspielungen. In diesem Sinne meldet er im *Wandsbecker Bothen* vom 27. März 1772 auf versteckte Weise seine eigene Hochzeit. Da es in der Rubrik der »Gelehrten Sachen« wieder einmal an Beiträgen mangelt, springt er selbst mit einer Spalte in die Bresche, in welcher die magnetische Anziehungskraft der »Fräulein« auf die »Männlein« gepriesen wird – als ein Gottesgeschenk und vom Schöpfer als »Trost« für die Unbill des Lebens gedacht: »Was mich in dieser Vermuthung bestärkt ist das sonderbare und unbegreifliche bey der Liebe. Da steht man und zittert und verstummt und das Herz fängt einem an zu schlagen und die Wange zu glühen, und man weiß nicht wie und warum. Und grade da wo die Philosophie scheitert und die Vernunft sich hinter den Ohren kratzen muß, wo man ein Sausen hört aber nicht weiß woher es kommt und wohin es fähret, grade da vermuthe ich Gottes Finger. Und wenn ich vollends den sonderbaren Handel ganz bedenke – – – O ihr schützenden

Mächte des Himmels, wacht über das Geschöpf dem ich's einst thun werde oder schon gethan habe!«[18]

Dass der »Bothe« mit dem letzten Satz auf sein aktuelles Eheglück anspielt, sollen zumindest seine Freunde merken: Herder wird die entsprechende Ausgabe deshalb eigens nach Bückeburg geschickt.[19] Bei aller Bescheidenheit möchte Claudius, dass seine Stimme im Diskurs der »Großen« zu hören ist. Exemplarisch zeigt dies eine kleine Einzelveröffentlichung vom Februar 1772. Damals eskaliert in Hamburg ein Glaubensstreit zwischen Goeze und Alberti. Als Letzterer, bereits vom Tode gezeichnet, eine *Anleitung zum Gespräch über die Religion* mit der Funktion einer Christenlehre für junge Leute herausbringt, zieht Goeze über das aus seiner Sicht aufgeklärte Gewäsch vom Leder und befördert seine diesbezügliche Predigt alsbald zum Druck. Doch da gebietet der Senat Einhalt: Gemäß seiner Toleranzpolitik – Hamburg soll sich als weltoffene Handelsstadt präsentieren – will er keinen öffentlichen Religionsstreit. Er lässt deshalb Goezes Predigt kurzerhand konfiszieren, um sie, wie Claudius Herder wissen lässt, »in den Cloak der Vergessenheit werfen zu lassen«.[20] Will man dem allzeit streitbaren Goeze glauben, so wird dessen Predigt freilich »über 20 000mal nachgedruckt und hier auf allen Plätzen und Straßen verkauft«.[21] Vermutlich liegt Claudius mit seiner Einschätzung richtig, die Zensur habe vor allem »den gemeinen Mann« empört. Der steht aufseiten des Traditionalisten Goeze, welcher Albertis Schrift unter anderem darin kritisiert, dass sie gemäß ihrer aufklärerischen Haltung die »Lehre vom Satan und seinen Würkungen« übergehe.[22]

Claudius kann sich in beide Kontrahenten hineindenken. Auf der einen Seite sympathisiert er sicherlich mit der Vorstellung eines Teufels à la Luther: Der soll einstens in seiner Studierstube auf der Wartburg mit dem Tintenfass nach dem »Leibhaftigen« geworfen haben. Auf der anderen Seite kommt Claudius die Menschenfreundlichkeit Albertis entgegen – darin ist er (auch) ein Kind des Philanthropismus seiner Zeit. Wie auch immer – es reizt ihn, seine eigene Stimme zu erheben, ohne gleich

Öl ins Feuer zu gießen. Ergebnis ist ein »typischer« Claudius in Gestalt einer achtseitigen, »zum Lachen eingerichteten« Flugschrift, die zwar mit dem Aufruf zu gegenseitiger Toleranz endet, zuvor jedoch allen Parteien zusetzt – am meisten den Oberen Hamburgs. Diese sind in der *Disputation zwischen den Herren W. und X. und einem Fremden über Hrn. Pastor Alberti »Anleitung zum Gespräch über die Religion« und über Hrn. Pastor Goeze »Text am 5. Sonntage nach Epiphanias«* durch den »President Lars« vertreten.

Der »hochedele« Präsident ist freilich eine Witzfigur, jedenfalls ein Tropf, der mit der Moderation des Disputs völlig überfordert ist: Er spricht ein Kauderwelsch aus Lateinisch und Plattdeutsch und muss einräumen, die diskutierten Druckerzeugnisse gar nicht gelesen zu haben. Zur Ausstattung der von Claudius anonym veröffentlichten Schrift gehört ein »sauberes Kupfer«, das als Konterfei des »President Lars« ausgegeben wird, jedoch eine Mischung von Kinderzeichnung und Karikatur darstellt. Offenbar vom Autor selbst stammend, ist es mit dem scherzhaften Zusatz »Raphael inv[enit]« und »Rembrand sc[ulpsit]« versehen – also: von dem einen Genie erfunden und von dem anderen in Kupfer gestochen.[23]

Dass man in der Flugschrift ungeachtet aller Komödiantik und theologischen Besserwisserei sinnvolle Argumente für und wider die Positionen beider Parteien, letztendlich jedoch die Empfehlung findet, man möge sich wegen theologischer Differenzen nicht gleich die Köpfe einschlagen, versteht sich bei Claudius fast von selbst. Erstaunlicher ist, wie keck der kleine Wandsbeker Zeitungsschreiber mit seiner geistlichen und weltlichen Obrigkeit umgeht, die ja leicht zurückschlagen und sein Pamphlet als ehrabschneiderisch verbieten könnte. Sicherlich hat er sich mit seinem Beitrag bei der Stadtregierung nicht beliebt gemacht. Und in der Tat wird er sich nur dieses eine Mal so unverhohlen satirisch zu einer konkreten öffentlichen Angelegenheit äußern. Doch in diesem Fall zeigt er nicht nur den sprichwörtlichen Mut vor Fürstenthronen, der ihn bei aller Loyalität der Obrigkeit gegenüber auszeichnet; vielmehr handelt er

Der von Claudius selbst in Kupfer gestochene »President Lars«; auf der rechten Seite Johann Melchior Goeze (links; Kupferstich von Christian Fritzsch, 1756) und Julius Gustav Alberti (rechts; Kupferstich von Christian Fritzsch, 1761). In einer halb ernst, halb satirisch gemeinten Disputation *lässt Claudius die beiden hochgebildeten Theologen unter Vorsitz des naiven »Presidenten« gegeneinander antreten und zeigt sich ungewohnt obrigkeitskritisch.*

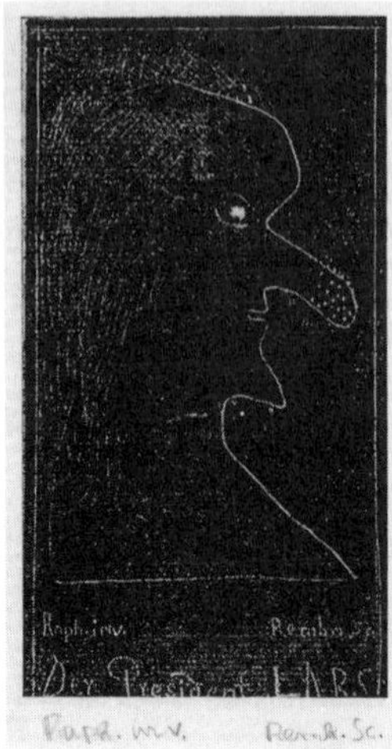

auch als ein über den Dingen stehender Aufklärer, der sich in seinen jungen Jahren des schmunzelnden Beifalls seiner literarischen Freunde sicher weiß.

Es ist kaum Zufall, dass drei von ihnen – Lessing, Klopstock und Voß – Mitglieder der 1770 gegründeten, christlich geprägten Hamburger Freimaurerloge »Zu den drei Rosen« sind, der 1774 auch Claudius beitritt.[24] Dass er damals wohl schon längst mit dem Freimaurertum sympathisiert, legt die große Zahl entsprechender Meldungen und Notizen nahe, die der *Wandsbecker Bothe* zwischen 1771 und 1775 bringt: Nach Klaus-Jürgen Stock sind es nicht weniger als 89.[25] Zwar mag Verleger und Freimaurer Bode seinem Redakteur manche Meldungen von sich aus auf den Tisch gelegt haben; jedoch dürfte dieser schwerlich gegen seine Überzeugung gehandelt haben.

Konkrete Zeugnisse seines freimaurerischen Wirkens, das er erst um die Jahrhundertwende eingestellt haben dürfte, sind einige Lieder, die für gesellige Runden gedacht und in zahlreichen Freimaurergesangbüchern der Zeit zu finden sind. Hier das bekannteste, unter anderem vom Goethe-Freund Carl Friedrich Zelter vertonte »Tafellied«:

Füllt noch einmal die Gläser voll
Und stoßet herzlich an:
Daß hoch das Fräulein leben soll!
Denn sie gehört zum Mann.

Gott hat dem Mann sie zugesellt,
Zu sein mit ihm *ein* Leib,
Und in der großen Gotteswelt
Ist alles Mann und Weib.

Auch sind die Fräuleins sanft und gut,
Und freundlich ist ihr Blick;
Sie machen fröhlich Herz und Mut,
Und sind des Lebens Glück.

Drum habt sie ehrlich lieb und wert!
Und füllt die Gläser voll,
Und trinkt hier, wo uns keine hört,
Auf aller Fräuleins Wohl![26]

An der Freimaurerei mag Claudius neben den Idealen von Menschenliebe und Wohltätigkeit das hohe Maß an Toleranz imponiert haben: Hier können sich dogmengläubige Christen und glaubenskritische Aufklärer begegnen, ohne sich von vornherein befehden zu müssen. Ist das traditionelle Christentum sein Standbein, so sind die progressiven Zeitströmungen, sofern er sie nicht als krass aufklärerisch empfindet, sein Spielbein – darunter auch das Freimaurertum.

Ganz allgemein darf man in dieser Zeit Wandsbek als sein Standbein, Hamburg als sein Spielbein betrachten. Keineswegs begnügt er sich mit dem Wandsbeker Landleben, von dem noch die Rede sein soll. Und gewiss hat er in Hamburg nicht nur in seiner Redaktionsstube gesessen, sondern – kommunikativ, wie er ist – Visite gemacht, Gespräche geführt und Konzerte besucht. Sein »Tafellied« zum Lob der Frauen ist zwar im Kämmerlein gedichtet, dann aber im Kreis der Freimaurer angestimmt worden. Doch auch im häuslichen Wandsbek liebt man gesellige Szenen, bei denen man feiert und die Frauen hochleben lässt. Zumindest anfänglich stilisiert Claudius seine Ehe mit dem »Bauermädchen« zur ländlichen Idylle, an der er andere gern teilhaben lässt. Am 20. Dezember 1774 lädt er Voß und Hölty ein, nach Wandsbek zu ziehen, um dort ihren *Göttinger Musenalmanach* zu redigieren: »Für eine Hütte für Euch Hirten will ich sorgen, aber bei mir könnt ihr nicht essen; ich und mein Bauermädchen essen und trinken gar schäferhaft [bescheiden] und da kann kein Mensch mitessen. […] Dazu müßt ihr in Eurem Hause ein altes Weiblein haben, das Eure Betten macht, Euer Teewasser kocht, Eure Schuhe bürstet, Ew. Stuben auskehrt pp. Und eben das alte Weiblein kann Euch Milch und Semmel und Klöße und Pfannkuchen machen.«[27]

Ein Häuschen könnte der »Chirurgus und Lotto-Collecteur Wilms« für 20 Reichstaler Jahresmiete zur Verfügung stellen; die ersten Auslagen anlässlich eines Umzugs berechnet Claudius scherzhaft genau auf 124½ Taler und 8 Silbergroschen, die jährlichen Kosten für beide auf 380 Reichstaler, worin ½ Taler für »2 Nachttöpfe fein und gut« und 10 Taler für »außerordentliche und ordentl. Feten« inbegriffen sind – Letzteres mit dem Vermerk: »Nota bene Wein wird sehr sparsam getrunken, und nur wenn der Herr Bote und die Frau Botin zu Gast gebeten sind.«

Den Schluss des Briefes bildet ein Appell in griechischer Sprache: »amusikos me eisìto«. Er wandelt den berühmten Satz am Eingangsportal von Platons Akademie dahin gehend um, dass kein amusischer Mensch über die Schwelle treten möge.[28] Voß wird daraufhin tatsächlich nach Wandsbek ziehen – jedoch nicht mit dem gesundheitlich labilen Hölty, sondern mit seinem Freund Johann Martin Miller, Mitbegründer des Göttinger Hainbundes und Dichter des bis heute bekannten Liedes »Was frag ich viel nach Geld und Gut, wenn ich zufrieden bin!«. Voß' Entschluss ist wohlüberlegt: Dem Vierundzwanzigjährigen ist nach Abschluss seines Universitätsstudiums die alleinige Herausgabe des *Göttinger Musenalmanachs* anvertraut worden – damals eine Art Leitmedium der modernen Almanachkultur. Das ist nicht nur ehrenvoll, sondern bis auf Weiteres seine einzige Einnahmequelle. Vom Wandsbek des Matthias Claudius erhofft sich Voß Anregungen in ländlicher Idylle, vom nahe gelegenen Hamburg Zugang zu weiteren Künstlerkreisen im Umfeld Klopstocks. Nachdem er in Begleitung Millers Mitte April 1775 von Göttingen aus in der Hansestadt eingetroffen ist, bemüht er sich alsbald um Kontakte, die auch der Vorbereitung eines eigenen, vom Göttinger Verleger unabhängigen Musenalmanachs dienen sollen. Einer der ersten Ansprechpartner ist der gleichaltrige Friedrich Leopold Graf zu Stolberg-Stolberg, ein geschätztes Mitglied des Göttinger Hainbundes. Er wohnt bei seiner Mutter in Altona, wird gerade zum Meister der Hamburger Loge »Zu den drei Rosen« erhoben und bereitet sich mit seinem Bruder auf eine Cavalierstour vor, der sich auch Goethe anschließen wird. Voß' Braut Ernestine Boie wird alsbald informiert:

> Gestern Nachmittag war ich mit dem Grafen und Miller bei Bach, der uns eine Stunde lang mit einer ganz himmlischen Musik unterhielt. Er spielte einige neue Klaviersonaten von seiner Arbeit. Für den Almanach hat er mir auch versprochen, Sorge zu tragen. [...] Am Dienstag aßen wir bei Ehlers, Claudius war auch da. Nach Tische ward das Frühlingslied eines gnädigen Fräuleins im Chor abgesungen. Ich hab' es noch in Göttingen mit [Carl August Wilhelm von] Closen und Miller in Gesellschaft gemacht, und gefunden, daß es sich auf die traurige Weißische Melodie zu Millers Bauernliede ganz unvergleichlich paßt. Sie hätten nur hören sollen, wie herrlich Klopstock singen konnte! Nächst ihm that sich Claudius mit seinem Küsterton hervor. [...] Die andere Woche werd' ich mich mit Miller nach Wandsbeck begeben und mein Landleben beginnen.[29]

Dass Voß in geselliger Runde ausgerechnet sein »Frühlingslied eines gnädigen Fräuleins« singen lässt, spricht dafür, dass er über eine Portion Claudiusscher Selbstironie verfügt; denn wie bereits die erste Strophe zeigt, handelt es sich um das Lamento eines lebenslustigen Fräuleins über die Langeweile auf dem Lande:

Wie lange soll die Brunnenzeit
Der gnädgen Tante dauren?
Man muß in dieser Einsamkeit
Ja ganz und gar versauren!
Sie wird von Einfalt und Natur
Mich noch zur Närrin schwatzen!
Was schiert mich Hain und Quell und Flur,
Und andre solche Fratzen!

Die Freunde singen das Lied auf eine Melodie, die Christian Felix Weiße kurz zuvor zu Millers durchaus positiv gemeinter Idylle »Der glückliche Bauer« geschrieben hat. Es ist jener Weiße, der mit der Bekanntschaft Rousseaus zu beeindrucken vermag und sich mit Singspielen, Liedern im Volkston und der Zeitschrift *Der Kinderfreund* einen Namen macht. Die Anfangszeilen des »Bauernliedes« lauten:

Nun nenn' ich schon ein ganzes Jahr
Mein liebes Weibchen mein;
Und, denk' ich nach, so scheint's fürwahr
Kaum Wochen her zu sein.
So hurtig streicht kein Bach dahin,
Als diese Zeit verstrich;
Denn immer war mir's hell im Sinn,
Und stündlich freut' ich mich.

Man muss schon ein wenig improvisieren, um die beiden Strophenschemata passend zu machen; doch das mag das Vergnügen der Sänger im Hause des Rektors Ehlers nur erhöht haben. Jedenfalls sind Voß und Miller bereits in der richtigen Stimmung, als sie Ende April in Wandsbek landen. Bald nach der Ankunft, so berichtet Voß seiner Braut, habe er des Morgens in einer Laube »dicht am Bach« zusammen mit Claudius, Miller, dem Grafen Stolberg und dessen Bruder Christian, gleichfalls Mitglied des Hainbundes, Kaffee getrunken. Und weiter: »Wir liegen den ganzen Tag im Walde, oder in seinem Garten auf einem Grasstück neben einer Laube von zwei Stockwerken, hören die Nachtigall schlagen, und sprechen gemeiniglich von dir. Claudius ist ein vortreflicher Mann, nur Klopstock und Ehlers kommen ihm gleich. Und seine Frau ist, wie er sie verdient. Wenn ich so des Abends bei Sonnenuntergang mit ihnen size, und das Herz sich öffnet; dann fühl' ich's, daß es noch Rechtschaffenheit und Tugend giebt, und feuriger wird der Entschluß, immer besser zu werden.«[30]

Bei anderer Gelegenheit berichtet er der Braut: »Claudius [ist]immer zufrieden und munter, und seine Frau auch. Wechselweise wiegen sie ihre Tochter, oder tragen sie auf dem Arme herum. Ich habe mich gewundert, wie schön der Bothe Wiegenlieder singen kann.«[31]

Dem Göttinger Freund Ernst Theodor Johann Brückner, gleichfalls Mitglied des Hainbundes, schwärmt Voß vor: »besonders ist der Lustwald des Baron Schimmelmann das schönste Gehölz, das ich kenne. Wir sind den ganzen Tag bei Bruder Claudius, und liegen gewöhnlich bei seiner Gartenlaube auf einem Rasenstück im Schatten, und hören den Kukuk und die Nachtigall. Seine Frau liegt mit ihrer kleinen Tochter im Arm neben uns, mit losgebundenen Haaren, und als Schäferin gekleidet. So trinken wir Kaffee oder Thee, rauchen ein Pfeifchen dabei und schwazen, oder dichten etwas gesellschaftliches für den Boten, oder machen Projecte.«[32]

Schließlich weiß Voß zu vermelden: »Gestern sollte ich bei Claudius Gänsebraten essen. Allein wie erstaunte ich, als ich Claudius Stubenthür aufmachte, und im Schlafrock und mit der Nachtmüze vor einer ganzen

Gesellschaft von Herrn und Damen erscheinen mußte. Der Gärtner [des Patrons Schimmelmann], ein sehr feiner Mann, und Rachette der Bildhauer waren mit ihren Familien auch zum Schmause geladen. [Ich kann jedoch] nicht behaupten, daß mir der schöne Braten, der fette Karpfen, und der Rothwein deshalb weniger geschmeckt hätte.«[33]

Der bereits sehr angesehene Bildhauer Jacques Dominique Rachette weilt damals in Wandsbek, um bei der Innenausstattung des neuen Schimmelmannschen Schlosses mitzuwirken. Bei dieser Gelegenheit fertigt er auch Gipsmedaillons unter anderem von Claudius, Klopstock und Voß an. Dem Letzteren bekommt die Wandsbeker »Boheme«-Luft zumindest anfänglich prächtig. Was anderes ist auch von einem jungen Dichter zu erwarten, der sich später mit *Luise* in Szene setzen wird – einem auch vom gestrengen Kunstrichter Goethe wohlwollend aufgenommenen »ländlichen Gedicht in drei Idyllen«.

Voß' Begeisterung ist keine Ausnahme. Fast noch enthusiastischer äußert sich Miller, der allerdings nur für einige Monate in Wandsbek bleibt.[34] Im März 1776, zwei Wochen vor der Übersiedelung der Familie Claudius nach Darmstadt, ist Anton Matthias Sprickmann zu Besuch, ein weiterer dem Hainbund nahestehender Dichter, der sich später auch als Rechtsgelehrter einen Namen machen wird. Jetzt ist der Sechsundzwanzigjährige »bloß Klopstocks, Claudius und meinetwegen nach Hamburg gekommen«. Da wird »hochgeschmaust, Austern, Karpfen und gebratne Hühner, und ungerischer Wein, der Claudiussen geschenkt war«.[35] Sprickmanns erste Begeisterung gilt Rebecca: »Claudius seine Frau! – oder Engel! … empfing uns mit der offenherzigen Freundschaft, die sogleich ankettet. Ich hätte sie meine Schwester nennen mögen, und hätte ich einen König ermordet gehabt, ich hätte es ihr gleich sagen können. Sie hat den schönsten Umriß von Gesicht, den ich je gesehen, ist gebaut wie eine Grazie, etwas größer als Md$^{\underline{lle}}$ Rothenmann; rothe, blühende Wangen, einen Hals den ich in meinem Leben so nicht gesehen habe, blondes Haar und – Augen! Das läßt sich nicht sagen. Kurz ich kann nicht sagen, eine regelmäßig schönere

Matthias Claudius.
Gipsrelief von Dominique Jacques Rachette, um 1776.

Figur gesehen zu haben. Dazu ihr offenes heiteres Wesen! Ihre Kleidung so voll Geschmack und Einfalt.«[36]

Und weiter:

> Wir tranken [Kaffee]: nun kam ein Junge herein von etwa 30 Jahren: Das Haar glatt übergekämmt, an der Seite lang herunterhangend, in einem alten Flausrock, eine schwarze Weste darunter, was weiß ich's Alles! Ich sah ihn für einen reisenden Handwerker an, und es war – Krebs! Wer war das? – Claudius! Der simpelste Mann, der sich denken läßt. [...] Er ist sehr heiter und lebhaft. Ich habe ihn nie traurig gesehen, und er ist es in den elendesten Umständen nie gewesen. Er ist etliche 30 Jahre alt, nicht so groß wie ich, so ungenirt man es seyn kann. Sein Auge ist eines der herrlichsten, die ich kenne, groß hellblau! Wenn er nachdenkt, ungemein durchdringend.[37]

Über Claudius' Wesensart erzählt Sprickmann voller Enthusiasmus:

> Das ist Sokrates, meine Freunde, ganz Sokrates – wenn man das jetzt noch seyn kann. Auch liest er beynah nichts als die Bibel und Sokrates, oder vielmehr was gute Leute von ihm sagen. Feiertage waren es für mich, wenn er nach Hamburg hereinkam; so lang ich noch da war, wohnte er dann den Abend und die Nacht bey mir und dann gaben wir uns des andern Tags eine bestimmte Stunde, wo einer auf den andern am Thore wartete. Dann kam er daher Caffer und Sucker und Fische, und was er sonst in der Haushaltung brauchte, in einem Tuche am Arme; denn das holt und trägt er immer selbst. Oft gingen wir des Abends vor Thorschließen nach Hauß und dann kam uns das liebe Weib mit ihrem Mädchen entgegen – er hat 2 Kinder, das älteste ist ungefähr drittehalb [= 2½] Jahr alt! bei dem ist er beynah Kindermagd. Oft habe ich ihn gefunden, daß er auf der Straße sich mit dem Mädel im Grase herumwälzte, indeß *le beau monde* von Hamburg daneben spazierte und sich vielleicht über ihn skandalisirte.[38]

Anstatt des zweitgeborenen Mädchens hatte sich Claudius sehnlichst einen Jungen gewünscht. Nach Rebeccas Niederkunft im November 1775 schreibt Voß an Brückner: Claudius »pralte Wunderdinge, was er für einen Sohn kriegen würde, allein er ließ gewaltig die Ohren hängen, als er erfuhr, daß es eine Tochter geworden sei«.[39]

Doch das hindert ihn nicht, sich über den Familienzuwachs alsbald sehr glücklich zu zeigen. Ist Wandsbek, wo er sich »am rechten Ort« fühlt,[40] die reine Idylle? Manche Besucher möchten es so sehen: Speziell den Mitgliedern des Hainbundes stehen sicherlich die bukolischen Landschaften der antiken Dichter vor Augen; und bei aller Distanz dürften sie auch Sympathie für Rousseaus Konzept vom naturverbundenen Leben haben. Nicht zu vergessen: 1770 bis 1780 ist das sprichwörtliche Jahrzehnt des Sturm und Drang, in dem unter der jüngeren Generation eine allgemeine Aufbruchsstimmung herrscht, zu der auch die Sehnsucht nach dem einfachen, unverstellten Dasein gehört. Claudius ist in den frühen Wandsbeker Jahren zwischen 30 und 35 Jahre alt; die um etliches jüngeren Freunde Voß, Miller und Sprickmann sehen in ihm eine Art Leitfigur; das mag ihm behagen, da er sich zumindest literarisch gern als »Schäfer« stilisiert und stolz sein »Bauermädchen« präsentiert. Auch Außenstehende sehen ihn in dieser Rolle – gelegentlich nicht ohne Häme. So spottet die Hamburger Dichterin und Salonnière Elise Reimarus über den »Wandsbecker Roußeau Claudius Asmus«, der sich gewaltig ziere, eine bürgerliche Existenz zu gründen: »Was doch die original Genies für unschikliche Dinge in dieser Cörperwelt sind.«[41]

Indessen bleibt Claudius gar nichts anderes übrig, als sich auch in der »Cörperwelt« zurechtzufinden. Seine damals vierköpfige Familie kann er mit einem Jahresgehalt von 200 Talern kaum ernähren. Gelegentliche Honorare für kleine Veröffentlichungen in Zeitungen und Almanachen helfen kaum weiter. In seiner Not wird Claudius – entgegen seiner eigenen Gesinnung – zum Lottospieler: Die Zahlen einer mit königlich dänischem Privileg ausgestatteten Lotterie werden seit 1771 in Altona und Kopenhagen, seit 1774 jedoch auch in Wandsbek gezogen, denn Gutsherr Schimmelmann möchte mitverdienen, wenn das Volk auf bis zu fünf Gewinnzahlen aus der Zahlenreihe von 1 bis 90 setzt. Hat Claudius regelmäßig gespielt? Das würde schlecht zu seiner im *Wandsbecker Bothen* ausgesprochenen Warnung passen: »Das wahre Mittel bei der Lotterie zu gewinnen ist wohl, daß man nicht Einsetzer sei, und ich wollte, daß es in meiner Gewalt stünde, einen jedweden davon zu überzeugen der des Pfennigs bedarf, den er in Gefahr setzt.«[42]

Und hat er jemals gewonnen? Keinesfalls darf man übersehen, dass die Freunde nicht nur von gelegentlichen Schlemmereien, sondern auch von kärglichen Mahlzeiten berichten. Aus den Briefen, die aus Wandsbek abgehen, spricht gelegentlich die nackte Not. Da ist es gut zu wissen, dass die

Gäste das Ihre zum Mittagstisch beisteuern. Hilfreich ist auch, dass Patron Schimmelmann von seinem Park eine Wiese abzweigt, auf der eine Kuh grasen kann. Gleichwohl wird sich der Sohn Friedrich erinnern: »Zwar hat uns unsere Mutter später wohl gesagt, daß sie, besonders in früheren Zeiten, zuweilen nicht gewußt habe, wie sie sich helfen sollte, daß dann aber bald von dieser, bald von jener Seite, durch Subscription auf die sämtlichen Werke oder auf andere Weise unerwartete Hülfe gekommen sei und sie aus der Verlegenheit gezogen habe. Sie ließ ihre Sorgen niemanden merken und das ganze häusliche Leben war fröhlich und munter, und von Nahrungssorgen zeigte sich im Leben nicht das Geringste.«[43]

Da zeigt sich eine andere Seite der Rebecca Claudius: Dass die junge Ehefrau von jedermann als lieblich, liebenswürdig und gastfreundlich geschildert wird, dass sie ihr Haar einmal offen wie eine Hirtin, das andere Mal »gepudert und frisirt« wie eine Dame trägt[44] – all das schließt nicht aus, dass sie unter Mithilfe einer Magd hart arbeiten und gut wirtschaften muss, um Mann und Kinder zu versorgen und den Hausstand in Ordnung zu halten. Zeigt sie sich um das Auskommen der Familie besorgt, so muss sie mit Scherzen ihres Gatten rechnen, der sie zum Beispiel mit der Aussicht auf die Erbschaft »des nach Ostindien gegangenen Vetters Lorck aus Flensburg« vertröstet.[45] Gar nicht zu gedenken ihrer zwölf Schwangerschaften. Es grenzt fast an ein Wunder, dass sich Rebecca gleichwohl Raum schafft, um an Claudius' geistigem Leben teilzunehmen, sich an seiner Korrepondenz mit kleinen Alltagsschilderungen zu beteiligen und zum geselligen Leben der Familie und des Freundeskreises beizutragen.

Gibt es für die beiden auch ein geselliges Leben vor Ort, nämlich in Wandsbek und im Umkreis des Schlosses? Letzteres lässt Schimmelmann in den Jahren 1772 bis 1776 als großzügigen frühklassizistischen Bau errichten. Bestaunt wird das Schloss nicht nur wegen seiner prächtigen Innenausstattung, sondern noch mehr wegen der Außenanlagen, die ein zeitgenössisches Handbuch mit dem Titel *Theorie der Gartenkunst* vorbildlich nennt. Dort heißt es über die ausgedehnten Parkanlagen, die kleine Wälder, »Kornfluren

Lottokasten mit den Gewinnzahlen der ersten Wandsbeker Ziehung von 1774. Aus der Zahlenreihe von 1 bis 90 wurden fünf Gewinnnummern gezogen, und man konnte auf eine bis fünf Nummern setzen. An den Tagen der Ziehung, die alle zwei Wochen stattfand, herrschte in Wandsbek reges Treiben.

und Wiesen« zu einem eindrucksvollen Ensemble zusammenfügen: »Die Anlage dieses Parks kündigt nicht nur den großen unternehmenden Geist des Besitzers, der in so vielen anderen öffentlichen Anstalten sichtbar ist, sondern auch einen richtigen Geschmack an, der die Scenen nach der Natur leitet, ohne Eigensinn oder gewaltthätige Zerstörung.«[46]

Untypisch für die Zeit, steht der Park der Bevölkerung offen. So wird er alsbald zu einem Anziehungspunkt für naturliebende oder auch nur neugierige Besucher aus der Umgebung, speziell aus Hamburg. Und ebendies ist von Schimmelmann gewollt: »Sein« Wandsbek soll ein blühender

Ort und zugleich ein Vorzeigeprojekt modernen Unternehmertums sein. Da hat es Symbolwert, dass Schimmelmann sein Schloss auf den Fundamenten des bisherigen, nunmehr dem Abriss anheimgegebenen Rantzauischen Herrensitzes errichten lässt, von dem nur der Turm stehen bleibt. Der vom dänischen König 1762 in den Freiherren- und 1779 in den Grafenstand erhobene Großunternehmer weiß zwar, dass er sich mit dem prächtigen Neubau beim alteingesessenen Adel nicht gerade beliebt macht; jedoch liegt ihm daran, ein Stück Zeitenwende zu demonstrieren: Ein ökonomisch längst an die Macht gelangtes Handelsbürgertum will nunmehr auch an dem Privileg der Aristokratie teilhaben, zu repräsentieren und sich als Kunstmäzen zu erweisen. Zugleich soll die Distanz zwischen Regent und Untertan zugunsten eines vagen Gemeinschaftsgefühls verringert werden – dafür steht die Öffnung des Parks.

Da Schimmelmann in der älteren Claudius-Literatur bisweilen nur in der Rolle des vergleichsweise menschenfreundlichen Patrons auftaucht, der »seinem Dichter« bei Gelegenheit eine Flasche Wein oder ein Stück Wildbret vom Schloss herüberschicken lässt, scheint es sinnvoll, seine Gestalt etwas schärfer anzuleuchten. Claudius' Patron, über dessen Leben und Wirken wir durch Forschungen des Historikers Christian Degn ausgezeichnet informiert sind, soll damals einer der reichsten Männer Europas gewesen sein, wenn nicht der reichste. 1724 als Sohn eines pommerschen Kaufmanns und späteren Ratsherrn geboren, kommt er als preußischer Heereslieferant im Siebenjährigen Krieg (1756–1763) zu großem Vermögen, welches er dadurch vervielfacht, dass er Friedrich II. große Bestände an Meißener Porzellan im geschätzten Wert von 300 000 Talern abkauft; dabei handelt es sich um eine Art Kriegsbeute, welche die preußische Armee während der Okkupation Sachsens in den Leipziger, Meißener und Dresdner Warenlagern gemacht hat. Mitten im Krieg lässt Schimmelmann das kostbare Gut in 110 Kisten auf Elbkähnen von Dresden nach Hamburg bringen. Dort wird die Ware, für die er dem preußischen König 120 000 Taler gezahlt hat, im Jahr 1758 von zwei versierten Maklern zu einem weit höhe-

Schloss Wandsbek in einer Lithographie von etwa 1845.

ren Preis versteigert. Angesichts der Kriegswirren, an denen er zuvor gut verdient hat, verlegt Schimmelmann nunmehr gleich sein ganzes Dresdner Handelshaus in die Hansestadt.

Zwar verweigert ein argwöhnischer Hamburger Senat dem Neureichen bis auf Weiteres das Bürgerrecht; jedoch erwirbt dieser über einen Mittelsmann ein repräsentatives Gebäude in der Nähe des Michels, das ihm fortan als prächtiges Geschäfts- und Wohnhaus dient. Doch mehr als das: Der Hausherr handelt in seinen Räumen gemeinsam mit dem russischen Staatsminister Caspar von Saldern den Gottorper Vertrag von 1768 aus, dem zufolge das Königreich Dänemark die Reichsunmittelbarkeit Hamburgs anerkennt – ein Prestigeerfolg, welcher der Hansestadt so wichtig ist, dass er dem Unterhändler Schimmelmann 20 000 Taler Honorar und seinem Haus die ehrenvolle Bezeichnung Gottorper Palais einbringt. Schon seit 1759 gehört dem erfolgreichen Diplomaten, der sich der dänischen Krone zudem als Wirtschafts- und Finanzberater unentbehrlich macht, das zuvor hochverschuldete Gut Ahrensburg. Dessen Wasserschlösschen wird zum Sommersitz der Familie – jedenfalls so lange, bis der prächtige Schlossbau an seine Stelle tritt, den Schimmelmann auf dem 1762 vom dänischen König erworbenen Gut Wandsbek errichten lässt.

Doch all das ist nichts gegen das Imperium, das Schimmelmann im Zuge seines internationalen Dreieckshandels aufbaut. Dreieckshandel bedeutet, kurz gesagt: Man verschifft bedruckten Kattun, Branntwein, Rum und Flinten nach Westafrika, um diese Güter gegen Sklaven zu tauschen. Die von ihren Häuptlingen verschacherten Einheimischen verschifft man nach Westindien und in die amerikanischen Südstaaten, wo sie auf Zucker- und Baumwollplantagen eingesetzt werden. Deren Erzeugnisse werden gegen die Sklaven eingetauscht und nach Westeuropa verladen, wo man sie zu Kattun und Rum verarbeitet – möglichst in den eigenen Fabriken und Raffinerien. Zu einem der ganz Großen in diesem Geschäft steigt Schimmelmann auf, nachdem er der dänischen Krone im Jahr 1763 die maroden Zuckerrohrplantagen auf den Westindischen Inseln Saint Croix, Saint Thomas und Saint John abgekauft hat. Mit einer Überseeflotte, die bis 1782 auf 14 Schiffe anwächst, ist er zudem sein eigener Transporteur, der beispielsweise den Zucker kostengünstig nach Kopenhagen in die eigenen Raffinerien verschiffen lassen kann.

Und nicht zuletzt ist er Sklavenhändler und -halter großen Stils. Er wird von den unmenschlichen Bedingungen wissen, unter denen die Afrikaner gefangen genommen, verschifft und zur Feldarbeit gezwungen werden. Er wird auch die drakonischen Strafen kennen, die tagtäglich an ihnen vollzogen werden; denn einer seiner Neffen, Heinrich Ludwig Ernst von Schimmelmann, ist damals als Generalgouverneur von Dänisch-Westindien tätig. Und in einem Erlass des Gouverneurs von Saint John heißt es: »Jeder Sklave, der andere Sklaven zum Weglaufen aufhetzt, damit er selbst auf freien Fuß kommen kann, soll an drei Stellen mit glühenden Zangen gezwickt, und dann gehenkt werden. […] Ein Neger, der ¼ Jahr lang Maron geht [desertiert] oder mehrfach Maron läuft, soll durch die Justiz ein Bein verlieren;

wer 6 Monate lang wegbleibt, soll das Leben verlieren, es sei denn, sein Herr verzeiht ihm und begnügt sich mit dem Verlust eines Beines.«[47]

Das stammt zwar aus der Zeit vor Schimmelmanns Übernahme der Zuckerplantagen auf Saint John, und man würde sich wünschen, dass sich unter dessen Ägide die Situation der Schwarzen ein wenig gebessert hat. Doch auch ihnen wird alsbald das Schimmelmannsche S, von einem Herzen umrahmt, eingebrannt. Auch gilt Schimmelmann in seiner Heimat als Experte in Sachen Negersklaven. Seinen Neffen in Übersee lässt er wissen: »Da der [dänische] König zwey recht schöne Neegers von 4 und 8 Jahren haben will, so bringe die zwey schönsten von allen seinen Negern mit.«[48] Bei anderer Gelegenheit lässt er verlauten: »Der Sklavenhandel liegt mir sehr am Herzen. [...] Da die französischen und spanischen Eyländer sehr viele Sclaven nöthig haben, so sollte ich glauben, daß man dahin Sclaven verkaufen könnte, wenn die Pflanzer auf St. Croix keinen schicklichen und annehmlichen Preis dafür bezahlen wollen.«[49]

Er selbst lässt sich und seine Familie mit einem schwarzen Diener malen, den er 1765 mit »sieben jungen Neegers« nach Ahrensburg hat kommen lassen. Ein »hübscher Neeger-Junge« mit Namen Peter ist »für die gnädige Frau Baronesse« bestimmt,[50] die ihn als Portier einsetzt. Auch die beiden Töchter Caroline und Juliane erhalten bei Gelegenheit einen Schwarzen zum Geschenk. Die genannten »sieben jungen Neegers« sollen ein Handwerk erlernen, um danach auf Schimmelmanns überseeischen Plantagen als Vorarbeiter zu dienen. Als just nach ihrer Ankunft in Schleswig-Holstein eine Pockenepidemie ausbricht, verspricht Schimmelmann seinem Ahrensburger Doktor Carl Friedrich Curtius als einem der wenigen Ärzte, die mit der modernen Impfpraxis vertraut sind, 5 Taler für jeden Schwarzen, den er »durch die Blattern bringt«:[51] Sklaven sind nicht nur teuer, sondern auch besonders seuchengefährdet. Man wird dem fürsorglichen Schimmelmann in diesem Fall freilich nicht nur materielle Interessen unterstellen wollen, zumal er einige seiner Schwarzen durch den Ahrensburger Pfarrer Henning Johann Hermann Eicke taufen und kon-

Heinrich Carl von Schimmelmann mit dem Porträt seiner Gattin Caroline Tugendreich, um 1773 gemalt von Lorenz Lönberg. Der »Kammermohr« rechts im Bild wurde auf den Namen Heinrich Karl Ambach buchstäblich »umgetauft«. Eine 2006 in Hamburg-Wandsbek aufgestellte Bronzebüste Schimmelmanns wurde nach Protesten gegen den »Sklavenhalter« zwei Jahre später wieder entfernt.

firmieren sowie andere durch Mitglieder der Herrnhuter Brüdergemeine betreuen lässt.

Deren Missionare halten sich freilich in Übersee ihrerseits Haussklaven – was daran erinnern mag, dass die Sklaverei zu Claudius' Zeiten von vielen Theologen als gottgegebene Sache betrachtet wird; und dass beispielsweise der Freimaurer und »Aufklärer« Balthasar Münter, Hauptpastor der deutschen Kirche in Kopenhagen und Dichter geistlicher Lieder, zu den zahlreichen Aktionären der Dänisch-Westindischen Handelsgesellschaft gehört, die auch am Sklavenhandel verdient. Sein Aktionärsbrief ist unter anderem von Schimmelmann und seinem Sohn Ernst unterschrieben.[52] Letzterer hat sich in späteren Jahren – das sei hier nicht unterschlagen – von der Sklaverei abgewandt.

Überhaupt darf man nicht vergessen, dass im vermeintlich aufgeklärten Europa und natürlich auch im Königreich Dänemark generell eine rigide Strafjustiz herrscht. Selbst das kleine Wandsbek verfügt zur Zeit von Claudius über ein Gefängnis, dessen Häftlinge vom Gerichtsdiener mit je 25 Schlägen »willkommen« geheißen und wieder verabschiedet werden. 1787 wird der mit Hals- und Fußeisen ausgestattete Gerichtspranger in einer feierlichen Zeremonie vor dem Gefängnis an der Kirchenallee neu aufgestellt. Anlässlich des »Richtfestes«, wie man es in schöner Zweideutigkeit nennen könnte, hält Zimmermeister Staenke, ein Schwager von Matthias Claudius, eine kurze Ansprache. Ein weiterer Pranger an der Lübecker Straße dient der Ahndung kleiner Vergehen – hier werden Trunkenbolde und streit- oder klatschsüchtige Frauen bloßgestellt.[53]

Besonders grausame Verfahren kennt die damalige Hochgerichtsbarkeit. Man vergegenwärtige sich nur die Hinrichtung des königlich dänischen Leibarztes und geheimen Kabinettsministers Johann Friedrich Struensee, eines der Aufklärung zugeneigten Politikers, der für die Entmachtung des Adels, für Pressefreiheit, Abschaffung der Folter und für eine Milderung der in den dänischen Kolonien herrschenden Sklavengesetze eintritt. Ihm und seinem Vertrauten Enevold von Brandt wird 1772 der Geheimprozess von einer Machtelite gemacht, die sich angesichts eines schwachen, vermutlich geisteskranken Königs mit ihrer Erzfeindschaft gegenüber Struensee durchzusetzen weiß. Schon nach wenigen Prozessmonaten weiß der Kopenhagener Korrespondent des *Wandsbecker Bothen* zu melden: »Vorigen Sonnabend sind die, über beyden, ehedem Grafen, Struensee und Brand von der Inquisitions=Commißion gesprochenen Todesurtheile öffentlich in gedachter Commißion abgelesen worden. Sie lauten, wie sie vom Könige confirmiret worden sind, wie folget: […] soll Johann Friedrich Struensees rechte Hand ihm [die]weil er noch lebt und darauf der Kopf abgehauen, sein Körper geviertheilt und aufs Rad gelegt, Kopf und Hand aber auf einen Pfahl gesteckt werden.«[54]

Die Urteile werden alsbald vollstreckt, die Leichen zwei Jahre lang am Richtplatz vor dem Ostertor ausgestellt. Die Forschung hält es für gesichert, dass Struensee ein Verhältnis mit der von ihrem Gatten missachteten Königin Caroline Mathilde hatte und mit ihr ein Kind zeugte; sie rätselt jedoch über die Stichhaltigkeit der Anklagepunkte, die – wie üblich in solchen Fällen – auf Verschwörung und Unterschlagung lauten: Hatte man, so lautet die offene Frage, gegen Struensee mehr vorzubringen als seine offenkundige Machtbesessenheit, oder wollte man den fortschrittlich gesinnten und zudem als gottlos verschrienen Aufsteiger schlichtweg nur aus dem Weg räumen?

Selbst wenn Claudius dazu willens gewesen wäre, hätte er den hochpolitischen Fall Struensee im *Wandsbecker Bothen* nicht aus subjektiver Sicht kommentieren dürfen. Doch immerhin wird er in seiner Zeitung die *Bekehrungsgeschichte des vormaligen Grafen und Königlichen Dänischen Geheimen Cabinetsministers Johann Friederich Struensee, nebst desselben eigenhändiger Nachricht von der Art, wie er zur Aenderung seiner Gesinnungen über die Religion gekommen ist* rezensieren. Diese 312 Seiten starke Schrift, in welcher der schon genannte Hauptpastor Balthasar Münter ausführlich die 38 Bekehrungsgespräche referiert, die er mit Struensee in dessen Haft geführt haben will, berührt in ihrer Effekthascherei aus heutiger Sicht peinlich: Ein Theologe, der sich im Besitz letzter Wahrheiten weiß, redet »um seiner Sünden willen« einem Delinquenten ins Gewissen,[55] der zwar vor seiner grausigen Hinrichtung seinen Frieden mit Gott machen will, sich aber anscheinend keiner politischen Schuld bewusst ist.

Claudius beschäftigt sich mit Münters Buch auf seine Weise, indem er dem konkreten Fall keinerlei Aufmerksamkeit schenkt, um stattdessen allgemein zu reflektieren, was von derlei Bekehrungsgeschichten zu halten sei:

> Der Mensch ist freilich mehr als ein Thier, aber ist auch Thier und hat thierische Zufälle. Das heißt, er hängt mehr oder weniger an den sinnlichen Eindrücken, die ihm gegenwärtig sind und urtheilt also, wenn er andre Eindrücke erhält, von den vorigen Eindrücken anders, als er zuvor wegen der Nähe, der Gewohnheit, und dem Tumult seiner Sinne und Leidenschaften urtheilen konnte, oder, seine Denkart kann von einem Punkt der Peripherie zu dem entgegengesetzten übergehen, wenn die Umstände ihm den Bogen dahin vorzeichnen. Und diese Veränderungen sind eben nicht etwas ungewöhnliches und interessantes bey ihm; aber jene grosse catholische transcendentale Veränderung – wo der ganze Circel unwiederbringlich zerrissen wird, alle Gesetze der Psychologie eitel und leer werden, wo der Rock von Fellen ausgezogen, wenigstens umgewandt, und der Mensch mit Feuer und Geist von oben her getauft wird – ist so etwas daß ein jeder, der sich des Odems in seiner Nase einigermassen bewußt ist, Vater und Mutter verläßt, wenn er darüber etwas sicheres hören und erfahren kann.[56]

Doch nun kommt die Volte: Offenkundig hält Claudius Struensees Bekehrung nicht für ein solch grundstürzendes Ereignis. Vielmehr kann man »allemal sicher zehn gegen eins wetten, daß ein Delinquent, der auf den Todt sitzt, im Gefängniß andre Gesinnungen über böß und gut äussern werde, als er geäussert hat ehe er hineinkam, ob zwar auch nicht zu läugnen ist, daß ein Geistlicher durch die Methode, die er wählt, oder wählen kann, und die für den Delinquenten gut ausgerechnet ist oder nicht, hier viel Einfluß habe«.[57]

Letzteres habe der Doktor Münter immerhin gut gelöst; und außerdem sei ihm darin zuzustimmen, dass die Religion Berichte von Bekehrungen zum Beweis ihrer Wahrheit eigentlich nicht nötig habe. In der Überarbeitung seiner Besprechung für den ersten Band der *Sämmtlichen Werke* zeigt Claudius noch größere Skepsis: Er unterdrückt nunmehr jeden Hinweis auf den konkreten Fall, verschweigt auch die Namen des Verurteilten und seines geistlichen Beistandes. Stattdessen postuliert er unmissverständlich, es sei »also ein mißliches Ding mit den Bekehrungsgeschichten, und ein recht gutes, daß die Religion zum Beweis ihrer Wahrheit der Delinquenten und ihrer Geschichten allenfalls entbehren kann. Überhaupt ist nicht zu begreifen, wozu man sich mit den Freigeistern und Zweiflern so weitläuftig in Demonstrations abgibt, und von ihrer Freigeisterei und Zweifelssucht so viel Aufhebens macht. Christus sagt ganz kurz: ›Wer mein Wort hält, der wird innewerden, ob meine Lehre von Gott sei.‹«[58]

Man darf das als Claudius' gewohnte Aversion gegen Freigeisterei verstehen, jedoch zugleich als gelinde Kritik an der Sensationslust Münters lesen: Die »grosse catholische transcendentale Veränderung« ist nicht so einfach zu haben und muss in jedem Fall von innen kommen. In diesem Punkt unterscheidet sich Claudius von der Bekehrungsfreudigkeit der Pietisten, in deren Nähe man ihn gern rückt; stattdessen wird erahnbar, dass er sich mit zunehmendem Alter der Mystik annähern wird.

Zurück zu einem Struensee, der als dänischer Minister für die Milderung der Sklavengesetze eingetreten war: Hat Claudius sich mit diesem Thema beschäftigt, hat er dem Freigeist zumindest in diesem Punkt recht gegeben? Immerhin erscheint ein Jahr nach der Hinrichtung Struensees dieses Gedicht im *Wandsbecker Bothen:*

Der Schwarze in der Zucker=Plantage
Weit von meinem Vaterlande
Muß ich hier verschmachten und vergehn,
Ohne Trost, in Müh' und Schande –
Ohhh die weissen Männer, klug und schön! –
Und ich hab den Männern ohn' Erbarmen
Nichts gethan –
Du im Himmel! Hilf mir armen
Schwarzen Mann.[59]

Wiederum drei Jahre später proklamieren die dreizehn britischen Kolonien in Nordamerika ihre Unabhängigkeit vom Mutterland. Doch erst 1885 wird die Sklaverei durch Gesetz auf dem gesamten Gebiet der Vereinigten Staaten endgültig abgeschafft werden. Anstatt Claudius unterschwellig dafür zu tadeln, dass er zu seiner Zeit nicht entschiedener gegen die Sklaverei auftritt, sollte man würdigen, dass er dies als obrigkeitstreuer Mensch überhaupt wagt. Natürlich weiß er, dass sich seine Kritik zwangsläufig auch gegen Schimmelmanns ausgedehnten Sklavenhandel richtet; dennoch ist er mutig genug, die entsprechende Anklage in der Zeitung des Patrons zu veröffentlichen. Beschäftigt dieser auch in Wandsbek – von den Haus-»Neegern« seiner Familie abgesehen – schwarze Arbeiter? Jedenfalls gibt es dort Baumwollmanufakturen und lederverarbeitende Betriebe, die unter anderem dafür sorgen, dass Schimmelmann den bedruckten Kattun, den er nach Afrika liefert, selbst produzieren kann. Das soll nach seinen Vorstellungen zum Wohlstand Wandsbeks beitragen, führt freilich auch dazu, dass Claudius schon 1778 Anlass zu der Klage hat, der Dorfbach Wandse sei »mit Fabriken und Mühlen so sehr überbaut, daß man davor ihn nicht sehen könne«.[60] Bereits 1804, also noch zu seinen Lebzeiten, wird Wandsbek amtlich als »Fabrikort« bezeichnet; in den Arbeitsstätten sind damals 1200 bis 1500 Menschen beschäftigt.[61]

Wir wissen nicht, ob Claudius Anteil an dem kargen Leben der Wandsbeker Manufakturarbeiter genommen hat. Ich stelle mir vor, dass er vor allem mit dem Pastor und dem Lehrer, auch mit den höherrangigen Schlossangestellten verkehrt, zudem mit den Nachbarn auf Platt »snackt«, sie auch zum Kegeln, einem seiner Hauptvergnügen, einlädt. Namentlich während der frühen Wandsbeker Redakteursjahre wird jedoch nicht allzu viel Zeit für soziale Aktivitäten geblieben sein.

Von seinem Patron wird Claudius offenkundig geschätzt. Der mit Schimmelmanns frommer Tochter Friederike Juliane von Reventlow via Emkendorfer Kreis (siehe Seite 227f.) verkehrende Heinrich Christian Boie berichtet 1780 in einem Brief an seinen Schwager Voß: »Ich bin mit der

Familie Schimmelmann hier und gehe erst morgen nach Tremsbüttel. Mit dem alten Schimmelmann komme ich sehr gut aus, und so herrschsüchtig er ist, – das scheint mir der Hauptzug seines Charakters zu sein! – so kommt mir's doch vor, als könne einer, der um ihn wäre und die Kunst verstünde, ihn auch zu guten Zwecken leiten. Mehr als einmal hat er mir von Claudius zu sprechen angefangen und seinen Wunsch geäußert, etwas für ihn zu tun. Nur auf die Frage: wozu er ihn brauchen könne? hab ich immer nicht zu antworten gewußt.«[62]

Ja – wozu ist Claudius zu brauchen? Die Frage stellt sich innerhalb dieses Kapitels, das die frühen Wandsbeker Jahre beleuchtet, in aller Deutlichkeit. Dass er kein Journalist sein mag, der Tagesnachrichten redigiert, ohne sie wenigstens auf seine Art kommentieren zu können, zeichnet sich schon früh ab; doch auch für die Rubrik »Gelehrte Sachen« mag er nur schreiben, wenn ihm etwas einfällt. Indem er schon zeitig das Ende des *Wandsbecker Bothen* prophezeit, setzt er sich dem Verdacht aus, dieses Ende unterschwellig herbeizuwünschen. Was er stattdessen anstrebt und in späteren Jahren auch in Grenzen bekommen wird, ist eine kleine Pfründe, die ihn tun und lassen lässt, was er will.

Immer neu ermuntert er seine Freunde, ihm dabei zu helfen. Die versuchen es nach Kräften; denn sie sind fasziniert von einem Zeitgenossen, der, obwohl Christ, sich dem protestantischen Arbeitsethos entzieht; und der, obwohl Dichter und Literat, nicht an seinem eigenen Denkmal arbeitet. Zudem ein »homme de lettres«, der mitreden will, ohne dass er wie Herder schon in vergleichsweise jungen Jahren mit *Ideen zur Philosophie der Geschichte der Menschheit* imponiert; ohne dass er wie Lessing die deutsche Bühne umkrempeln will; ohne dass er wie Klopstock die Utopie einer »Gelehrtenrepublik« entwirft oder mit dem *Messias* eine ganze Generation erschauern lässt; ohne dass er wie Hamann ein Buch nach dem anderen schreibt, um den geheimen Schöpferkräften der Welt näher zu kommen; ohne dass er wie Voß zumindest den ganzen Homer in deutsche Hexameter überträgt.

In seinen jüngeren Jahren streitet Claudius nicht einmal für die Sache, die ihm die einzig existenziell wichtige ist, nämlich für seinen Glauben. Vielmehr genügt es ihm, diesem Glauben eine vorzeigbare Form zu geben – *seine* Form. Sie zeichnet sich am deutlichsten vor dem Hintergrund anderer Lebens-»Formen« der Zeit ab. Vier von ihnen habe ich in diesem Kapitel exemplarisch vorgestellt: die ländliche Idylle, den theologischen Disput, den Tanz ums Kapital und die politische Machtausübung. Das sei abschließend kurz interpretiert.

Eine ländliche Idylle ist Wandsbek vor allem für einen jungen Dichter wie Voß, der seiner Braut von mondhellen Nächten vorschwärmt, sich jedoch schon nach wenigen Jahren auf dem Land recht einsam fühlt und deshalb nicht unglücklich über das Angebot ist, als Schulrektor nach Otterndorf an der Unterelbe zu gehen. Claudius selbst malt zwar an dem Bild eines idyllischen Wandsbek mit; im Grunde seines Herzens sieht er das Landleben jedoch unsentimental. Stattdessen geht es um Authentizität: Eine sinnerfüllte Existenz kann er sich nur dort vorstellen, wo der Mensch für seine Grundbedürfnisse nahe an der Quelle selbst zu sorgen vermag; wo Mangel und Fülle, Hunger und Sättigung, Freud und Leid, Gesundheit und Krankheit, Hitze und Kälte, Sommer und Winter, Tag und Nacht in ihrer ganzen Unmittelbarkeit erlebt werden.

Das hat nur entfernt etwas mit Diogenes in der Tonne und seinem Wunsch an den großen Alexander, »Geh mir aus der Sonne«, zu tun. Eher ist es eine Glaubensfrage: Wer sich in ursprünglichem Sinne als Geschöpf Gottes erlebt, ist ihm in seiner Schöpfung am nächsten – also in der Natur. Diese Natur ist keine Idylle. Sie steht vielmehr im Zeichen des Sündenfalls und der Drohung von Genesis 3, 19: »Im Schweiße deines Angesichts sollst du dein Brot essen, bis dass du wieder Erde werdest, davon du genommen bist. Denn du bist Erde und sollst zu Erde werden.« Doch zugleich gilt Gottes Verheißung nach der Sintflut gemäß Genesis 8, 22: »Von nun an soll nicht aufhören Saat und Ernte, Frost und Hitze, Sommer und Winter, Tag und Nacht, solange die Erde besteht!« Und schließlich zählt Jesu Wort aus der Bergpredigt (Matthäus 6, 34): »Darum sorget nicht für den anderen Morgen; denn der morgende Tag wird für das Seine sorgen. Es ist genug, daß ein jeglicher Tag seine eigene Plage habe.«

Man kann Claudius in diesem Punkt nur verstehen, wenn man seine Vorstellung ernst nimmt, beständig im Zeichen des Todes zu leben. In der Tat gibt es in seiner Biographie einschneidende Begegnungen mit dem Tod: Wie erwähnt, wäre er als kleiner Junge bei einer Bootsfahrt fast ertrunken; zudem muss er in jungen Jahren den frühen Tod geliebter Geschwister beklagen. Freilich ist er nicht der Einzige, der im beständigen Bewusstsein des Todes lebt. Es gibt eine lange christliche Tradition – von anderen Kulturen ganz zu schweigen – des »media vita in morte sumus« oder, mit Luther: »Mitten wir im Leben sind mit dem Tod umfangen.« Noch die vielen Vanitas-Stillleben des Barock, die zuhauf in bürgerlichen Häusern hingen, sprechen dies aus. Erst die Aufklärung zeigt eine Tendenz, dem Tod seine Schärfe zu nehmen. Dass man die Friedhöfe nunmehr vor die Tore der Stadt verlegt, hat zwar vor allem hygienische Gründe, bezeugt aber zugleich die Tendenz der Moderne, den Tod zu verdrängen. Claudius steht dazu in bewusster und offener Opposition. Vielleicht hätte ihm Erich Frieds Gedicht von 1964 trotz fehlender Jenseitshoffnung gefallen:

Ein Hund	und der sagen kann
der stirbt	daß er weiß
und der weiß	daß er stirbt
daß er stirbt	wie ein Hund
wie ein Hund	ist ein Mensch[63]

Jedenfalls kann sich Claudius nur spüren, wenn er auch »seinen« Tod spürt: Er ist ein Teil seiner Existenz, und er bestimmt speziell das Leben auf dem Lande, das kein Arkadien darstellt, letztendlich auch nichts Bukolisches an sich hat. Das ist *seine* Wahrheit. Und vielleicht braucht dieser unbürgerliche Mensch die Einsicht in die Vergänglichkeit allen Lebens dringlicher als andere, die nach herrschenden Maßstäben fleißiger, zielstrebiger, erfolgreicher sind – und deshalb gar keine »Zeit« haben, viel über den Tod nachzudenken. Man muss es Claudius nicht nur als Demut auslegen, dass er sich als »Bothen« betrachtet, der Dinge nur überbringt – fremde wie eigene. Denn in dieser Selbstbescheidung liegt auch eine gesunde Abwehr gegen Selbstüberforderung und den »tödlichen« Zwang, ständig aktiv oder gar kreativ sein zu sollen. Obwohl es gar nicht danach aussieht, dürfte in Claudius – wie übrigens auch in Luther – viel Angst vor der Welt gesteckt haben, zugleich aber die Fähigkeit, damit umzugehen. Rüstzeug dazu liefert ihm die Bereitschaft, das eigene Ego im Zaum zu halten und sein Fortkommen in die Hände Gottes zu legen: »Er gibt's dem Sperling auf dem Dach; / Wie sollt er's mir nicht geben!«[64] Das entlastet von den Anforderungen der bürgerlichen Welt und macht frei, im Hier und Jetzt zu leben, wie man heute sagt. Dass Claudius dieser Maxime im Laufe seines Lebens nicht immer gerecht wird, wird noch zur Sprache kommen. Hier geht es darum, diese Maxime überhaupt vorzustellen – im Sinne einer Abgrenzung vom Gegenbild der ländlichen Idylle.

Eine weitere Abgrenzung gilt – um zum zweiten Punkt zu kommen – der Institution des theologischen Disputs. An *Asmus* 1 und 2 lässt sich ablesen, dass Claudius zumindest in seiner frühen Wandsbeker Zeit von streitbarer Gottesgelahrtheit nicht das Geringste hält. Davon zeugt zum Beispiel eine Besprechung von Johann Salomo Semlers 1771 erschienener *Paraphrasis Evangelii Iohannis* – einem auf Lateinisch geschriebenen, mit Belegen in griechischer Sprache nicht geizenden Werk. Im Schlusssatz erweist Claudius dem Verfasser eine schon fast ironisch anmutende Reverenz: »Des Herrn Verfassers Erklärung ist sehr gelehrt, dünkt mich, und ich glaube, daß man wohl zwanzig Jahr studieren muß, eh man so eine schreiben kann.«[65]

Man darf bezweifeln, dass Claudius das 548 Seiten umfassende Buch durchgearbeitet und dabei zur Kenntnis genommen hat, dass Semler einer historisch-kritischen Bibelforschung den Weg bahnt, die sicherlich nicht nach seinem Geschmack wäre. Hatte er im *Wandsbecker Bothen* – anlässlich der Erstfassung seiner Rezension – immerhin noch erwähnt, dass man in den »Frankfurther Gelehrten Anzeigen« eine zünftige Besprechung lesen könne,[66] so lässt er diesen Passus nunmehr weg. Umso mehr Gewicht bekommt gleich der erste Absatz seiner eigenen Besprechung:

> Ich habe von Jugend auf gern in der Bibel gelesen, für mein Leben gern. 's stehn solche schöne Gleichnis und Rätsel drin, und 's Herz wird einem darnach so recht frisch und mutig. Am liebsten aber les ich im Sankt Johannes. In ihm ist so etwas ganz Wunderbares – Dämmerung und Nacht, und durch sie hin der schnelle zückende Blitz! 'n sanftes Abendgewölk und hinter dem Gewölk der große volle Mond leibhaftig! so etwas Schwermütiges und Hohes und Ahndungsvolles, daß man's nicht satt werden kann. [...] Ich versteh lang nicht alles was ich lese, aber oft ist's doch als schwebt' es fern vor mir was Johannes meinte, und auch da, wo ich in einen ganz dunklen Ort h'neinsehe, hab ich doch eine Vorempfindung von einem großen herrlichen Sinn den ich 'nmal verstehen werde, und darum greif ich so nach jeder neuen Erklärung des Johannes. Zwar die meisten kräuseln nur an dem Abendgewölke, und der Mond hinter ihm hat gute Ruhe.[67]

Wer denkt da nicht, wenn er mit der Bibel aufgewachsen ist, an das dritte Kapitel des Johannesevangeliums, nämlich an die Naturbilder in Jesu nächtlichem Gespräch mit Nikodemus: »Der Wind bläst, wo er will, und du hörst sein Sausen wohl; aber du weißt nicht, woher er kommt und wohin er fährt. Also ein jeglicher, der aus dem Geist geboren ist.«

Und welcher Bach-Liebhaber erinnerte sich nicht an die Naturbilder in Bachs *Johannespassion,* etwa an die so einzigartig komponierte Allegorie des Bass-Ariosos:

Betrachte, meine Seel', mit ängstlichem Vergnügen,
mit bitt'rer Lust und halb beklemmt von Herzen,
dein höchstes Gut in Jesu Schmerzen,
wie dir aus Dornen, so ihn stechen,
die Himmelschlüsselblumen blühn;
du kannst viel süße Frucht von seiner Wermut brechen,
drum sieh' ohn Unterlaß auf Ihn.

Matthias Claudius hat die Musik Johann Sebastian Bachs bestenfalls in den Ausschnitten gekannt, die der Sohn Carl Philipp Emanuel in Hamburg aufführen ließ. Es gibt jedoch über die Jahrhunderte hinweg eine Bibellektüre, die künstlerische mit mystischer Welterfahrung verbindet – und diese Tradition bedeutet Claudius mehr als das Bemühen, die Bibel in ihrer kritisch-historischen Dimension zu verstehen.

Noch deutlicher zeigt sich seine Ablehnung theologischer Streitereien in der oben bereits besprochenen Schrift *Eine Disputation zwischen den Herren W. und X. und einem Fremden …* Wenn es Claudius nicht darum ginge, letztendlich Frieden zwischen den Parteien zu stiften, könnte man geradezu von einer theologischen Satire sprechen. Seine als Zusatz für die *Asmus*-Bände formulierte Quintessenz lautet: »Aber der Geist der Religion wohnt nicht in den Schalen der Dogmatik, hat sein Wesen nicht in den Kindern des Unglaubens, noch in den ungeratenen Söhnen und übertünchten Gräbern des Glaubens, läßt sich wenig durch üppige glänzende Vernunftsprünge erzwingen, noch durch steife Orthodoxie und Mönchswesen. Und, für Kinder, deren Herz durch die Religion gebessert werden soll, ist freilich der simpelste und kräftigste Ausdruck der beste. Wenn ich bei der Quelle stehe, warum soll ich nicht aus der Quelle trinken; so bin ich doch sicher vor dem Unrat am Eimer.«[68]

Es ist kein Zufall, dass er diese Worte, obwohl sie seiner eigenen Auffassung entsprechen, dem an der Disputation teilnehmenden »Fremden« in den Mund legt: Claudius selbst fühlt sich in den theologischen Streitigkeiten als ein Fremder, der seinen eigenen Weg finden muss. Mit der »Quelle«, aus der es zu schöpfen gilt, ist sicherlich vor allem die Bibel gemeint; und wenngleich Claudius den Gebrauch gedruckter Bibelerklärungen nicht scheut, will er sich nicht von gelehrten Meinungen abhängig machen. Da ist er ein Freigeist; und Zeitgenossen, die ihm wohlwollen, vermögen dies zu würdigen. Er ist auch ein Freigeist, was den Tanz ums Kapital betrifft. Als ein solcher dichtet er im Jahr 1777:

Täglich zu singen

Ich danke Gott, und freue mich
Wie's Kind zur Weihnachtsgabe,
Daß ich bin, bin! Und daß ich dich,
Schön menschlich Antlitz! habe;

Daß ich die Sonne, Berg und Meer,
Und Laub und Gras kann sehen,
Und abends unterm Sternenheer
Und lieben Monde gehen;

Und daß mir denn zumute ist,
Als wenn wir Kinder kamen,
Und sahen, was der heil'ge Christ
Bescheret hatte, amen!

Ich danke Gott mit Saitenspiel,
Daß ich kein König worden;
Ich wär geschmeichelt worden viel,
Und wär vielleicht verdorben.

Auch bet ich ihn von Herzen an,
Daß ich auf dieser Erde
Nicht bin ein großer reicher Mann,
Und auch wohl keiner werde.

Denn Ehr und Reichtum treibt und
bläht,
Hat mancherlei Gefahren,
Und vielen hat's das Herz verdreht,
Die weiland wacker waren.

Und all das Geld und all das Gut
Gewährt zwar viele Sachen;
Gesundheit, Schlaf und guten Mut
Kann's aber doch nicht machen.

Und die sind doch, bei Ja und Nein!
Ein rechter Lohn und Segen!
Drum will ich mich nicht groß kastein
Des vielen Geldes wegen.

Gott gebe mir nur jeden Tag,
Soviel ich darf zum Leben.
Er gibt's dem Sperling auf dem Dach;
Wie sollt er's mir nicht geben![69]

Dass Claudius alles andere als ein Revolutionär ist, wird noch zur Sprache kommen. Doch bei welchem Dichter und Denker der Zeit findet man zum Thema Reichtum eine ähnlich klare Ansage an die eigene Person? Bei der Excellenz von Goethe nicht, bei dem Hofrat und Professor von Schiller nicht, bei dem Generalsuperintendenten Herder nicht. Skeptiker mögen den Versen einen Hauch von Selbstgerechtigkeit unterstellen; auch wäre Claudius über den einen oder anderen Taler mehr in der Tasche sicherlich nicht unglücklich gewesen. Dass er jedoch kein großer und reicher Schimmelmann sein will, glaubt ihm gewiss jeder.

Vergleichbares gilt für die Ebene der politischen Machtausübung: Auch auf diesem Feld hat Claudius nicht den mindesten Ehrgeiz. Vielmehr versteht er sich als treuer Untertan, der zwar über den Lauf der Welt keinerlei Illusionen hegt, seiner Obrigkeit jedoch trotz allem loyal gegenübersteht. Letzteres schließt nicht aus, dass er im *Wandsbecker Bothen* vom 18. August 1773 – und damit im Blatt des »im Fürsten Schos sitzenden« Politikers Schimmelmann – anlässlich seines eigenen 33. Geburtstages mit einem ungewöhnlich obrigkeitskritischen Gedicht aufwartet:

An den Todt

An meinem Gebuhrtstage.
Laß mich, Tod, laß mich noch leben! –
Sollt' ich auch wenig nur nützen,
Werd' ich doch weniger schaden,
Als die im Fürsten Schos sitzen
Und üble Anschläge geben,
Und Völker Fluch auf sich laden;
Als die da Rechte verdrehen,
Statt nach den Rechten zu sehen;
Als die da Buße verkünden,
Und häuffen Sünden auf Sünden;
Als die da Kranken zu heilen,
Schädliche Mittel ertheilen;
Als die da Kriegern befehlen,
und grausam ihnen befehlen;
Der Helden Kriegskunst nichts nützen,
Um Länder weise zu schützen.
Tod, wenn sich diese nicht beßern,
Nimm sie aus Häusern und Schlößern!
Und wenn du sie nun genommen,
Dann Tod, dann sey mir willkommen.[70]

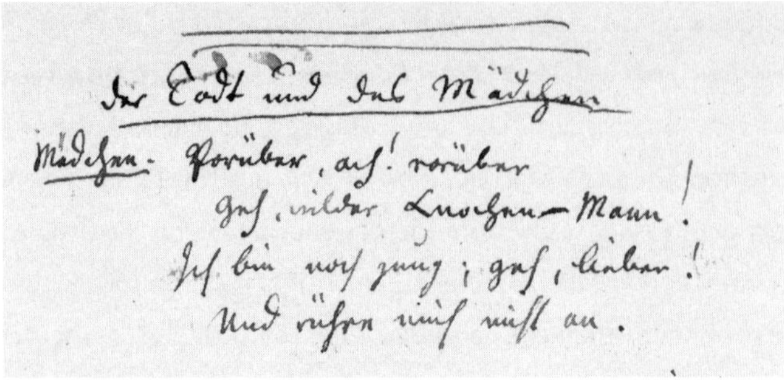

Der Todt und das Mädchen

Mädchen. Vorüber, ach! vorüber
Geh, wilder Knochen-Mann!
Ich bin noch jung; geh, lieber!
Und rühre mich nicht an.

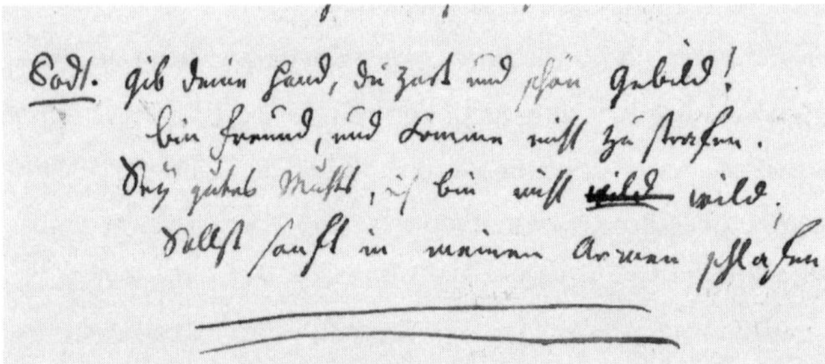

Todt. Gib deine Hand, du zart und schön Gebild!
Bin Freund, und komme nicht zu strafen.
Sey gutes Muths, ich bin nicht ~~wild~~ wild,
Sollst sanft in meinen Armen schlafen

Autograph des später von Franz Schubert vertonten Gedichts »Der Tod und das Mädchen« in einem Brief an Johann Heinrich Voß vom 21. August 1774. Auf der rechten Seite: dasselbe Gedicht in der Neuauflage der Claudius-Gesamtausgabe von 1819, die von Schwiegersohn Friedrich Perthes herausgebracht wurde. – Claudius schafft mit seinem Gedicht einen originellen Ausgleich zwischen seiner eigenen, lebenslangen Vorstellung vom Tod als »wildem Knochenmann« und derjenigen seines Freundes Lessing. Dessen Schrift »Wie die Alten den Tod gebildet« war nur wenige Jahre zuvor erschienen, und Claudius hatte sehr wohl registriert, dass es dort heißt: »Die alten Artisten stellten den Tod nicht als ein Skelett vor: denn sie stellten ihn, nach der Homerischen Idee, als den Zwillingsbruder des Schlafes vor.«

Claudius wird diese wütenden, fast überheblichen Zeilen wenig später von der Aufnahme in die *Sämmtlichen Werke* ausschließen – wohl nicht nur wegen formaler Bedenken, sondern auch wegen der politischen Brisanz des Themas. Was den im Gedicht angesprochenen Tod angeht, so ist er in seinem Schaffen allenthalben präsent – so auch in den *Asmus*-Folgen 1 und 2,

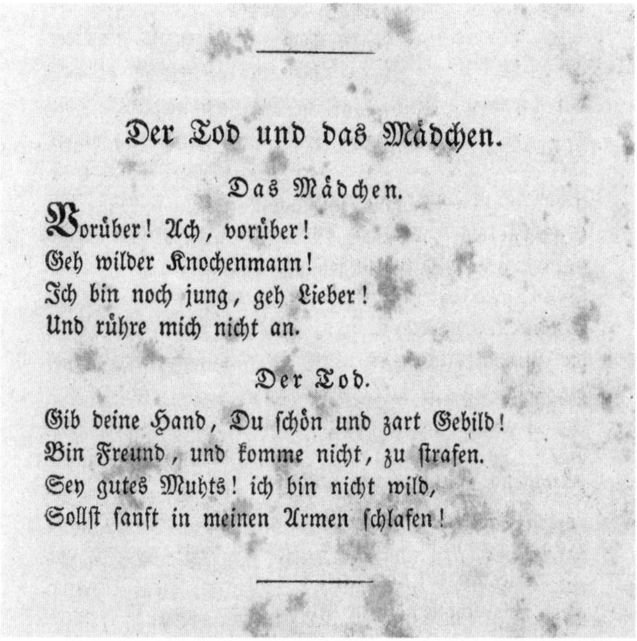

Der Tod und das Mädchen.

Das Mädchen.

Vorüber! Ach, vorüber!
Geh wilder Knochenmann!
Ich bin noch jung, geh Lieber!
Und rühre mich nicht an.

Der Tod.

Gib deine Hand, Du schön und zart Gebild!
Bin Freund, und komme nicht, zu strafen.
Sey gutes Muths! ich bin nicht wild,
Sollst sanft in meinen Armen schlafen!

die er zu Ostern 1775 bei seinem damaligen Chef Bode in einem Band herausbringt. Seine baldige Arbeitslosigkeit vor Augen, hat er fleißig die Werbetrommel gerührt und frühzeitig nach Subskribenten ausgeschaut. Voß, Boie, Herder, Sprickmann, Schubart, Miller, Hamann, Lessing und Hölty – sämtlich seinem Freundeskreis zugehörig – betätigen sich als Kollektoren, die ihrerseits Subskribenten werben und Vorauszahlungen entgegennehmen. Auch Goethe subskribiert, und selbst Christoph Martin Wieland, von dessen vermeintlichem oder tatsächlichem Zynismus Claudius Welten trennen, vertreibt Exemplare des *Asmus*.[71]

Claudius bietet die Subskription zum Preis von 2 Mark an, für »die Herren Kritiker und Journalisten etc« sind es freilich 3 Mark.[72] Doch trotz aller Bemühungen decken die Zahlungen der Subskribenten nicht einmal die Druckkosten. Dabei stellt er den Band in Eigenregie her, kümmert sich somit auch um Details von Layout und Illustration. Von Johann Martin Preisler, der schon den Kopftitel des *Wandsbecker Bothen* geliefert hat, bestellt er

»1) ein Kupfer so groß als klein 8tav, das den Tod mit der Hippe vorstellt und darunter soll stehen ›Freund Hain […]‹. Der Tod muß der gewöhnliche Knochenmann sein. Will Preißler ihm eine Blume in seine Hand geben, so steht das bei Preißler. 2) eine Vignette, die einen Raben ohne alle Verzierung vorstellt, so klein oder groß, als Preißler will, doch so, daß es nur Vignette bleibt und nicht zu breit für klein Oktav sei. 3) eine Vignette, wo ein Knabe Wein auf einen Leichenstein gießt.«[73]

»Freund Hain« ist möglicherweise Claudius' eigener Einfall. Im Seite 78 abgebildeten Kupferstich Preislers springt er dem Leser als Knochen- und Sensenmann gleich zu Anfang des *Asmus* ins Auge – nebst der Erklärung: »Das *erste* Kupfer ist *Freund Hain*. Ihm dedizier ich mein Buch, und *er* soll als Schutzheiliger und Hausgott vorn an der Haustüre des Buchs stehen.«[74]

Kaum zufällig endet der Band mit dem Gedicht »Bei dem Grabe meines Vaters«, das noch der junge Nietzsche in seinem Lebenslauf zitiert, als vom Verlust des Vaters die Rede ist. Passend zum Gedicht präsentiert Claudius den entsprechenden, gleichfalls von Preisler gelieferten Kupferstich mit dem Knaben am Leichenstein. Doch nicht nur vom Tod ist in *Asmus* 1 und 2 programmatisch die Rede: Vielmehr zeigt Claudius im Laufe des Bandes auch in lebensbejahendem Sinne Flagge: für den Glauben an einen Schöpfergott, für die Beibehaltung beziehungsweise das Wiedererstarken der »alten deutschen Sitten«, für ein Volk, das Grund zum »Fröhlichsein« hat, für »große und gute« Fürsten, für kernige Dichtung; gegen Sittenverfall, gegen blutdürstige oder -saugerische Fürsten, gegen bloß neckische Anakreontik:

Mein Neujahrslied

Es war erst frühe Dämmerung
Mit leisem Tagverkünden,
Und nur noch eben hell genung
Sich durch den Wald zu finden.

Der Morgenstern stand linker Hand,
Ich aber ging und dachte
Im Eichtal an mein Vaterland,
Dem er ein Neujahr brachte.

Auch dacht ich weiter: So, und so,
Das Jahr ist nun vergangen,
Und du siehst, noch gesund und froh,
Den schönen Stern dort prangen.

Der ihm dort so zu stehn gebot
Muß doch gern geben mögen!
Sein Stern, Sein Tal, Sein Morgenrot,
Rund um mich her Sein Segen!

Und bald wird Seine Sonne hier
Zum erstenmal aufgehen! –
Das Herz im Leibe brannte mir,
Ich mußte stille stehen,

Und wankte wie ein Mensch im Traum
Wenn ihn Gesichte drängen,
Umarmte einen Eichenbaum
Und blieb so an ihm hängen.

Auf einmal hört ich's wie Gesang,
Und glänzend stieg's hernieder
Und sprach, mit hellem hohen Klang,
Das Waldtal sprach es wieder:

Der *alten* Barden Vaterland!
Und auch der alten Treue!
Dich, freies unbezwungnes Land!
Weiht Braga hier aufs neue

Zur Ahnentugend wieder ein!
Und Friede deinen Hütten,
Und deinem Volke Fröhlichsein,
Und alte deutsche Sitten!

Die Männer sollen, jung und alt,
Gut vaterländ'sch und tüchtig
Und bieder sein und kühn und kalt,
Die Weiber keusch und züchtig!

Und deine Fürsten groß und gut!
Und groß und gut die Fürsten!
Die Deutschen lieben, und ihr Blut
Nicht saugen, nicht Blut dürsten!

Gut sein! Gut sein! ist viel getan,
Erobern, ist nur wenig;
Der König sei der beßre Mann,
Sonst sei der beßre, König!

Dein Dichter soll nicht ewig Wein
Nicht ewig Amorn necken!
Die Barden müssen Männer sein,
Und Weise sein, nicht Gecken!

Ihr Kraftgesang soll *himmelan*
Mit Ungestüm sich reißen! –
Und du, Wandsbecker Leiermann,
Sollst Freund und Vetter heißen![75]

Damit ist der Rahmen abgesteckt für ein Buch, in dem gleichwohl Platz für viele »Schnurrpfeifereien« ist, wie Claudius sie im Brief an Gerstenberg scherzhaft nennt.[76] Offenkundig betrachtet er den ersten Band des *Asmus* als Abbild seiner Persönlichkeit, in der sich ja gleichfalls Ernstes und Heiteres, Gelehrtes und Populäres, gut Überlegtes und rasch Dahingeworfenes, Grundsätzliches und Beiläufiges so charakteristisch mischen, dass der Versuch einer Beschreibung die Lektüre nicht ersetzen kann. Nicht unordentlich, jedoch unschematisch wie das wirkliche Leben sollen die Texte präsentiert werden. Deshalb ist der Band auch weder nach Literaturgattungen noch streng thematisch geordnet. Stattdessen erinnert er an einen Bauerngarten, in dem trotz ordnender Hand vieles bunt nebeneinanderwächst. Jedes Stück soll möglichst sinnlich erfahrbar sein. Dabei kann eine passende Bebilderung gute Dienste leisten. Nicht von ungefähr wird Claudius seinem späteren Illustrator Daniel Chodowiecki erklären: »mich dünkt, Kupfer in einem Buch sollen nie fürs Auge des Kenners seyn, sondern sollen nur Ideen und Empfindungen recht lebendig machen, die der Scribent ohne den Kupferstecher nicht erreichen konnte.«[77]

Die Kupfer sollen weniger belehren als dabei helfen, die intellektuelle Distanz zwischen Leser und gedrucktem Text zu verringern – getreu einer Äußerung von Claudius gegenüber Herder: »Die Schriftsprache ist ein infamer Trichter, darin Wein zu Wasser wird.«[78] Demgemäß spielt Claudius gern mit dem Stilprinzip des Unfertigen oder gar Kindlichen. Und er nimmt nicht nur seine auf Seite 90 dieses Buches abgebildete »Kinder«-Zeichnung des »Presidenten Lars« in leicht veränderter Form in den *Asmus* auf, sondern in Teil drei auch sein »Kupfer« vom Kampf zwischen David und Goliath (Abbildung Seite 149). Ich kann mir vorstellen, dass Claudius die biblische Geschichte im Familienkreis erzählt und sich zugleich an einer bildlichen Darstellung des Zweikampfs versucht.

Asmus omnia sua secum portans heißt der Obertitel zu allen Bänden der *Sämmtlichen Werke;* somit stammen sie von einem »Asmus, der alles, was sein ist, mit sich trägt«. Das kann man als Hinweis auf dessen habituelle Anspruchslosigkeit verstehen, aber auch dahin gehend deuten, dass potenziell alles, was Asmus mit sich »herumträgt«, in seinen Werken Platz hat: Claudius ist ein »homme de lettres«, der einerseits Griechisch und Französisch versteht, andererseits Platt spricht. Da gibt es nichts, was per se zu einschüchternd oder zu alltäglich wäre, jedoch muss die Mischung stimmen. Die spontan, fast hingeworfen wirkende Textfolge entspricht dem Wunsch der Zeit nach persönlichem und authentischem Ausdruck. Um die gleiche Zeit glänzt Carl Philipp Emanuel Bach in Hamburg mit seinen Klavierfantasien – es ist das Jahrzehnt des Sturm und Drang.

Ganz im Sinne von Claudius lässt sich das Unternehmen *Asmus omnia secum portans* freilich auch prosaischer deuten: Als Herausgeber bleibt Claudius das, was er damals ohnehin ist, nämlich Redakteur; und die *Asmus*-Bände sind nichts anderes als eine verlängerte Zeitung – Asmus bleibt Asmus. Zumal Claudius die Folgen 1 und 2 weitgehend mit Beiträgen füllt, die er kurz zuvor als Redakteur der *Hamburgischen Adreß-Comtoir-Nachrichten* und des *Wandsbecker Bothen* verfasst hat, liegt es nahe, dass er unwillkürlich eine Art Zeitungslayout beibehält und sich an den typischen Zeitungsleser wendet: Der ist gewohnt, Verschiedenes auf engstem Raum zu finden, wäre hingegen ungehalten, wenn er auf einer Seite nicht etwa nur auf ein Bonmot stoßen würde, vielmehr gleich ein Dutzend Aphorismen vorgesetzt bekäme.

Demgemäß sind Beispiele zu den einzelnen Textgattungen über den ganzen Band verstreut: hintergründig-scherzhafte Kurzdialoge zwischen Hinz und Kunz, Sinnsprüche, Gedichte, Briefe an den Vetter Andres, gelehrte Aufsätze, Buchbesprechungen, kleine Meditationen, Briefe an den Mond. Der »Redakteur« Asmus stolpert gleichsam von Text zu Text: Jedes Stück steht für sich, nur hin und wieder lehnt sich eines an das andere an, und doch gibt es, anders als in der Zeitung, einen Zusammenhalt. Den garantiert Claudius' Ethos: Indem der erste Band des *Asmus* erklärtermaßen im Zeichen des Todes steht, bekommt die Unverbundenheit der Texte ihren tieferen Sinn, denn sie entspricht der Flüchtigkeit des Lebens. Auch auf den

Vanitas-Stillleben des Barock werden – neben Totenschädel und Sanduhr – alltägliche Dinge in aller Beliebigkeit zu einem Ensemble drapiert.

Trotz des Engagements der Freunde dürfte der im Selbstverlag erscheinende *Asmus* 1 und 2 zunächst keinen reißenden Absatz gefunden und dem Urheber keinen großen Geldsegen beschert haben. Ärgerlicherweise erscheint noch im Jahr der Veröffentlichung ein Raubdruck, sodass Claudius sich genötigt sieht, die Originalausgabe von Fall zu Fall mit Preisnachlässen anzubieten. Nach meiner mehr als vagen Schätzung kann die Erstauflage nicht mehr als 1000 Stück betragen haben. Legale Neuauflagen des ersten Bandes, die in den Jahren 1778, 1790 und 1803 erscheinen, mögen erfolgreicher gewesen sein. Der Vertrieb liegt inzwischen in den Händen von professionellen Verlagsbuchhändlern, sodass Claudius nicht länger wegen einzelner Exemplare korrespondieren und hinter dem Geld herhecheln muss.

Als Freund Hamann eines der ersten Exemplare in Händen hält, meldet er Herder in Bückeburg voller *Asmus*-Euphorie: »Gott vergelt es dem lieben *Assmus*, den ich den 4 May zum Mittagsbrodt erhielt und auf der Stelle auffraß mit Haut und Haar. Mein hypochondrischer Schmachtriemen schien von Stund an aufgelöset zu seyn, und daher bin ich dem Büchlein so gut geworden. Künftigen Weynachten wills Gott! Soll ich zu Wandsbeck Gevatter stehen.«[79]

MOTETTO,
als der erste Zahn durch war

Victoria! Victoria!
Der kleine weiße Zahn ist da.
Du Mutter! komm, und groß und klein
Im Hause! kommt, und kuckt hinein,
Und seht den hellen weißen Schein.

Der Zahn soll Alexander heißen.
Du liebes Kind! Gott halt ihn Dir gesund,
Und geb Dir Zähne mehr in Deinen kleinen Mund,
Und immer was dafür zu beißen![1]

KAPITEL 4

Das Darmstädter Intermezzo

1776 – 1777

Eigentlich will Claudius in Wandsbek bleiben; und schon gar nicht zieht es ihn in das ferne Darmstadt, wo kein Mensch Plattdeutsch versteht. Doch seit Juli 1775 ist er ohne feste Anstellung, und die neue Stelle soll statt 200 Talern 800 Gulden einbringen, also etwa 533 Taler jährlich. Zudem erwartet Herder, den er nun oft genug zur Vermittlung eines Postens gedrängt hat, dass er die Stelle annimmt. Und nicht zuletzt erscheint das neue Amt vielversprechend: Claudius soll Mitglied einer zu Landreformen eingesetzten Kommission werden, die der Aufklärer Friedrich Carl von Moser leitet, der erste Minister des Landgrafen Ludwigs IX. In den letzten drei Monaten seines Darmstädter Aufenthalts wird Claudius zusätzlich die in Planung befindliche *Hessen-Darmstädtische privilegirte Land=Zeitung* redigieren, welche die geplanten Reformen publizistisch begleiten soll.

Kurioser-, jedoch auch bezeichnenderweise weiß Claudius bis zu seiner Ankunft in Darmstadt nicht, was ihn eigentlich erwartet. Im Freundeskreis wird noch im Dezember 1775 darüber spekuliert, dass er »ein Haus im Walde bewohnen« oder gar »Burgrichter auf einem alten wüsten Schlosse« werden solle.[2] Wohl hinter Claudius' Rücken hat Moser ihn zeitweilig als eine Art Hofmeister des Darmstädter Erbprinzen in Aussicht genommen – vermutlich, weil Herder ihn als einen »gesicherten moralischen Charakter« empfohlen hat.[3] Dass er es seinen künftigen Vorgesetzten in keiner Stellung leicht machen wird, zeigt sein damaliges Schreiben an Moser: »Wenn ich von meiner Neigung sprechen dürfte, so ist die für ein einsames Leben, für ein nützliches Wirken im Stillen, für Feld und Wald und Bauernvolk von jeher gestimmt gewesen; das darf ich auch noch sagen, daß ich es an gutem Willen, herzlicher Tätigkeit und Treue nicht werde fehlen lassen; ob ich aber Geschick genug habe, ein Rad in der Maschine zu sein, dadurch ein Fürst seine Vatermilde über sein gutes Landvolk ausbreiten will, das weiß ich nicht.«[4]

Es ist bereits die zweite Fassung seines »Bewerbungsschreibens«. Auf einen ersten Entwurf muss Herder so erschrocken reagiert haben, dass Claudius ihn alsbald zurückzieht, um sich jedoch auf seine Art zur Wehr zu setzen: »Habt Ihr nicht selbst gesagt, ich sollte in meiner Manier schreiben? Ich mag auch von keiner Distinktion zwischen Schriftstellern und Menschen Proben ablegen, und meine Schriftstellerei ist Realität bei mir oder sollt es wenigstens sein, sonst hols der Teufel. [...] Wenn der [neue Brief] noch nicht recht ist, so tretet Ihr den mit Füßen, was brauchts noch Postgeld für den Salbaderwisch auszugeben?«[5]

Auf alle Fälle hat er es nicht eilig, nach Darmstadt zu kommen: Zunächst will er den Winter und die Geburt seines zweiten Kindes abwarten. Auch ist er mit der Übersetzung von Richard Twiss' *Travels through Portugal and Spain* aus dem Englischen beschäftigt – einer Auftragsarbeit der Leipziger Verlagsbuchhandlung Weygand, die ihn freilich derart überfordert, dass die Freunde Voß und Hölty einspringen müssen. Ende 1775 kann man ihn in Berlin sichten, wo er in geheimer Mission – selbst Gattin Rebecca und der in nächster Nähe wohnende Freund Voß bleiben uneingeweiht – mit dem Großlogenmeister Johann Wilhelm von Zinnendorf zusammentrifft. Bei den Berliner Gesprächen, an denen auch die jungen Grafen Stolberg und der für die spätere Claudius-Biographie bedeutsame schlesische Adelige Christian August Heinrich Curt von Haugwitz beteiligt sind, dürfte es um die geistige, speziell religiöse Ausrichtung sowie die äußere Organisation vor allem der Hamburger Freimaurerlogen gegangen sein.

Man darf dieses Feld der Claudius-Biographie nicht vernachlässigen; ebenso wenig sollte man übersehen, dass der auf seine offene Art pochende

Claudius hier ein Stück Geheimbündelei pflegt – freilich gleich vielen anderen ernst zu nehmenden Zeitgenossen. Wie Annelen Kranefuss hervorhebt,[6] dürfte ihn an der Freimaurerei nicht zuletzt der Nachdruck imponiert haben, mit dem man sich dort mit dem Thema Tod auseinandersetzt – sinnlich erfahrbar in den viel diskutierten, da fast archaisch anmutenden Initiationsritualen. Was Claudius hier an Demonstration der eigenen Sterblichkeit nebst symbolischer Wiedergeburt begegnet, mag ihm als Variante des paulinisch-lutherischen Topos von der »mortificatio« und »vivificatio« erschienen sein. In späteren Jahren wird er vergleichbare Erfahrungen nicht mehr bei den Freimaurern, sondern in der Mystik suchen.

Zurück zum Alltag: Obwohl zeitweilig so knapp bei Kasse, dass er Herder um die Begleichung des Briefportos bitten muss, kauft sich Claudius im Januar 1776 eine Kutsche. Die ist zwar für den Umzug nach Darmstadt gedacht; solange jedoch noch kein Reisegeld eingetroffen ist, kutschiert er in Begleitung der schwangeren Frau und des ersten Kindes durchs Land, um unter anderem die Mutter in Reinfeld und Gerstenberg in Lübeck zu besuchen. Als schließlich Ende März Rebecca niedergekommen und das Reisegeld eingetroffen ist, löst er den Wandsbeker Haushalt auf, verkauft das Mobiliar, heizt aber auch »mit lauter Briefen und Noten ein«,[7] wie Voß seiner Braut mitteilt. Doch weiterhin lässt er sich viel Zeit, um zu seinem neuen Arbeitsplatz zu gelangen. Die Fahrt mit der Kutsche, in der außer Rebecca und den zwei kleinen Mädchen auch die Hausmagd Stina Platz findet, führt ihn auf der Poststraße über Lüneburg und Celle nach Hannover, wo er die Gesinnungsfreunde Zimmermann, Hölty und Boie persönlich kennenlernt; Letzterer begleicht heimlich die Gasthausrechnung. Weiter geht es nach Bückeburg, wo Freund Herder inzwischen als Oberprediger und Konsistorialrat etabliert ist. Claudius wäre gern länger als eine Woche geblieben, hätte auch am liebsten eine Route über Halberstadt gewählt, um Gleim kennenzulernen; doch Herder drängt ihn zur Weiterfahrt: Er will verhindern, dass sein eigenwilliges Mündel am neuen Wirkungsort von vornherein als säumig dasteht. Immerhin bleibt Zeit, um in Göttingen zwei weitere Repräsentanten des Hainbunds kennenzulernen: Carl August Wilhelm von Closen und Christian Adolph Overbeck. Herder wird launig darüber ins Bild gesetzt, wie abenteuerlich die letzten Etappen der Reise verlaufen.

Naiv gelesen, zeugt der diesbezügliche Text von den Widrigkeiten, die eine Reise in der eigenen Kutsche, aber mit von Station zu Station wechselnden Kutschern und Pferden mit sich bringt; dass es sich um Scherze unter Gebildeten handelt, zeigt jedoch die Verwendung philosophischer Begriffe wie »volunté générale« (Rousseaus »allgemeiner Wille«) und »chaîne générale« (Diderots Konzeption eines einheitlichen Naturgeschehens): »Von Hameln nach Wickensen mußten wir uns der volunté générale eines Postillions, der den Weg nicht wußte, soumittieren und kamen nach langweiliger espérance und vielen Mühsal nachts um 12 Uhr in Wickensen an. Vor Marburg lief uns ein Vorderrad vom Wagen und machte eine chaîne particulaire, wir soumittierten es aber wieder der chaîne générale und fuhren weiter, ohne nun mehr de la soumission zu bedürfen.«[8]

In Darmstadt wird die Familie freundlich aufgenommen und in einem Haus untergebracht, in dem vermutlich auch Herders Schwager Siegmund Flachsland wohnt. Moser schickt zum Empfang »2 Bouteillen Burgunder und 12 dito Rheinwein mit den gütigsten, feinsten Komplimenten«.[9] Nachdem Claudius im Herbst des laufenden Jahres in ein Haus in der Nähe des Stadttores umgezogen ist, berichtet er Voß:

> Die Gegend ist hier ein Paradies, ich habe auch Essen und Trinken und noch übrig zu Coffee und Taback, aber so sehr am rechten Ort wie in Wandsbeck bin ich hier nicht; so gute Luft für meine Brust und so gute Freunde für mein Herz habe ich hier auch nicht und also seht ihr, daß mir manches fehlt ad bene beateque vivendum [zum guten und glücklichen Leben] nach meiner Art; sonst aber kann ich nicht klagen und klage auch nicht, aber ich ginge lieber zurück und meine Rebecca träumt auch immer von Wandsbeck

> und Reinfeld und Lübeck und Lütgenburg und Hamburg usw. [...] Wir haben einen großen Saal für Fremde, eine gute Stube für uns, und eine andre, wo der Nachttopf steht, und noch eine für Stina und eine Küche, darin viel gebraten werden kann und wenig gebraten wird, und einen Keller, wo kein Wein darin ist, und einen Holzstall und ein Waschhaus und keinen Garten und keinen Garten, und so hol der Henker den großen Saal und die Stube für uns und die Stube mit dem Nachttopf und Küche und Keller und Waschhaus. Die Leute lieben hier Frisur und Puder so sehr wie in Hamburg und Lübeck, ich lasse aber doch nur alle Sonntage einstreuen [pudern].[10]

Claudius streift nach seiner Gewohnheit durch die Natur, besteigt den Melibokus an der Bergstraße und genießt von dort die Aussicht auf »das ganze schöne Rheintal von Speier bis über Mainz hinaus«;[11] vielleicht kommt ihm damals die Idee zu seinem »Rheinweinlied«: Die neun Strophen mit der Anfangszeile »Bekränzt mit Laub den lieben vollen Becher« wirken heute trotz ihres menschenfreundlichen Schlusses zwar ein wenig konventionell, machen damals aber in diversen Vertonungen die Runde; Robert Schumann wird sie noch 1853 in seiner *Festouvertüre mit Gesang über das Rheinweinlied* op. 123 verwenden.

Geistige Anregungen gibt es zur Genüge. Claudius kann sich über einen Besuch Lessings freuen und bei anderer Gelegenheit mit Rebecca eine Opernaufführung in Mannheim besuchen, wo übrigens ein paar Monate später Wolfgang Amadeus Mozart um Aloysia Weber werben wird. Zudem schließt er Freundschaft mit dem Mannheimer Maler Friedrich Müller, Maler Müller genannt, der zu dieser Zeit mit Goethe befreundet ist und sich im Zuge des Sturm und Drang auch als Dichter einen Namen macht. Gleichwohl wird Claudius in Darmstadt nicht heimisch. Es lohnt, da etwas genauer hinzusehen.

Die Erfahrung lehrt, dass es sozialpolitische Projekte, Koalitionen von Parteien, interkonfessionelle Initiativen, wissenschaftliche Kooperationen,

Ehen, Freundschaften und Wohngemeinschaften gibt, wo theoretisch alles stimmt und praktisch nichts gelingt. Und so ist es auch in diesem Fall. Da gibt es ein Projekt der Volksaufklärung, das auf der einen Seite von Moser mit ehrlichem Engagement betrieben wird, und das auf der anderen Seite einem Matthias Claudius gefallen könnte. Höchst vernünftig umreißt Moser seinem Briefpartner Herder das Ziel, »dem armen unberathenen geplagten Bauer die schwarze Kunst eines frohern und glücklichern Lebens auf Kosten des Landesherrn zu lernen, ihm beßere Grundsätze des Ackerbaus und der Viehzucht beizubringen, eine bessere Land-Policey einzuführen, Bauern-Buben den Menschen-Verstand zu inoculiren und im buchstäblichsten Verstand zu beweisen, daß diß Land in seinem Fürsten auch seinen Vater habe«.[12]

Dem entspricht Mosers generell philanthropische, vom Herrnhuter Pietismus christlich eingefärbte Haltung, die auch aus vielen seiner Schriften spricht. Schon sein 1759 erschienenes Buch *Der Herr und der Diener geschildert mit Patriotischer Freyheit* geißelt in schonungsloser Offenheit Machtbesessenheit und Habgier herrschender Fürsten und ihrer Regierungshelfer: »Ein Herr achte doch die Liebe seiner Unterthanen nie gering; sie reicht weiter als alle Gewalt. Er wird sie erwerben und erhalten, wann er zeigt, daß er sie nicht nur als Sclaven der Furcht, sondern als freye Menschen mit Verstand regiere und in seinen Handlungen nicht nach einem blinden Instinct, sondern nach Gründen zu Werck gehe, deren Rechtmäßigkeit sich vor dem vernünftigen Theil seiner Unterthanen legitimiret.«[13]

Obendrein ist Moser als oberster Leiter der Darmstädter Landkommission ein verständnisvoller und großzügiger Vorgesetzter, der sehr wohl weiß, dass er in »seinem« Claudius keinen auf Gehorsam gedrillten und gut funktionierenden Beamten engagiert hat. Claudius nennt Moser seinerseits einen »trefflichen, enthusiastischen Mann, der großer Handlungen fähig«.[14] Auch der mit Moser bei Gelegenheit kooperierende Kriegsrat Johann Heinrich Merck, Mitglied des Darmstädter Kreises der Empfindsamen und Goethe-Freund, ist Claudius wohlgesinnt. Für die Schurkenrolle bleibt nur Claudius' unmittelbarer Vorgesetzter, der Landkammerrat Carl Valentin Eymes. Schon früh berichtet Claudius von einer »Irrung« im Verkehr mit seinem Direktor.[15]

Letztendlich zieht er den Kürzeren: Am 26. Februar 1777 sieht sich Moser veranlasst, Claudius in einem generell von großem Wohlwollen getragenen Brief zu beschuldigen, seine Darmstädter Kollegen verleumdet zu haben. Zudem scheine ihn »je länger je mehr alles anzuekeln, was Landkommission heißt«. Zwar habe er, Moser, Kenntnis davon, dass Intriganten Claudius zu seinen »unbilligen Gesinnungen inspiriert und [sein] gutes, leichtgläubiges Herz mißbraucht« hätten,[16] gleichwohl müsse in Sachen Landkommission ein Schlussstrich gezogen werden. Die gerade erst gegründete *Land=Zeitung* könne und möge Claudius jedoch gegen ein um 200 Gulden verringertes Gehalt fortführen, wenn ihm danach der Sinn stehe. Claudius erwidert: »Ich habe freilich meine Situation bei der Landkommission und das Betragen des Landkammerrats [Eymes] gegen mich, solange ich da bin, sehr sonderbar gefunden, habe aber doch alles für mich behalten und nur starr hingesehen und ich bin fast volle ¾ Jahr in Darmstadt gewesen, ohne davon überhaupt von der Landkommission gegen irgend einen Menschen ein Wort zu verlieren. Nach diesem Pythagoräischen Stillschweigen habe ich endlich geglaubt, den Mund mit Ehren auftun zu können und habe ihn auch wirklich gegen 3–4 Leute aufgetan.«

In dieser Situation muss er wohl vor allem gegen Eymes Partei ergriffen haben, zumal sich dieser in einer »Prozeßsache« unchristlich verhalten habe. Wenn so jemand »ein menschenfreundlicher, edler Mann heißen kann, so verstehe ich nichts davon, mag aber dann nicht menschenfreundlich und edel heißen. Gegen mich hat der Herr Landkammerrat Eimes von Anfang an gehandelt, als wenn ich ein Narr oder er einer wäre.«

Nur als Redakteur der *Land=Zeitung* will Claudius nicht länger in Darmstadt bleiben, wenngleich ihn das offenkundig positive Echo auf das neue Blatt freut: »Denn engagieren kann ich mich zum Landzeitungsschreiber nicht. Ich bin hergekommen, nicht ehrlich und schön zu schreiben, sondern ehrlich und schön zu handeln. Das kann ich, mein lieber Herr Präsident, und ich hatte gehofft, daß ich dazu bei der Landkommission oder sonst Gelegenheit haben würde.«[17]

Später wird Moser, dessen Reformfreudigkeit schon 1780 »von oben« Einhalt geboten wurde, in einer der Selbstrechtfertigung dienenden Expertise über die Landkommission Claudius zwar nicht neuerlich der Illoyalität beschuldigen, jedoch leicht spöttisch bemerken: »Er war aber zu faul, mochte nichts thun als Vögel singen hören, Clavier spielen und spazieren gehen, konnte die hiesige Luft durchaus nicht vertragen, fiel in eine tödliche Krankheit und ging von selbst zu seinen See-Krebsen wieder zurück. Doch hat man ihm die ersten Monate der damals entstandenen *Land-Zeitung* zu dancken, welche die einzige in dieser Art in ganz Deutschland ist, bisher inner Landes so viel Nutzen gestiftet, und außerhalb so viel Beyfall erhalten hat.«[18]

Nach den Quellen zu urteilen hat Moser, was die Kündigung Claudius' betrifft, als redlicher Mann gehandelt, der sich sein philanthropisches Projekt nicht von einem skeptischen oder womöglich destruktiv agierenden Mitarbeiter schlechtreden lassen wollte. Ob Claudius sich seinerseits zu illoyalen Äußerungen hat hinreißen lassen, muss offenbleiben. Kaum ein Zweifel kann freilich daran bestehen, dass er in den ersten Monaten seines Darmstädter Aufenthalts unter dem Mangel an konkreten Aufgaben gelitten hat und sich dementsprechend nutzlos vorgekommen ist.

Merck, der ihm dauerhaft die Stange hält, wird später in einem für die Regierung bestimmten Gutachten schreiben: »Den guten Claudius oder Asmus von Wandsbeck hatte [Mos]er unter Hoffnung, hier Ruhe und Friden zu finden, aus seiner stillen Hütte gelockt und unter eine Bande Betrüger und Schelme gesteckt. Claudius glaubte bei der neu angestellten Landkommission viel Gutes stiften zu können. Er, dessen Herz aufwallte, wenn er einen Bauer und einen grünen Baum erblickte, bekam dafür nichts als ein Bureau von Tabellenschmieden, Projecte zu neuen, windigen, unpractischen Verordnungen, und, was das Schlimmste, einen aufgeblasenen, zweideutigen Director zu sehen.«[19]

Da der Sinn des Gutachtens darin besteht, Mosers Sturz nachträglich zu rechtfertigen, ist womöglich auch Mercks Urteil gefärbt. Doch wie auch immer – wer wollte Claudius seine Widerständigkeit verübeln? In der bereits zitierten abgemilderten Version seines »Bewerbungsschreibens« hatte er Moser unmissverständlich zu verstehen gegeben, dass er zwar »für Feld, Wald und Bauernvolk von jeher gestimmt«, als »Rad in der Maschine« jedoch unbrauchbar sei. Da steht ihm wohl schon die Horrorvision vor Augen, täglich mit frisch gepudertem Haar im Büro erscheinen und die geisttötenden Aufgaben erfüllen zu müssen, die Merck in seinem Gutachten aufzählt.

Man weiß zwar nicht, ob er stattdessen lieber aufs Land gegangen wäre und mit Bauern geredet hätte, deren hessischer Dialekt ihm fremd erscheinen musste; gleichwohl kommt Mosers Abmahnung zu einem höchst unpassenden Zeitpunkt. Ein paar Wochen zuvor hat Claudius nämlich sein Amt als Redakteur der neu gegründeten, zweimal wöchentlich erscheinenden *Land=Zeitung* angetreten, die zur Popularisierung der von Moser im Namen seines Fürsten propagierten Reformideen beitragen soll. Und offenkundig wirft er sich auf *diese* Aufgabe mit wahrem Feuereifer. Auch stellt er sich von vornherein darauf ein, dass das Blatt im Verlag der zum Gesamtprojekt gehörenden »Invaliden=Anstalt« erscheinen, zur Finanzierung des Invalidenfonds beitragen und von Invaliden ausgetragen werden soll. In seiner unnachahmlichen Art erfindet er deshalb alsbald – analog zu seinem Wandsbeker Asmus – die Figur des »alten lahmen Invaliden Görgel«, der die erste Nummer der *Land=Zeitung* mit dem »Neujahrswunsch« eröffnet:

Sie haben mich dazu beschieden,
So bring ichs denn auch dar;
Im Nahmen aller Invaliden
Wünsch ich ein frölich Jahr!

Zuerst dem lieben Bauernstande;
Ich bin von Bauern her,
Und weiß wie nötig auf dem Lande
Ein fröhlich Neujahr wär.

Gehn viele da gebückt und welken
In Elend und in Müh,
Und andre zerren dran und melken
Wie an dem lieben Vieh.

Und ist doch nicht zu defendiren
Und gar ein böser Brauch,
Die Bauern gehn ja nicht auf vieren,
Es sind doch Menschen auch;

Und sind zum Theil recht gute Seelen,
Wenn nun ein solches Blut
Zu Gott seufzt: daß sie ihn so quälen;
Das ist fürwahr nicht gut.

Ein fröhlich fröhlich Jahr den Fürsten
Die nach Gerechtigkeit,
Nach Menschlichkeit und Wohlthun dürsten;
Der Fürsten Ehrenkleid!

Sie sind in diesem Ehrenkleide
Wie Gottes Engel schön!
Und haben selbst die meiste Freude,
Sonst muß ichs nicht verstehn.

Ein fröhlich Jahr und Wohlbehagen
Dem Fürsten unserm Herrn!
Der auch in unsern alten Tagen
Noch denket an uns gern;

Der als ein Vater an uns denket
Auf seinem Fürstenthron,
Und uns des Lebens Pflege schenket.
Dank ihm und Gotteslohn!

Und seinen Unterthanen allen,
Wir sind ja Brüder gar,
Uns lieben Brüdern Wohlgefallen
Und ein recht gutes Jahr!

Und allen edlen Menschen Friede,
Und Freud auf ihrer Bahn!
Ich seegne sie in meinem Liede,
Soviel ich seegnen kann;

Und fühle in dem Augenblicke
Den lahmen Schenkel nicht,
Und steh und schwinge meine Krücke.
Und glühe im Gesicht.

Görgel, sonst auch A---s genannt, Plenipotentiair
[Bevollmächtigter] der sämtlichen Invaliden.[20]

In den wenigen Monaten seiner Redaktionstätigkeit rückt Claudius zahlreiche Beiträge ein, die dem Landmann konkret weiterhelfen sollen, wie etwa das »Schreiben des Hofbeständers zu B. an seinen Schwager in K.«:

Mein Nachbar fragte gestern mich
Warum des Schulzen Küh
Beständig rund und mackelich
Und kurz das beste Vieh?
Ja fuhr er fort, ich sag es frey
Das Dieng bringt mir Verdacht,
Obs nicht vielleicht durch Hexerey
So schnockelfett gemacht?
Zwar trifts bißweilen leyder ein
Zu armer Schelmen Tort,
Daß Schulzen Küh die fettste seyn
Von allen Küh im Ort;
Allein wärs hier nit Zauberey,
Denkt selber doch, woher
Ertrüg des Schulzen Melkerey
Vor andern so viel mehr?
Dann immer bleibt das ganze Jahr
Sein Vieh im Stalle stehn
Und darf mit unserem fürwahr
Niemal zur Weide gehn,
Und käut und käut nur Futter 'nein,
Und frißt nur Klee und Heu –
Gevatter! fiel ich trocken ein,
Da steckt die Hexerey.[21]

Vermutlich würde die im Zuge der Volksaufklärung propagierte Stallfütterung heute nicht mehr als artgerecht betrachtet werden. Doch unbeirrt folgt Claudius der angestrebten Tendenz seines Blattes, eine ökonomisch sinnvolle Landwirtschaft zu popularisieren. Nicht die im weitesten Sinne politischen Nachrichten dominieren, sondern die nützlichen Hinweise: »Daß die Raupen dem Kohl nicht viel Nutzen bringen ist bekannt, und daß man sie absammlen kann, auch; aber ein guter Landwirth will die Erfahrung haben, daß die Witterung vom Hanf diesen Thieren zuwider sey, und daß man also, wenn man seinen Kohl von Raupen rein behalten will, nichts weiter zu thun habe als das Kohlbeet ringsum mit Hanf zu besäen und einzufassen.«[22]

Gleichwohl spart er als Redakteur nicht mit kleinen trocken-ironischen Kommentaren zu den von ihm zusammengestellten Nachrichten. So heißt es in Nummer drei: »Von Bayreuth wird gemeldet, daß daselbst ein Ochse geschlachtet worden sey, der auf der dortigen Heuwage 2535 Pfund, das Pf. zu 34 Loth, gewogen habe. Der Schlachter, der ihn gemästet und vermuthlich auch geschlachtet hat, heißt Morg; der Ochs wird nicht genannt.«[23]

In Nummer fünf ist zu lesen: »Nach Briefen aus der Türkey sind der Prinz Heraclius und der Wachtmeister Paul Werner in Constantinopel angekommen, und haben beym Großvizir Audienz gehabt.«[24]

Hinter dieser Nachricht verbirgt sich ein keckes Verwirrspiel. Einerseits hat Claudius mit Sicherheit von der Existenz eines Heraclius II. von Georgien gewusst, der in drei Ehen 23 Kinder zeugte und sich – einem zeitgenössischen Nachrichtendienst zufolge – im Jahr 1769 gegenüber dem Sultan in Konstantinopel verpflichtete, »einen jährl. Tribut von 18 000 Piasters zu bezahlen, und 24 junge Mägdchen zu liefern«, welch Letztere jedoch keine Landeskinder sein mussten.[25] Andererseits kannte Claudius die Stelle aus Lessings *Minna von Barnhelm,* wo Wachtmeister Werner seinem Gesprächspartner Just verrät: »Just, ich wandere nach Persien, um unter Sr. Königlichen Hoheit, dem Prinzen Heraklius, ein paar Feldzüge wider den Türken zu machen.«

Die Hamburger Premiere des berühmten, vom Geist der Aufklärung inspirierten Lustspiels hatte Claudius bekanntlich nicht nur erlebt, sondern auch in seiner Zeitung besprochen. Zehn Jahre später lässt er, Lessings

Szenenbild aus Lessings Minna von Barnhelm *mit Wachtmeister Werner (rechts). Kupferstich von Daniel Chodowiecki, 1769.*

Schauspiel gleichsam in die Wirklichkeit fortspinnend, Wachtmeister Werner realiter in Begleitung des Prinzen Heraclius auftreten – um auf derselben Zeitungsseite lapidar, aber wahrheitsgemäß zu melden: »Mannheim, den 24. Jan. Gestern ist Herr Leßing hier angekommen.« Das Ganze wird vollends zu einem Kabinettstückchen, als Claudius einen guten Monat später eine Meldung ins Blatt nimmt, die indirekt auf eine Audienz Lessings beim Kurfürsten hinweist: »Mannheim, den 26. Febr. Vorigen Montag ist Herr Lessing wieder von hier nach Wolfenbüttel abgegangen. Der Churfürst hat ihn beym Abschied mit verschiednen goldnen und silbernen Medaillen und einer schönen Dose beschenkt.«[26]

Derlei Anspielungen kann eigentlich nur Lessing selbst verstanden haben. Fast alle anderen Leser dürften über die entsprechenden Nachrichten hinweggelesen haben; und wer sie wenigstens teilweise in dem intendierten Zusammenhang aufzunehmen wusste, konnte sich leicht auf den Arm genommen fühlen. Denn zumindest indirekt wird Lessing mit Prinz Heraclius und der pfälzische Kurfürst mit dem türkischen Großwesir gleichgesetzt: Beide erscheinen somit gleichrangig. Zudem wird das politische Nachrichtenwesen veralbert: Im Grunde genommen spielt es keine Rolle, wer wem eine Audienz gibt, wer wem wertvolle Dosen schenkt. Man könnte solche Nachrichten von vornherein erfinden, denn es geht stets um dasselbe Spiel von Macht und Eitelkeit. Jedoch wählt Claudius nicht zufällig gerade *diese* Gelegenheit für seine verborgenen Scherze: Er hofiert damit nämlich seinen Freund Lessing und gibt ihm nebst einigen Dichterkollegen augenzwinkernd zu verstehen, dass er sich als Redakteur der *Land=Zeitung* keineswegs aus ihren Kreisen verabschiedet hat. In der »Nachricht von meiner Audienz bey'm Kaiser von Japan«, die er wenig später zum Druck geben wird, erklärt er seinem kaiserlichen Gesprächspartner auf das Wunderbarste, was er unter »Poeten« verstehe, nämlich: »Helle reine Kieselsteine, an die der schöne Himmel, und die schöne Erde, und die heilige Religion anschlagen, daß Funken herausfliegen.«[27]

In späteren Jahren wird Claudius die Figur des Prinzen Heraclius noch einmal zu Ehren bringen: Als er in den 1797 erschienenen sechsten Band seines *Asmus* zwölf parodistische »Übungen im Stil« aufnimmt, schildert er im »nachbarlichen Stil« die Begegnung zwischen Prinz Heraclius und einem »langen Emigranten«. Hinter dem Prinzen verbirgt er sich nunmehr selbst; der »lange Emigrant« ist Freund Friedrich Heinrich Jacobi, welcher sich 1794 angesichts der Kriegswirren im Rheinland vorübergehend zu Claudius nach Wandsbek geflüchtet hatte. Kein Zufall, dass zu seinem Geburtstag die »Marche de Henri IV« gespielt werden soll; denn diese gilt damals als inoffizielle Hymne derer, die vor der – Claudius verhassten – Französischen Revolution geflohen sind:

Am Geburtstag eines langen Emigranten.
(NB. Der Marsch aus Henri IV. muß dazu gehen.)

Sir Prinz Heraklius schickt seine Musikanten
Zum langen Emigranten,
Ihm zu spielen diesen Tag
Was der Orient vermag
Mit Reigen,
Mit Pfeifen,
Schellentrommel,
Vox humana,
Triangel
Und Becken- und Rutengetös.
Auch hätt er für sein Leben
Gern etwas mitgegeben;
Aber, aber,
Aber, aber, da gebricht's.
Denn Seiner Hoheit haben nichts;
Auch heute nichts,
Und nimmer nichts.

Sir Prinz Heraklius schickt seine Musikanten
Zum langen Emigranten:
Daß er überglücklich sei,
Alles Kummers frank und frei!
Er lebe hoch!
Er lebe lebe hoch!
Der liebe Lange lebe hoch!
Und aber hoch,
Aber hoch![28]

Zurück nach Darmstadt: Ist Claudius auch als Beamter gescheitert, so hat er doch nicht sein Gesicht verloren. Natürlich ist er kein Heiliger wie Franz von Assisi, der bewusst in Armut und Keuschheit lebt und den Vögeln predigt; auch ist er kein Georg Büchner, der knapp sechzig Jahre später in einer Flugschrift namens *Der Hessische Landbote* die Devise »Friede den Hütten! Krieg den Palästen!« verkünden und zur Revolution aufrufen wird. Er ist ein Mensch mit seinen Widersprüchen, und als solcher bekommt er in Darmstadt hart zu spüren, wie schwer einem aufrechten Menschen die Loyalität gegenüber einer Obrigkeit fallen kann, die ihm nicht nur als anonyme Macht entgegentritt, sondern ihm vor Ort und im konkreten Alltag das Leben sauer macht. Zwar bleibt er seinen Grundsätzen treu: Anstatt sich gegenüber dem Vorgesetzten Moser lange zu verteidigen, belässt er es bei einer respektvollen Kündigung. Doch zugleich leidet er, wie noch zu zeigen, wie ein Hund.

Gottlob bleibt ihm seine Kreativität erhalten: Einige der bekanntesten Prosastücke und Gedichte stammen mit Sicherheit oder großer Wahrscheinlichkeit aus der Darmstädter Zeit: das »Schreiben eines parforcegejagten Hirschen an den Fürsten, der ihn parforcegejagt hatte«, »Nachricht von meiner Audienz bey'm Kaiser von Japan« sowie die Gedichte »Täglich zu singen«, »Die Geschichte von Goliath und David, in Reime bracht«, »Wächter und Bürgermeister« und »Motetto, als der erste Zahn durch war«.

Manches davon ist offenkundig durch die reale Lebenssituation angeregt. So hat etwa die kostspielige Parforcejagd, bei der nach französischem Vorbild ein einzelner Hirsch nach bestimmten Regeln aufgespürt, zu Tode gehetzt und erlegt wird, zu den Lieblingsvergnügen des Hessisch-Darmstädtischen Landgrafen Ludwig VIII. gehört – eines in sein Militär verliebten Herrschers, der sich gern in einer von zwei Hirschen gezogenen Kutsche herumfahren ließ. Sein Sohn Ludwig IX. hatte die Parforcejagd zwar abgeschafft; jedoch lässt sie der Erbprinz und spätere Großherzog Ludewig, so die neueste Forschung,[29] wieder aufleben. Vielleicht zielt der folgende Appell direkt auf diesen Erbprinzen: »Ew. Hochfürstl. Durchl. sollten nur

Jagdtagebuch von Ludwig VIII. von Hessen-Darmstadt, eine Parforcejagd vom November 1756 darstellend. Mit einer Zeichnung von Georg Adam Eger und einem Text von Oberförster Rautenbusch.

einmal parforcegejagt sein, so würden Sie meine Bitte nicht unbillig finden. Ich liege hier und mag meinen Kopf nicht aufheben, und das Blut läuft mir aus Maul und Nüstern. Wie können Ihr Durchlaucht es doch übers Herz bringen, ein armes unschuldiges Tier, das sich von Gras und Kräutern nährt, zu Tode zu jagen? Lassen Sie mich lieber totschießen, so bin ich kurz und gut davon.«[30]

Die Mutmaßung, dass er seine »Nachricht von meiner Audienz bey'm Kaiser von Japan«, die eine scharfe Kritik an absolutistischem Herrschaftsgebaren darstellt, in der Rückschau auf Darmstädter Verhältnisse geschrieben habe, ist von Claudius zurückgewiesen worden. In der Tat liegt es näher, an eine literarische Quelle zu denken, nämlich an den damals gerade auf Deutsch erschienenen ersten Band von Engelbert Kämpfers *Geschichte und Beschreibung von Japan*. Jedenfalls hat diese ursprünglich auf Lateinisch erschienene Darstellung in seiner Satire deutliche Spuren hinterlassen. Allerdings nicht mehr als das: Claudius entnimmt dem Werk zwar Informationen über die aus europäischer Sicht exotischen Bräuche am japanischen Hof, bedient jedoch in seinem eigenen Text ein literaturgeschichtlich recht ungewöhnliches Genre, nämlich das eines Fürstenspiegels in Parabelform. Vorbilder und Parallelen sind selten; zu denken wäre etwa an *Gullivers Reisen* von Jonathan Swift.[31] Hingegen ist Goethes *Reineke Fuchs* damals noch nicht erschienen, allerdings gibt es schon die Fabeln Lessings, dem Claudius, wie erwähnt, in seiner »Nachricht« als aufgeklärtem, gleichwohl die Religion verteidigendem Philosophen nachdrücklich huldigt.

In seinen fiktiv an den Kaiser von Japan gerichteten Mahnungen folgt Claudius auf ganzer Linie seinen ethisch-staatsbürgerlichen Grundüberzeugungen: Der Fürst repräsentiert die von Gott eingesetzte Obrigkeit; solches verpflichtet ihn zu Gerechtigkeit und Menschenliebe, denn alle Menschen sind seine Brüder – »alle Siamer, und Chineser, und Malaien, und Moguln, und wir Europäer auch«.[32] Die Religion hat er zu achten und nicht etwa zugunsten unbedachter philosophischer Neuerungen über Bord zu werfen. Er ist dem Frieden verpflichtet, denn »Menschenblut schreiet zu

Gott und ein Eroberer hat keine Ruhe«.[33] Vielweiberei, wie sie Asmus dem Kaiser von Japan unterstellt, bringt den Menschen um die Erfahrung wahrer Herzensliebe. Auch vor Schmeichelei muss sich der Herrscher hüten: »Hast du wohl eher eine Katze gesehn? Je mehr man der den Rücken streichelt, desto höher hält sie den Schwanz.«[34]

Während der Kaiser sich die Ansichten, die Asmus und der ihn begleitende »Vetter« freimütig bis derb vortragen, immerhin gefallen lässt, verkörpert sein Hofmarschall die – in Fürstenspiegeln traditionelle – Rolle des Schmeichlers, Intriganten und Bösewichts. In seiner Funktion als Vorsteher des Serails entgegnet er auf Asmus' Einwände gegen die Vielweiberei: »Was den Fürsten gelüstet, ist recht, und seine Neigungen sind Winke der Götter.« Hingegen haben die Untertanen nur zu tun, »wozu sie gut sind und wozu die Götter sie gegeben haben«.[35] Als Asmus spöttisch einwirft, dass Götter nicht gerade Hofmarschälle seien, will sich sein Gegenüber mit dem Vorschlag rächen, der Kaiser möge dem Gast Asmus die Gnade angedeihen lassen, »daß er sich in Ihrer hohen Gegenwart den Leib aufschneiden dürfe«.[36]

Asmus, der wohl weiß, dass der »bösliche *Kaiserschnitt* [...] würklich sonst in Japan Mode gewesen« ist,[37] bekommt es mit der Angst zu tun, kann aber den Kopf aus der Schlinge ziehen, indem er vom Kaiser seinerseits ein Ohr des Hofmarschalls erbittet. Der fleht um Gnade; doch Asmus lässt sich auch durch 20 Goldbarren nicht bestechen: Das Ohr sei ihm mehr wert als Goldbarren, die er nicht fortschaffen könne und überdies schon zur Genüge besitze: »Das eine Ohr ist nicht mehr zu retten, mache nur daß du das andre mit Ehren trägst.«[38]

In der Tat wird Asmus, der bei der Audienz über seiner roten Weste ein langes japanisches Kleid trägt und sich vom »Vetter« die Schleppe tragen lässt, vom Kaiser freundlichst verabschiedet und mit einer Porzellandose beschenkt, in der sich das Ohr des Hofmarschalls befindet. Die »Nachricht« endet mit dem Satz: »Sobald wir zurück nach Nagasaki kamen, tat ich das Ohr in Spiritus, und band das Glas mit einer Blasen zu.«[39]

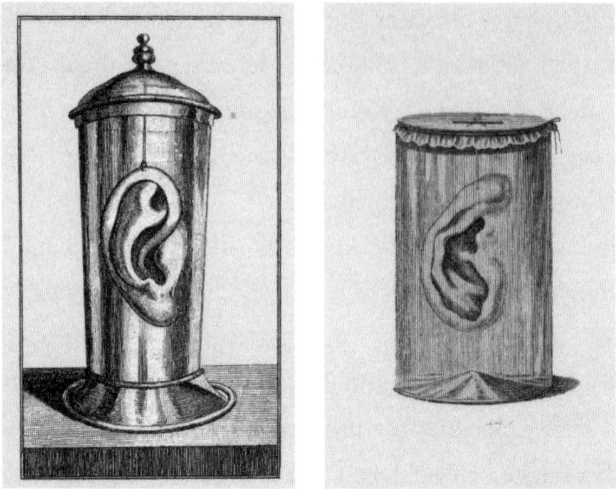

Zweimal das Ohr des Hofmarschalls des Kaisers von Japan. Links die konventionelle Fassung, die Claudius nicht gefiel; rechts die drastische, von einem »Pfuscher« hergestellte Version.

Richard Wagner, der sich in den späten Bayreuther Jahren von seiner Gattin Cosima auch aus dem *Asmus* vorlesen ließ, amüsierte sich speziell über den Teil des Dialogs, in dem Asmus auf die Frage des Kaisers, was er unter »Poeten« verstehe, zu der Metapher von »hellen reinen Kieselsteinen« greift, worauf der Kaiser ein wenig ratlos erwidert: »Er wird am besten wissen, was Er sagt.«[40] Claudius selbst hatte offenbar einiges Vergnügen an seinem Einfall, den Hofmarschall eines seiner Ohren zu berauben. Jedenfalls bestellte er bei Chodowiecki für Teil 3 des *Asmus* ein entsprechendes Kupfer. Weil ihm dessen Ausführung jedoch nicht »behagte«, gab er bei einem »Pfuscher« ein neues Kupfer in Auftrag,[41] das auch wirklich eine Art Einmachglas zeigt, in dem das Ohr am Läppchen aufgehängt ist. Das neue Kupfer konnte allerdings nur für eine Teilauflage des Erstdrucks verwandt werden, da die Platte vorzeitig abgenutzt war.

Der zum Teil hintergründige Witz der »Nachricht von meiner Audienz bey'm Kaiser von Japan« lässt sich ebenso wenig beschreiben wie die in die Dialoge reichlich eingestreute Fantasiesprache, die Claudius augen-

Der Kampf zwischen David und Goliath. Links ein Kupferstich von Claudius für seine Sämmtlichen Werke, *rechts ein offensichtlich nach dieser Vorlage gestalteter Scherenschnitt von Philipp Otto Runge, um 1800.*

zwinkernd als Japanisch ausgibt. »'WaruNe 'SchemiNa 'BoNte 'SchemiNto 'Hazitzit« lautet etwa die Übersetzung für die Äußerung, dass Dichter mit »hellen reinen Kieselsteinen« zu vergleichen seien. Claudius-Spezialisten sehen den Witz dieser Kunstsprache darin, dass es künstlicher und irrationaler gar nicht mehr gehe.[42] Doch wer weiß – vielleicht ist das »Japanisch« des Asmus nach einem Code verschlüsselt, den noch niemand geknackt hat.

Keinen Code braucht man, um die mehrfach vertonte »Geschichte von Goliath und David, in Reime bracht« zu verstehen. Wohl zu Recht vermutet Reiner Andreas Neuschäfer, Claudius habe mit seinem Gedicht einen »Schlussstrich unter die Darmstädter Periode« ziehen wollen,[43] in der er sich als ein »mit Ehren fechtender« David gegenüber einem philiströsen und übermächtigen Beamtenapparat erlebt habe. Gleichwohl ist das Schöne an diesen Gedichten, dass sie sich dem Leser ohne viel Interpretation mitteilen. Hier geht es um Claudius' Lebensmaxime, sich nicht einschüchtern zu lassen und im Vertrauen auf Gott ehrenvoll zu fechten. Nach bestandenem Kampf darf man dann dem Riesen sogar »in guter Ruh« den Kopf abschlagen, denn man folgt ja der biblischen Erzählung, in der Goliath als Gegner der von Gott eingesetzten Ordnung auftritt:

War einst ein Riese Goliath
Gar ein gefährlich Mann!
Er hatte Tressen auf dem Hut
Mit einem Klunker dran,
Und einen Rock von Drap d'argent
Und alles so nach advenant.[44]

An seinen Schnurrbart sah man nur
Mit Gräsen und mit Graus,
Und dabei sah er von Natur
Pur wie der – aus.
Sein Sarras[45] war, man glaubt es kaum,
So groß schier als ein Weberbaum.

Er hatte Knochen wie ein Gaul,
Und eine freche Stirn,
Und ein entsetzlich großes Maul,
Und nur ein kleines Hirn;
Gab jedem einen Rippenstoß,
Und flunkerte und prahlte groß.

So kam er alle Tage her,
Und sprach Israel Hohn.
»Wer ist der Mann? Wer wagt's mit mir?
Sei Vater oder Sohn,
Er komme her der Lumpenhund,
Ich bax 'n nieder auf den Grund.«

Da kam in seinem Schäferrock
Ein Jüngling zart und fein;
Er hatte nichts als seinen Stock,
Als Schleuder und den Stein,
Und sprach: »Du hast viel Stolz und
Wehr,
Ich komm im Namen Gottes her.«

Und damit schleudert' er auf ihn,
Und traf die Stirne gar;
Da fiel der große Esel hin
So lang und dick er war.
Und David haut' in guter Ruh
Ihm nun den Kopf noch ab dazu.

Trau nicht auf deinen Tressenhut,
Noch auf den Klunker dran!
Ein großes Maul es auch nicht tut:
Das lern vom langen Mann;
Und von dem kleinen lerne wohl:
Wie man mit Ehren fechten soll.[46]

Während Claudius hier im Schutz des biblischen Berichts mit seinen anarchischen Regungen spielen darf, äußert er sie im Gedicht »Wächter und Bürgermeister«, das er für den *Vossischen Musenalmanach* schreibt, nur versteckt; denn nach seinem Obrigkeitsverständnis muss der Bürgermeister siegen, mag er sich auch noch so töricht anstellen:

In einer Stadt ein Wächter war,
Wo? hab ich nicht gefunden,
Der blies da schon manch liebes Jahr
Des Nachts und rief die Stunden;
Und zwar war das sein Methodus:
Er tat das Horn aufs Maul und blus,
Und denn pflegt' er zu sagen:
»*Das* Klock hat zehn geschlagen.«

Einmal nun, eh er sich's versah,
War Wipp, der Rathausdiener, da:
Gleich marsch zum Bürgermeister!
»Was ruft Er denn so falsch und dumm?
Der Klock heißt's, Bärenhäuter!
Denn Klock ist genris masculum,
So ruf Er also weiter!«

»Ihr Exzellenz und Hochgeborn
Hat in der Stadt zu schalten;
Sonst hätt ich wohl ein Wort verlorn:
Der Klock reimt nicht zu meinem Horn;
Drum will ich *das* Klock halten.«

»Er will nach einer solchen Tat
Noch wider den Hochweisen Rat
Ein Wort und Obstat wagen?
Im Namen unsrer guter Stadt:
Will Er bald *der* Klock sagen?
Das genus hat Er uns verhunzt
All unsre Ehr zerreißt Er!
Meint Er, man trägt das Schwert umsunst?
Ich schätze Wissenschaft und Kunst!
Und bringst mich da in solche Brunst« –

»*Der* Klock, Herr Bürgermeister!«[47]

Schließlich gibt es aus der Darmstädter Zeit das »Motetto, als der erste Zahn durch war« – ein Gedicht, das mir aus Jugendtagen bekannt ist, weil es in der Vertonung von Carl Loewe in einem Notenbuch enthalten war, aus dem meine Mutter, mein Bruder und später auch ich sangen und spielten:

Der Zahn

Lebhaft

Carl Lo

Kind! Gott halt' ihn dir ge-sund, du lie - bes Kind, Gott halt' ihn dir ge-
sund, und geb' dir Zäh-ne mehr in dei-nen klei-nen Mund, und geb' dir Zäh-ne
L.H.
mehr in dei-nen klei-nen Mund und im-mer was da-für zu bei-ssen! Vic-to-ri-a! Vic-
f
to-ri-a! der klei-ne wei sse Zahn ist da. Vic-to-ri-a! Vic-to-ri-a! der klei-ne Zahn ist da!
tr
8va
3

Als ich dem Lied erstmals als Zwölfjähriger begegnete, war mein Zahnwechsel noch nicht abgeschlossen; doch zugleich war ich alt genug, um aus Geschichtsbüchern zu wissen, dass Alexander der Große auf seinen Feldzügen bis nach Ägypten, Persien und Indien vorgedrungen, jung in Babylon gestorben sei und dass man seinen Leichnam in Honig konserviert habe. An dem »Motetto« faszinierte mich, ohne dass ich groß darüber nachgedacht hätte, das Zusammenspiel von Nahem und Fernem: Durch das Lied kam in meine Alltagsgeschichte eine Spur von Größe – jedoch derart kostümiert, dass es schon wieder zum Lachen war. Inzwischen Claudius-Biograph, freue ich mich an einem Beitrag Johann Heinrich Mercks im *Teutschen Merkur* des Jahres 1778, der gegenüber der gekünstelten Epik dichtender Zeitgenossen die naive Erzählkunst des »gemeinen Mannes« rühmt. Was bei Merck vor allem auf Laurence Sterne gemünzt ist, trifft auch auf Claudius zu: »Das Gegenwärtige ist ihm immer groß und anziehend, weils von allen Seiten Eindruck auf ihn gemacht hat. Man höre ihm nur zu, wenn er die geringste Stadtbegebenheit, einen Todesfall, eine Familiengeschichte erzählt. [...] Jeder einzelne Eindruck ist kostbar, er sucht ihn wieder zu geben.«[48]

Dem entspricht eine Mitteilung von Claudius an den Freund Voß vom 10. Dezember 1776: »Mein liebes Bauermädchen grüßt Euch vielmal. Sie befindet sich so ziemlich wohl itzo. Christiane auch, sie hat schon 5 Zähne und treibt mehrere.«[49] Da darf folgender Passus aus einem Brief von Asmus an den Vetter Andres nicht fehlen: »Ich kann doch nicht so ins große Blaue schießen, muß doch jemand haben nach dem ich ziele.«[50]

Claudius mag zwar nicht grundlos »ins große Blaue schießen«, gibt jedoch ein familiäres Ereignis Anlass zu besonderer Freude, so darf schon einmal der große Alexander bemüht werden. Neuerdings ist in einer gelehrten Abhandlung zu lesen, mit Alexander sei wohl nicht der griechische Feldherr gemeint, da Claudius sich über dessen Herrscherallüren mehrfach kritisch geäußert habe. Vielmehr sei Carl Alexander, Markgraf von Brandenburg-Ansbach, ein verlässlicherer Kandidat: Der habe nämlich einen Verwandten namens Christian Friedrich gehabt, dem das alte Wandsbeker Schloss gehörte, ehe es von Schimmelmann übernommen wurde etc. etc.[51] Das scheint der Gelehrsamkeit dann doch zu viel. Man darf Claudius ruhig den Scherz zutrauen, Christianes ersten Zahn wie einen Eroberer zu feiern, der in alle Teile der Alten Welt vordringen möchte! Wir verzichten jedoch auf eine förmliche Erwiderung und teilen stattdessen ein Gedicht mit, das Claudius seiner Christiane einige Jahre später, nach der Geburt des Sohnes Johannes, in den Mund gelegt haben könnte. Das würde auch entstehungsgeschichtlich passen und wäre ein weiterer Beleg für die enge Verzahnung von Lebenssituation und dichterischer Produktion:

Das Kind, als der Storch ein
neues bringen sollte, für sich allein
Der Storch bringt nun ein Brüderlein –
Er kommt damit ins Fenster herein
Und beißt Mama ein Loch ins Bein,
Das ist so seine Art. – – –

Mama liegt wohl und fürchtet sich …
O lieber Storch, ich bitte dich,
Beiß doch Mama nicht hart. –
– – – –
– – –

He he, da kommt Papa herein,
Nun wird er wohl gekommen sein! –
Aber du weinest ja!
Hat er dich auch gebissen, Papa?[52]

Nachdem Claudius in Darmstadt seinen Abschied eingereicht hat, wird er im März 1777 von einer schweren Brustfellentzündung heimgesucht. Dass diese ausgerechnet am Tag nach der Kündigung ausbricht, lässt erahnen, wie schwer er unter den damaligen Lebensverhältnissen, speziell unter den gegen ihn erhobenen Anschuldigungen gelitten hat. Wie die Familienbibel festhält, liegt er mehrere Tage auf den Tod, um nach seiner Genesung zu dichten:

Nach der Krankheit 1777
Ich lag und schlief; da fiel ein böses Fieber
Im Schlaf auf mich daher,
Und stach mir in der Brust und nach dem Rücken über,
Und wütete fast sehr.

Es sprachen Trost, die um mein Bette saßen;
Lieb Weibel grämte sich,
Ging auf und ab, wollt sich nicht trösten lassen,
Und weinte bitterlich.

Da kam Freund Hain: »Lieb Weib, mußt nicht so grämen,
Ich bring ihn sanft zur Ruh«:
Und trat ans Bett, mich in den Arm zu nehmen,
Und lächelte dazu.

Sei mir willkommen, sei gesegnet, Lieber!
Weil du so lächelst; doch
Doch, guter Hain, hör an, darfst du vorüber,
So geh und laß mich noch!

»Bist bange, Asmus? – Darf vorübergehen
Auf dein Gebet und Wort.
Leb also wohl, und bis auf Wiedersehen!«
Und damit ging er fort.

Und ich genas! Wie sollt' ich Gott nicht loben!
Die Erde ist doch schön,
Ist herrlich doch wie seine Himmel oben,
Und lustig drauf zu gehn!

Will mich denn freun noch, wenn auch Lebensmühe
Mein wartet, will mich freun!
Und wenn du wiederkömmst, spät oder frühe,
So lächle wieder, Hain![53]

Auch der Dichter vermag nach seiner Genesung wieder zu lächeln, obwohl ihm das Geld zur Rückreise nach Wandsbek fehlt. Am 17. April 1777 lässt er seinen Hausrat versteigern: »einige Mobilien, Commode, Bettstellen. Stühle, Spiegel. u. s. w. auch etwas Englisch Steinzeug«, wie es in der entsprechenden Anzeige in seiner eigenen *Land=Zeitung* heißt.[54] Von den 50 Gulden Versteigerungserlös dürfte Claudius die »viersitzige halbbedeckte und noch gut konditionirte Landchaise, nebst einem Vordergestell zu einem Wagen oder Kutsche« erworben haben, die im Darmstädter *Frag- und Anzeigungs-Blättchen* annonciert wird.[55] Danach geht es binnen zweier Wochen über Frankfurt, Gießen, Marburg, Kassel, Hannoversch Münden, Göttingen, Einbeck, Hannover, Celle und Lüneburg zurück nach Wandsbek. Herder hat die Herzogin Luise von Sachsen-Weimar bewogen, 35 Dukaten für die Rückreise beizusteuern. Nur so können Kutscher und Pferde gezahlt werden.

Hamann erfährt unter dem 21. April: »Heute um 1 Uhr sind wir abgefahren, ich saß rechter Hand in der Kutsche, Rebecca linker Hand, ihr gegenüber eine Magd aus Schweden, die wir von Wandsbeck mit nach Darmstadt gebracht hatten, mit Ihrer Gevatterin und mir gegenüber [Töchterchen] Caroline, und alle Nachbarn und Gefreundeten kuckten aus den Fenstern und bedauerten, daß sie die Ehre nicht länger haben könnten, den Herrn Oberlandeskommissarius bei sich zu haben.«[56]

Weiterhin heißt es im Brief an Hamann: »Diese Nacht wird durchgefahren, ist heller Mondschein.«[57] Durch Nachtfahrten entgeht man schlechten Unterkünften, was nicht ausschließt, dass man in Lüneburg »in ein elendes Wirthaus« gerät und »vom Herrn Wagenmeister, der zu vornehm war, [die Achsen] selbst zu schmieren, um 4 gr. betrogen« wird. Immerhin serviert in Einbeck eine »vorzügliche Wirtsfrau [...] Eiermilch und Schmorling«.[58]

Niemals fehlt es Claudius an Interesse für Land und Leute. In Gießen speist er bei dem Rechtshistoriker, Goethe-Freund und Erfinder des Silhouettierstuhls Ludwig Julius Friedrich Höpfner. Dessen Gattin gefällt ihm »nicht übel«; auch wirbt er vorsorglich Subskribenten für weitere Bände seines *Asmus*. Als man nach besagter Nachtfahrt frühmorgens in Kassel ankommt, geht es gleich nach Schloss Wilhelmshöhe weiter, um »den Garten, die mächtigen Cascaden am Abhang und den ungeheuren Herkules oben auf der Spitze des Berges in Augenschein zu nehmen. Lieb Weibel [im 8. Monat schwanger] konnte nicht so viele hundert Treppen den Berg hinaufsteigen, sind als beim höllischen Gericht, eine Grotte mit mythologischen Figuren und gelblichen Glastüren, die einen sonderbaren Effekt nach innen und außen machen, wieder umgekehrt.«[59]

Am 4. Mai ist die Familie zurück in Wandsbek. Man mietet sich wieder im alten Häuschen ein, kauft »Bett und Tisch und Stuhl und Teller und Salz«, um alsbald die Stuben aus- und den Garten umzukehren.[60] Engagements à la Darmstadt wird Claudius künftig aus dem Wege gehen. Angesichts seiner bitteren Erfahrungen helfen ihm vielleicht die Worte, mit denen er vom Malerfreund Müller verabschiedet worden ist: »In gottes Nahmen wems an Hoff nicht gefällt der zieh in die Stadt, wems in der Stadt nicht gefällt aufs dorff, auch von da bis zum Felsbruder ist noch Sprung wers fühlt daß er da Ruhe finde, wags auch – gott im Himel hat uns wunderbar geschaffen, einer kann kein Wind vertragen der kein Waßer und viele viele nicht einmal gottes warmen milden SonnenSchein – warum sollten sie sich das Herz abkümren denn mein Seel habs in dem ersten Tag da ich mit Ihnen gelebt, Ihnen abgelauret daß sie nicht in ihrem Element weben.«[61]

Das ist Balsam auf Claudius' verwundete Seele. Und ist er auch nicht zum einsiedlerischen »Felsbruder« geschaffen, so schmiedet er doch im Kreis der norddeutschen Freunde ernsthaft-unernste Pläne, nach Tahiti auszuwandern, gleichsam in »Gottes milden Sonnenschein«. Ein vermutlich Anfang 1778 aufgesetzter Brief an Gerstenberg beruft sich auf einen Reisebericht, den Johann Reinhold Forster 1772 unter dem Titel *A Voyage round the World* als englische Übersetzung eines Buches von Lewis (= Louis) de Bougainville herausgebracht hat. Wolfgang Stammler belegt ausführlich die allgemeine Sehnsucht des Freundeskreises, »die falsche europäische Welt zu verlassen und den glücklichen Gefilden eines zweyten Paradieses entgegenzueilen«, wie Overbeck in Kiel an Sprickmann in Münster schreibt. Am 30. Januar 1778 kann Overbeck seinem Briefpartner berichten, dass Claudius und Voß gewillt seien, mitzumachen: »mit ersterem stehe ich sogar in einer Art von Otahitischem Briefwechsel ... Nächstens erwarten wir Claudius, da soll noch mehr verhandelt werden; denn er kömmt expreß darum her.«[62] Ob die Freunde wohl wissen, dass bereits damals die ersten Sklavenhändler die polynesischen Inseln heimsuchen?

In dem genannten Brief an Gerstenberg, den er gemeinsam mit Overbeck ausheckt, beeindruckt Claudius mit seinen neu erworbenen Kenntnissen der Sprache O-Tahitis, wie Forster diese ihm besonders ans Herz gewachsene Südseeinsel gemäß der Landessprache nennt: »Era Erai Ero Etai (ich supponiere, daß Sie schon etwas Otahitisch verstehen und also nur immerzu) Aibu Ateatea Aineee Enua-Taiti Emoe, Etio Eo (ist wahrhaftig rein otahitisch vide Historischer Bericht pp von den p Reisen um die Welt 4ter Band [im Buch: fourth part] nur in Anschauung des letzten Wort Eo muß ich hinzufügen, daß es hier nicht in seiner eigentlichen Bedeutung: ›schwitzen‹, sondern in der metaphorischen ›essen‹ stehe, weil die Leute in Otahiti allezeit beim Essen schwitzen sollen. Eo steht hier also für gnaa.«[63]

Wer sich die Mühe macht, im »Vocabulary« von Forsters Buch nachzuschlagen,[64] kann die otahitische Wortfolge übersetzen als: Sonne – Himmel – Ameise – See – komm – weiß – Mädchen – Land von Tahiti – schla-

Wollte Claudius ernsthaft nach Tahiti auswandern? Oben ein Motiv aus dem Tafelwerk Prints to Cook's Voyage, *um 1777. Rechts eine Seite aus dem »Vocabulary« in Louis Antoine de Bougainvilles Werk* Voyage autour du monde *in der 1772 erschienenen englischen Übersetzung von Johann Reinhold Forster, die Claudius gekannt oder gar benutzt haben könnte.*

fen – Auster – schwitzen. Darauf möge sich der Leser selbst seinen Reim machen! Währenddessen ist nachzutragen, dass Claudius zur gleichen Zeit auch mit ganz anderen Dingen beschäftigt ist: Mit dem O-Tahitischen kann er sich ausführlich erst beschäftigen, nachdem seine Übersetzung der *Geschichte des egyptischen Königs Sethos* fertig geworden ist. Da holt ihn der Alltag ein. Vor seiner Abreise aus Darmstadt hatte er an Herder geschrieben: »Was in Wandsbeck anfangen? Übersetzen, Fortsetzung von Asmus herausgeben, und *Befiehl Du Deine Wege* pp.«[65]

VOCABULARY. 471

Eite	*To underſtand.*
Elao	*A fly.*
Emaa	*A ſling.*
Emao	*A ſhark; it likewiſe ſignifies to bite.*
Emeitai	*To give.*
Emoé	*To ſleep.*
Enapo	*Yeſterday.*
Enene	*To diſcharge.*
Enia	*In, upon.*
Enninnito	*To ſtretch one's ſelf yawning.*
Enoanoa	*To ſmell well.*
Enomoi	*Term to call, come hither.*
Enoo-te-papa	*Sit down.*
Enoua	*The earth and its different parts (a country).*
Enoua-Taiti	*The country of Taiti.*
Enoua-Paris	*The country of Paris.*
Eo	*To ſweat.*
Eoe-tea	*An arrow.*
Eoe-pai	*A paddle or oar.*
Emoure-papa	*The tree from which they get the cotton, or ſubſtance for their ſtuffs, the cloth-tree.*
Eone	*Sand, duſt.*
Eonou	*Turtle.*
Eote	*To kiſs (baiſer).*
Eouai	*Rain.*

Epao	*Luminous vapour in the atmoſphere, called a* ſhooting-ſtar. *At Taiti they are looked upon as evil genii.*
Epata	*Exclamation to call one's wife.*
Epepe	*Butterfly.*
Epija	*Onion.*
Epoumaa	*Whiſtle; they make uſe of it to call the people to their meals.*
Epouponi	*To blow the fire.*
Epouré	*To pray.*
Epouta	*A wound; this word likewiſe ſignifies the ſcar.*
Era	*The ſun.*
Era-ouao	*Riſing ſun.*
Era-ouopo	*Setting ſun.*
Era-ouavatea	*Noon ſun.*
Eraï	*Heaven.*
Erepo	*Dirty, unclean.*
Ero	*Ant.*
Eri	*King.*
Erie	*Royal.*
Eroï	*To waſh, to cleanſe.*
Eroleva	*Slate.*
Eroua	*A hole.*
Erouai	*To vomit.*
Eroupe	*Very large ſpecies of blue pigeon, like thoſe which are in*

Damit stützt er sich auf ein bekanntes Kirchenlied Paul Gerhardts. Zurück in Wandsbek, teilt er sich dem Logenbruder Zinnendorf in Bildern der Bergpredigt mit: »Ich sehe hier itzt die Lilien auf dem Felde an, die nicht nähen, auch nicht spinnen, noch Oberlandcommissarii sind – und unser himmlischer Vater nähret sie doch.«[66]

DER MENSCH

Empfangen und genähret
Vom Weibe wunderbar
Kömmt er und sieht und höret,
Und nimmt des Trugs nicht wahr;
Gelüstet und begehret,
Und bringt sein Tränlein dar;
Verachtet, und verehret;
Hat Freude, und Gefahr;
Glaubt, zweifelt, wähnt und lehret,
Hält nichts, und alles wahr;
Erbauet, und zerstöret;
Und quält sich immerdar;
Schläft, wachet, wächst, und zehret;
Trägt braun und graues Haar etc.
Und alles dieses währet,
Wenn's hoch kommt, achtzig Jahr.
Denn legt er sich zu seinen Vätern nieder,
Und er kömmt nimmer wieder.[1]

KAPITEL 5

»… Verachtet, und verehret; hat Freude, und Gefahr …«

Wandsbek 1778 – 1789

»Haus und Garten waren noch unverändert; noch stand das bretterne Gerüst da, das Claudius sich im Garten hatte errichten lassen, um droben zu liegen, Kaffee zu trinken und Tabak zu schmauchen.«[2] So beschreibt Wolfgang Stammler in seiner inzwischen hundert Jahre alten, jedoch unverändert wertvollen Biographie die Situation, die Claudius nach seiner Rückkehr aus Darmstadt im heimatlichen Wandsbek vorfindet. Doch er verschweigt auch nicht die Veränderungen, die ein enger Freund und Nachbar an Claudius wahrnimmt. Voß, der inzwischen die Stellung in Wandsbek gehalten hat, weiß Johann Martin Miller zu berichten: »Claudius ist nicht so munter, wie er war … Seine Krankheit hat noch Spuren zurückgelassen: und Nahrungssorgen, und Verpflichtungen, die man unwürdigen Wohlthätern schuldig wird, Zerstreuungen pp.«[3]

Seit 1781 gehörte der Familie Claudius ein Haus an der Chaussee von Hamburg nach Lübeck, rechter Hand vor dem Ortseingang von Wandsbek. Holzstich aus der Zeitschrift Über Land und Meer, *1890.*

Möglicherweise hat Claudius nicht nur mit den Nachwirkungen der schweren Krankheit zu kämpfen, die ihn an den Rand des Todes geführt hatte. Zugleich dürften ihm die Darmstädter Misserfolge zu schaffen gemacht haben. Obwohl erst 1783 veröffentlicht, erscheint das Gedicht »Der Mensch« wie ein Echo auf die zurückliegenden Erfahrungen. Claudius' Grundauffassung, dass die Existenz »die erste aller Eigenschaften« sei,[4] ist in Darmstadt in zweierlei Hinsicht einer harten Prüfung unterzogen worden. Zum einen hat er in den Augen der anderen als Tat-Mensch versagt, nämlich außer ein paar Gedichten nichts Handfestes zustande gebracht. Da bläst Claudius, der zur Verwunderung Hamanns auch in Darmstadt »wie die Lilie auf dem Feld leben« will,[5] zum ersten Mal der Wind direkt ins Gesicht, während er bis dahin in den Augen seiner Freunde als »Wunderthier«[6] gleichsam Artenschutz genossen hatte. Zum anderen steht die Todesdrohung im Raum: Den damals sechsunddreißigjährigen Familienvater hat der drastische Hinweis auf die Vergänglichkeit der eigenen Existenz tief getroffen. Vice versa sind die schon zitierten Schlussstrophen des Gedichts »Nach der Krankheit 1777«, das die Darmstädter Erfahrung im Titel ausdrücklich beschwört, eine bedingungslose Bejahung dieser Existenz:

Und ich genas! Wie sollt ich Gott nicht loben!
Die Erde ist doch schön,
Ist herrlich doch wie seine Himmel oben,
Und lustig drauf zu gehn!

Will mich denn freun noch, wenn auch Lebensmühe
Mein wartet, will mich freun!
Und wenn du wiederkömmst, spät oder frühe,
So lächle wieder, Hain.[7]

Man darf vermuten, dass Claudius mit dem Wort »lustig« auf die Schöpfungsgeschichte anspielt, wo es heißt: »Und Gott der Herr pflanzte einen Garten in Eden gegen Morgen und setzte den Menschen hinein, den er gemacht hatte. Und Gott der Herr ließ aufwachsen aus der Erde allerlei Bäume, lustig anzusehen und gut zu essen« (1. Mose 2, 8 und 9).

Die Erde, so mag man Claudius verstehen, ist und bleibt ein Paradies, auch wenn es oft Mühe macht, auf ihr zu leben. Gleichfalls nur vor diesem Denkhorizont wird man dem Gedicht »Der Mensch« gerecht. Zugleich gemahnt es in Sprache und Gestus an Vanitas-Vorstellungen des Alten Testaments: »Es ist alles ganz eitel« lautet gleich der zweite Satz des Predigers Salomo; und nachfolgend stellt er die Frage: »Was hat der Mensch für Gewinn von seiner Mühe, die er hat unter der Sonne?« Zu Beginn des dritten Kapitels folgt dann eine Art Litanei: »Ein jegliches hat seine Zeit, und alles Vornehmen unter dem Himmel hat seine Stunde. Geboren werden und sterben, pflanzen und ausrotten, was gepflanzt ist, würgen und heilen, brechen und bauen, weinen und lachen, klagen und tanzen, Steine zerstreuen und Steine sammeln, herzen und ferne sein von Herzen, suchen und verlieren, behalten und wegwerfen, zerreißen und zunähen, schweigen und reden, lieben und hassen, Streit und Friede hat seine Zeit.«

Die Schriftstellerin Doris Lessing vergleicht diese Sätze in ihrer originellen Einleitung zum Prediger-Buch mit »einem steten Strom von Klängen«, »die eine beschwörende, beinahe hypnotische Wirkung ausüben«.[8] Auch Claudius, der diesen rituellen Sprechgestus offensichtlich aufgreift, reiht ein Gegensatzpaar an das andere. Doch merklicher als der Prediger Salomo, der letztendlich alles nur »eitel« findet, identifiziert er sich auch mit den Worten des 103. Psalms, die den Menschen zwar in seiner Vergänglichkeit beschreiben, ihn jedoch zugleich einer Feldblume vergleichen, die zu ihrer Zeit auf das Schönste blüht: »Ein Mensch ist in seinem Leben wie Gras, er blühet wie eine Blume auf dem Felde; wenn der Wind darüber geht, so ist sie nimmer da, und ihre Stätte kennet sie nicht mehr.«

Ich deute Claudius' Gedicht »Der Mensch« nicht als Ausdruck jener Trauer oder gar Resignation, die weite Teile des Prediger-Buchs prägt und auch viele Aussprüche Martin Luthers spiegelt. Ich lese es auch nicht mit dem Literaturwissenschaftler Gerhard Kaiser als »vor christlichem Hintergrund moralisierende Erbauungsliteratur« und als »Bilanz der Vergeblichkeit«.[9] Das kann wohl nur jemand sagen, der, anstatt sich in Claudius hineinzudenken, sein Urteil am hohen Ton der »Weltliteratur« ausrichtet: »Ungeheuer ist viel. Doch nichts / Ungeheurer, als der Mensch« – so beginnt der zweite Akt der *Antigone* des Sophokles in der Übersetzung Friedrich Hölderlins.[10] Der Mensch des Claudius ist nicht »ungeheuer«; ihm winkt auch keine Lebenstragödie, die Goethe seiner Mignon-Figur im wahrsten Sinne des Wortes »andichtet«, wenn er sie klagen lässt:

Ihr führt ins Leben uns hinein,
Ihr laßt den Armen schuldig werden,
Dann überlaßt ihr ihn der Pein:
Denn alle Schuld rächt sich auf Erden.[11]

Was Goethe hier in den Dimensionen der griechischen Tragödie thematisiert, versucht das Christentum in der Kategorie der Erbsünde zu fassen. Claudius ist dieser schwergewichtige Begriff zwar nicht fremd, er erlebt ihn jedoch weit weniger drückend als sein großes Vorbild Martin Luther. Ein Brieffragment vom Spätherbst 1781 beginnt mit den Worten: »Im Menschen ist, wie überall, gut und böse beysammen.«[12] Da gibt es für ihn – das Gedicht »Der Mensch« zeigt es deutlich genug – nichts zu dramatisieren. Ebenso wenig Sinn hat es, über Freund Hein zu lamentieren, auch wenn man ihn ständig wegwünscht. Was würde Claudius wohl zu dem Vergänglichkeitspathos eines Johannes Brahms gesagt haben? Der komponiert in seinem *Deutschen Requiem* zu den Worten aus dem ersten Petrusbrief, »Denn alles Fleisch, es ist wie Gras und alle Herrlichkeit des Menschen wie des Grases Blumen«, statt demütiger Klänge einen zeremoniellen, fast militärisch auftrumpfenden Trauermarsch – nach dem unausgesprochenen Motto: Ist der Mensch schon so hinfällig, wie die Bibel ihn vorstellt, so sollte man ihm wenigstens eine prächtige Begräbnismusik mitgeben!

Auf der anderen Seite ist der Mensch bei Claudius auch nicht mit Prometheus vergleichbar, dem der junge Goethe Sätze von solcher Gott-Losigkeit und Hybris in den Mund legt, dass er sie zunächst vorsichtshalber anonym erscheinen lässt:

Hier sitz' ich, forme Menschen
Nach meinem Bilde,
Ein Geschlecht, das mir gleich sei,
Zu leiden, weinen,
Genießen und zu freuen sich,
Und dein nicht zu achten,
Wie ich!

Nein – Claudius ist Realist. Der Mensch hat in seinen Augen keinerlei Anlass, sich als Individuum wichtig zu nehmen – weder im Guten noch im Bösen. Was dem Einzelnen widerfährt, widerfährt in Variationen jedem. Man hat keinen Grund, sich besonders herausgehoben oder extrem benachteiligt zu fühlen: Für jeden ist das Leben einmal lustig und ein andermal beschwerlich. Jeder glaubt hier und zweifelt dort, jeder hat erst braunes und dann graues Haar. Genial das »etc.« am Ende der fünftletzten Zeile des Gedichts »Der Mensch«! Dieses banale Kürzel, das die Aufzählung dessen abschließt, was dem Menschen – jedem Menschen – begegnet, signalisiert auf das Prägnanteste die Beiläufigkeit des Lebens. Auch seriöse Gedichtanthologien – selbst der weitbekannte »Echtermeyer« – unterschlagen dieses vom Dichter gezielt verwendete »etc.« – wohl aus Scham über ein Maß an Nüchternheit, das sich offenbar für Lyrik nicht schickt. Dabei springt es nicht nur dem Leser ins Auge: Obwohl es nicht ins Reimschema passt, kann man es ruhig in den Vortrag des Gedichts einbeziehen – was dann freilich ebenso beiläufig zu geschehen hätte, wie das abschließende, dem bisherigen gleichförmigen Reimschema entgegengesetzte Zeilenpaar zu rezitieren wäre: »Denn legt er sich zu seinen Vätern nieder, / Und er kömmt nimmer wieder.«

Der Widerstandstheologe Dietrich Bonhoeffer hat das Gedicht »Der Mensch« noch kurz vor seiner Verhaftung durch die Nationalsozialisten in das Manuskript seiner *Ethik* mit dem Hinweis eingefügt: »Die Zeitlichkeit, die Fülle und die Hinfälligkeit des menschlichen Lebens hat hier einen unvergleichlichen Ausdruck gefunden.«[13]

Bonhoeffer geht damals seiner Hinrichtung entgegen. Claudius hat, als er das Gedicht niederschreibt, eine aktuelle Todeserfahrung *hinter* sich. Demgemäß mag er das Lebenskonzept, das »Der Mensch« spiegelt, als Befreiung empfunden haben. Für mich strahlt das Gedicht sogar ein Moment heiterer Gelassenheit aus: Dass der Dichter in der Mitte seines Lebens keine gesicherte berufliche Existenz vorweisen kann, mag er inzwischen als Bestimmung akzeptieren. Er ist nun einmal kein »homo faber«, auch nicht seines Glückes Schmied. Er will leben wie die Lilien auf dem Felde – nicht als Schmarotzer, jedoch als jemand, der im Sinne der Bergpredigt von seinem himmlischen Vater erwartet, »irgendwie« ernährt zu werden.

Wenn es im Gedicht heißt: »Glaubt, zweifelt, wähnt und lehret, / Hält nichts, und alles wahr«, so ist dies eine Warnung an sich und andere davor, allzu viel über das Leben zu philosophieren oder gar über das eigene Genie zu spekulieren, dem womöglich noch Großes bevorstehe. Claudius ist, was die Rede vom Genie angeht, sehr vorsichtig, spricht von diesem als einer »bloße[n] Gabe der Natur«, zu der »Wiege und Amme und Fibel und Wohnung und Sprache und Schlafmütze und Religion und Gelehrsamkeit etc. das Ihrige« hinzutun. Mit hochtönenden Definitionen solle man vorsichtig sein: Gerade die Philosophie neige dazu, das Genie zu »erdrücken«, indem sie den Menschen blind für die »Eindrücke von einer Welt« mache, »in der sie sind«.[14]

Es ist gut zu wissen, was Claudius von Daniel Chodowiecki erwartete, als dieser für *Asmus* 4, dem das Gedicht »Der Mensch« angehört, neben anderem eine Kupferplatte zum Thema Blindheit liefern sollte: »Das dritte [Kupfer] stellt vor 2 Blinde, davon einer dem andern den Weg weisen will und ihn nebst sich selbst zu Fall bringt. Dies mag so komisch werden als Sie nur wollen, aber die andern 3 Kupfer werden äußerst ernsthaft.«[15]

Was heißt hier »komisch«? Offenbar kann Claudius über die Narrheit des Menschen, seinen eigenen Weg finden zu wollen, nur lachen – schon gar angesichts der eigenen Sterblichkeit. Glaubt er wenigstens an die Unsterblichkeit der Seele? Das ist ein Thema, das die Intellektuellen und speziell Freund Herder damals intensiv beschäftigt[16] – spöttisch gesagt: vor allem deshalb, weil auch Aufklärer ihre Seele für zu wertvoll halten, als dass sie mit dem sterblichen Leib aus der Welt verschwinden sollte. Claudius argumentiert an diesem Punkt nicht ablehnend, jedoch sehr zurückhaltend. Überhaupt äußert er sich über die »letzten Dinge« sehr vorsichtig: »Wir kennen den Himmel nicht, und unsre Träume davon treffen nur sehr von ferne zu«,[17] wird er in späteren Jahren in seiner Meditation »Vom Vaterunser« sagen. Und begreiflicherweise kann er mit der in seinen Kreisen lebhaft diskutierten, unter anderem von Goethes Schwager Johann Georg Schlosser reich kommentierten Lehre von der Seelenwanderung nichts anfangen. Heißt es doch am Schluss seines Gedichtes vom Menschen: »Und er kömmt nimmer wieder.« Man kann das mit Annelen Kranefuss als Abwehr gegenteiliger Vorstellungen deuten[18] und das Gedicht »Der Mensch« generell als Absage an den »anthropologischen Optimismus von Aufklärung, Neuhumanismus und Klassik« verstehen.[19]

Gleichwohl ist es inzwischen nur noch von akademischem Interesse, Claudius' Position in diesem und in anderen Punkten bis ins Detail auszuleuchten; denn wer lässt sich im Jahre 2014 noch ernsthaft vom Aufklärungsoptimismus der Goethezeit inspirieren, und wem erscheint gar die Seelenwanderung als ein wichtiges Thema? Was in diesem Punkt von Claudius bleibt, ist ein Gedicht, dessen Tendenz sich ohne alles gelehrte Wissen erschließt: Ohne das Wort Gott auskommend, freilich vor christlichem Hintergrund, entwickelt Claudius ein Lebenskonzept, das demjenigen des Epikur nahesteht, wobei noch einmal das Wort »lustig« ins Spiel kommt: Die christliche Kirche hat den Epikureismus ganz zu Unrecht in ein schlechtes Licht gerückt, indem sie ihm Hedonismus, also exzessive Lust an der Lust vorwarf. Indessen empfiehlt Epikur, dessen Anschauungen denen der Stoa keineswegs fern sind, gerade nicht die ausschweifenden, sondern die alltäglichen Freuden. »Sende mir ein Stück Käse, auf dass ich einmal gut essen kann«, soll er einen Freund gebeten haben; und seine Gäste wurden angeblich am Eingang des Gartens mit der Inschrift begrüßt: »Tritt ein, Fremder! Ein freundlicher Gastgeber wartet dir auf mit Brot und mit Wasser im Überfluss, denn hier werden deine Begierden nicht gereizt, sondern gestillt.«[20]

An Epikur könnte Claudius auch die Empfehlung beeindruckt haben, dem Tod allzeit ins Auge zu sehen und zugleich das sprichwörtliche »carpe diem« zu leben. Diesen Schluss der entsprechenden Horazischen Ode kann er in späteren Jahren in der deutschen Übersetzung des Freundes Voß lesen: »Raffe den Tag, nicht um ein Haar trauend dem folgenden!«[21] Ohnehin ist er gebildet genug, um sich von der Philosophie Epikurs selbst ein Bild zu machen; und als Übersetzer des Epikur-Kenners Fénelon könnte er dazu sogar konkreten Anlass gehabt haben. Was Claudius' Haltung zum Leben betrifft, betrachte ich ihn als einen christlichen Epikureer – auch und gerade angesichts des Gedichtes »Der Mensch«. Wenn die Gegenwartsphilosophin Agnes Heller Epikur und seinen Jüngern die Erfahrung einer »von unseren Wünschen und Träumen, von unserer Partikularität unabhängigen […] Wirklichkeit« attestiert,[22] ist sie nicht nur nahe bei Claudius, sondern auch bei dessen Gedicht »Der Mensch«.

Dieses dient, wie gesagt, einer Selbstvergewisserung, deren Claudius nach dem schmerzlichen Darmstädter Jahr dringend bedarf. Nicht von ungefähr berichtet Freund Voß, der ihn damals aus nächster Nähe beobachten kann, von einem »scherzhaft gezwungenen Ton, mit dem Claudius über sein Schicksal« spreche.[23] Claudius ist kein Heiliger, der zu seinen Lebensmaximen auch in schwieriger Lage konfliktlos zu stehen wüsste. Darin, dass er sich immer wieder selbst ermuntern muss, steht er freilich in der Tradition der alttestamentlichen Psalmsänger, die oft genug mit ihrem Gott hadern. In seinen Dichtungen ist Claudius freilich ein »Psalmist«, der kaum einmal mit Gott rechtet, vielmehr sich und anderen Mut macht – so in dem 1777 von einer Hamburger Zeitung gedruckten Gedicht »Täglich zu singen« (siehe Seite 118), nach dessen Devise »Gott gebe mir nur jeden Tag, / Soviel ich darf zum Leben. / Er gibt's dem Sperling auf dem Dach; / Wie sollt er's mir nicht geben!«[24] es auch in Wandsbek weitergehen soll. Schließlich hat Claudius für eine beständig wachsende Familie zu sorgen: Im Juni 1777 wird Anna geboren, im September 1779 Auguste, im Mai 1781 Johanna Catharina Henriette (»Trinette«), im Mai 1783 Johannes, im Dezember 1784 Rebecca, im Dezember 1786 Matthias, im Mai 1789 – ein Jahr nach dem Tod von Matthias – Fritz. Auch müssen 3500 Mark nebst laufenden Hypothekenzinsen für ein Haus an der Lübecker Straße aufgebracht werden, das die Familie Fastnacht 1782 bezieht: »Ich habe uns diese Tage hier ein Haus gekauft, unser bisheriges Häusgen, das uns physisch zu eng werden wollte, fing dazu an, uns übern Kopf zusammenzufallen, und so habe ich in ein sauren Apfel beißen müssen. Das neue Haus hat, welches eigentlich die Hauptsache ist, ein Platz hinter sich, wo ich eine Kuh weiden kann.«[25]

Die Weide hinterm Haus wird ihm unentgeltlich von Gräfin Caroline Tugendreich von Schimmelmann, der Witwe seines ersten Patrons, überlassen; sie sorgt auch für die Kuh, während Freunde den Hauskauf finanzieren. Claudius selbst hält indessen intensiv nach Einnahmequellen außerhalb der Schriftstellerei Ausschau. Mit seinen Lebensverhältnissen am besten vereinbar scheint ihm die Unterweisung von Zöglingen: Langfristig gesehen, kann er diese gemeinsam mit seinen eigenen Kindern unterrichten, während Rebecca mit ihrem praktischen Sinn für Beköstigung und mütterliche Fürsorge zuständig sein könnte. Es trifft sich gut, dass Claudius in dem etwa gleichaltrigen Philosophen Friedrich Heinrich Jacobi, dem späteren Präsidenten der Bayerischen Akademie der Wissenschaften, einen Bewunderer hat, der ihm im Frühjahr 1778 seine beiden Söhne zuführt – ohne ihn damals schon persönlich zu kennen.

Wieland hatte Jacobi gewarnt, die Jungen in das von Johann Bernhard Basedow geführte Philanthropinum in Dessau zu geben: »Gar keine Erziehung ist noch besser, als ein solches philosophisches ergastulum [Arbeitshaus].«[26] Gleichwohl scheinen die Knaben für kurze Zeit das Philanthropinum besucht zu haben,[27] ehe Jacobi sie Claudius anvertraut. Ein kürzlich aufgetauchter, sehr emotional gehaltener Brief Jacobis an Claudius zeugt von väterlicher Hingabe und dem Bemühen, in der Erziehung »alles richtig zu machen«.[28]

Gleichwohl dürften die gut zwei Jahre, die sich Johann Friedrich und Georg Arnold Jacobi in der Obhut von Claudius befinden, für beide Seiten nicht ganz einfach gewesen sein. Sicherlich gibt es den launigen Claudius, der die anfangs dreizehn- und zehnjährigen Jungen zum Kegeln in die Schankwirtschaft der Schwiegermutter mitnimmt. Und ebenso gewiss gibt es den guten Hausvater, der mit den Kindern singt und musiziert, ihnen die Bibel und den Sternenhimmel erklärt. Auch soll es an klassischer Bildung nicht fehlen: Der Pastor, so ist Jacobi mitgeteilt worden, könne den Knaben Hebräisch beibringen, er selbst Griechisch; Freund Voß stehe gleichfalls bereit, und ein Klavier- und Zeichenmeister sei auch vorhanden. Als Hauptmahlzeit gebe es »Suppe u. ein Gericht«.[29]

Im Erziehungsalltag scheint es jedoch mancherlei Konflikte gegeben zu haben. Als Jacobi seine Söhne im Anschluss an die Wandsbeker Zeit in die Obhut der Fürstin Gallitzin gibt, warnt er sie, Claudius habe dem jüngeren »wegen seiner Freßsucht u überhaupt wegen seiner Sinnlichkeit« täglich zureden müssen: »Claudius sagte immer, er wäre ein Junge von Brey. Liebe Amalia, sehen Sie wenigstens zu, ob Sie den Brey nicht zu einem Teich knäten können, u backen Sie mir ihn hernach so hart wie möglich.«[30] Den Jungen selbst ermahnt Jacobi, als er ihn der Fürstin Gallitzin anvertraut, folgendermaßen: »Ich bitte dich, mein lieber Sohn, greiffe dich alle Tage, alle Stunden von neuem an, um deine Sinnlichkeit zu überwinden. Du hast so lange ich dich kenne, an den niedrigen Lüsten deines Leibes, ja an den allerniedrigsten (ich schäme mich dir es vorzuwerfen,) *so gar an den Freu-*

Rebecca Claudius.
Gemälde von Friederike Leisching, um 1797.

den des Gaumens unabwendbar gehangen. Ich hatte gehofft, die Lebensart in Claudiusens Hause, und das Beyspiel des Mannes selbst, würde dich, allerwenigstens vom letzten entwöhnt haben; aber ich mußte hernach zu meiner großen Betrübniß wahrnehmen, daß auch dieses nicht einmal geschehen war.«[31]

Freilich ist es Jacobis »aufgeklärter« Pädagogik nicht um die generelle Verachtung von Gaumenfreuden zu tun. Der Düsseldorfer ist vielmehr für Einladungen bekannt, zu denen gutes Essen, von Fall zu Fall sogar der »AusternSchmauß« gehören.[32] Es geht vielmehr darum, speziell Kinder frühestmöglich zu Beherrschung und Verzicht anzuleiten, damit sie als Erwachsene ein weitgehend selbstbestimmtes Leben führen können. Gottlob, so darf man sagen, ist der junge Jacobi im Hause Claudius zwar von Fall zu Fall mit situationsbedingter Kargheit, jedoch schwerlich mit der Verachtung von Gaumenfreuden konfrontiert worden. Gleichwohl hat er nach eigener Darstellung in seiner Wandsbeker Zeit gelitten – trotz der von ihm ausdrücklich gelobten Fürsorglichkeit von Rebecca Claudius. Danach ist es ihm im Hause der Fürstin Gallitzin freilich so schlecht ergangen, dass sein »Fall« in eingeweihten Kreisen lebhaft diskutiert wird, wobei Goethe und Hamann nachdrücklich Partei für den Jungen ergreifen. Dieser wird sich als Erwachsener, nunmehr Direktor für Straßen- und Wasserbau in Düsseldorf, erinnern: »Auch ist nicht Noth zu sagen, daß im Allgemeinen die schöne und fromme Seele des Vaters Claudius sich, wie in seinen Schriften, auch in dem Unterricht aussprach und einwirkte. Demungeachtet war er kein bequemer Erzieher und Lehrer für seine Zöglinge und Schüler. Der Humor, der den Boten auszeichnete und unter die Classicer der Nation gereiht hat, äußerte sich auch nicht immer so freundlich als Laune in dem Leben und lehrte uns bald *dies infaustas und et infauhtas* [verschrieben, soll wohl heißen: gute und schlechte Tage] in dieser Hinsicht unterscheiden, deren Vorerkennung in seiner Gebehrde insgemein unsere erste Morgenspekulation war. […] Ueberall aber nahm er mehr als billig die Furcht zu Hülfe, um zu erwirken, was durch Zuspruch und Ehrgefühl hätte erreicht werden können […] Erst später erkannten wir, was durch ihn uns geworden war.«[33]

Man muss nicht im Detail über das reale Erziehungsklima im Haus Claudius im Bilde sein, um der Binsenwahrheit Glauben zu schenken, derzufolge es mühsamer ist, mit Kindern tagtäglich frei von Launen umzugehen, als sie je und dann schöne Gedichte zu lehren. Für Letzteres gilt Claudius immerhin schon seit 1778 als Spezialist. In diesem Jahr nimmt nämlich der aufgeklärte Pädagoge und Verleger Johann Heinrich Campe, der damals mit *Robinson der Jüngere* am ersten deutschsprachigen Jugendroman schreibt, das Gedicht »Täglich zu singen« in seine »Kleine Kinderbibliothek« auf. Zusammen mit weiteren Gedichten, die in den nächsten

Bändchen dieser Serie erscheinen, wird es dem 1788 geborenen Joseph von Eichendorff in seiner Kindheit »so manche selige Stunde« bescheren – wie er es später anlässlich eines Besuches in Wandsbek beschreibt, der ihn allerdings nicht eigens zu Claudius führt.[34] Zudem weiß Eichendorff aus seinen Kinderjahren zu berichten, »daß ich in dieser Zeit verschiedene Plätze im Garten hatte, welche Hamburg, Braunschweig und Wandsbeck vorstellten. Da eilte ich denn von einem zum andern und brachte dem guten Claudius, mit dem ich mich besonders gerne und lange unterhielt, immer viele Grüße mit.«[35]

Vielleicht hat es dem jungen Eichendorff nicht geschadet, dass sich seine »seligen Stunden« nur im Fantasiereich der Literatur abgespielt haben. Claudius selbst muss freilich weiterhin nach realen Zöglingen Ausschau halten. Mit recht nüchternen Worten bittet er im November 1786 Freund Gleim in Halberstadt um entsprechende Vermittlung: »Unter andern muß der Vater auch ein reicher Mann sein; denn ich will kein Philanthropin, sondern Ein oder ein Paar, und die müssen mich denn nähren.«[36]

Dem grantig Reagierenden erklärt Claudius: »… meine Kinder, deren nun Gottlob! Acht beisammen sind, fangen an groß zu werden und, da ich niemand habe, sie zu unterrichten und zu Recht zu weisen, so muß ich es selbst tun und in der Zeit, daß ich das tue, kann ich kein Brotgeschäft tun, und darum sollten ein oder zwei Zöglinge den Unterricht mit genießen und meinen Kindern ihren Hofmeister frei halten.«[37]

Die Enkelin Agnes Perthes weiß von »fremden, jungen Leuten« zu berichten, die »oft Jahre lang im Wandsbecker Hause lebten«: »Er hatte einmal zu einer Zeit 3 Ausländer im Hause: *Duprès*, einen Spanier, *Peter Shmidt*, einen Engländer und *Rossi*, einen Italiäner. Wir Kinder merkten bald, daß [unter den heranwachsenden Töchtern] *Trinette* am besten englisch, *Auguste* am besten spanisch, und *Rebecka* am besten italiänisch sprach.«[38]

Claudius selbst bemerkt dazu in einem Familienbrief vom Dezember 1804: »Auch haben wir hier seit etlichen Monaten einen Spanier und einen Italiener, die Deutsch lernen wollen, im Hause. Es ist so teure Zeit, daß man sich zu so etwas entschließen muß, lieber Fritz; aus Mutwillen tun wir's nicht.«[39]

Freilich kann Claudius die Familie weder von diversen Kostgängern ernähren, noch scheint sich der Taler zu rentieren, den er als Lotterieeinsatz ab und an zum Apotheker Dalmer trägt oder in späteren Jahren von Enkelkindern tragen lässt.[40] Da sollen Übersetzungen aus dem Französischen weiterhelfen. Als erster großer Schub erscheinen Übertragungen von Jean Terrasson (*Geschichte des egyptischen Königs Sethos,* 1777), Andrew Michael Ramsay (*Die Reisen des Cyrus. Eine moralische Geschichte. Nebst einer Abhandlung über die Mythologie und alte Theologie,* 1780) und von Louis Claude de Saint-Martin (*Irrthümer und Wahrheit, oder Rückweiß für die Menschen auf das allgemeine Principium aller Erkenntniß,* 1782) – Letzteres ein damals viel diskutiertes Buch.[41]

Es wäre verfehlt, hier abschätzig von Brotgeschäften zu sprechen. Vielmehr greift Claudius die Gelegenheit beim Schopf, um tief in die esoterische Literatur seines Jahrhunderts einzutauchen. Auftraggeber ist der Breslauer Verleger Gottlieb Löwe – ein Freimaurer, der an spannenden »Geheimwissenschaften« interessiert und vermutlich durch den Freimaurer Graf Haugwitz an Claudius als Übersetzer geraten ist. Es ist alles andere als ein Zufall, dass ein Freimaurer einem Freimaurer empfiehlt, gerade diese Bücher von einem Freimaurer übersetzen zu lassen: Terrasson, Ramsay und Saint-Martin – sie alle waren oder sind ihrerseits »bekennende Freimaurer«.[42] Und speziell das Buch über Sethos hat nicht nur Emanuel Schikaneder als Anregung für sein *Zauberflöten*-Libretto gedient, sondern auch Christoph Martin Wieland als Vorlage für seine populäre Märchensammlung *Dschinnistan* und Johann Georg Hamann als Inspiration für seine Schrift *Konxompax, Fragmente einer apokryphischen Sibylle über apokalyptische Mysterien.*[43]

Während die Bücher über Cyrus und Sethos vom breiten Lesepublikum als spannende utopische Reiseromane rezipiert worden sein dürften, ist Claudius selbst offensichtlich von drei weiteren Aspekten gefesselt.

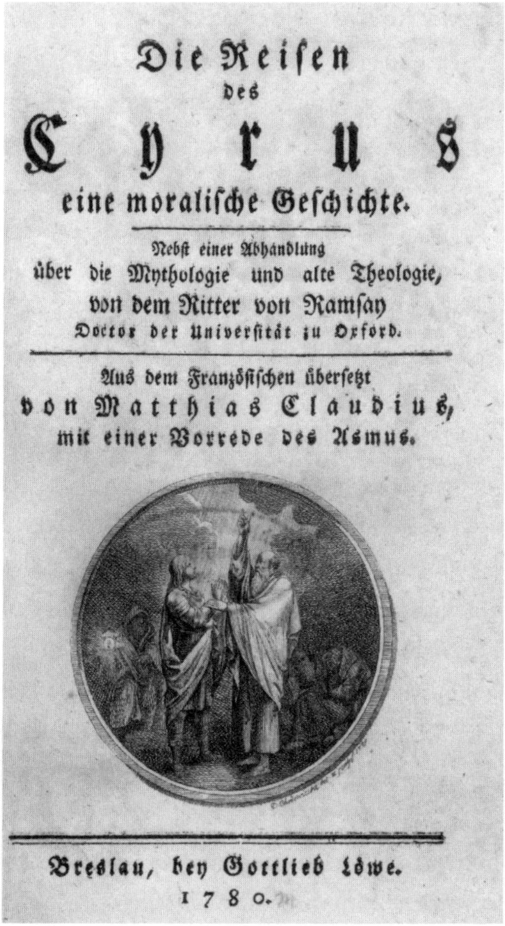

Die Reisen
des
Cyrus
eine moralische Geschichte.

Nebst einer Abhandlung
über die Mythologie und alte Theologie,
von dem Ritter von Ramsay
Doctor der Universität zu Oxford.

Aus dem Französischen übersetzt
von Matthias Claudius,
mit einer Vorrede des Asmus.

Breslau, bey Gottlieb Löwe.
1780.

Die Reisen des Cyrus.
Titelblatt der deutschen Übersetzung von Matthias Claudius.

Zum einen beschäftigen ihn trotz seiner Alltagsnüchternheit kabbalistische Themen. Als ihm damals zu Ohren kommt, dass es im Nachlass des »Zellerfelder Propheten« und Superintendenten Conrad Siegmund Ziehen alte hieroglyphische Schriften gebe, welche dieser für seine mystischen Weissagungen – etwa bezüglich einer »Revolution der Erde und

[…] Auflösung der Welt auf eine natürliche Weise« – herangezogen habe,[44] bittet er Freund Gleim in Halberstadt, das er nahe bei Zellerfeld wähnt, alsbald um nähere Auskunft und wenn möglich um Vermittlung dieser Schriften. Gleim antwortet auf dringliche Nachfrage jedoch betont reserviert: »[…] Kann Euch also nicht dienen. Was wollt Ihr auch machen mit dem Buche Chevila das ich nicht kenne; Hieroglyphen Sprache? Hm! das ist ja Orakelspruchsprache. Lasst die, mein lieber Claudius, und bleibt bey Eurer verständlichen Sprache; das Lied vom schönen Reifen [siehe Seite 199], der eben auch bei uns so schön von einen Engel gestreut war, als bey Euch, hat aller Welt gefallen, alle hübschen Mädchen haben's gesungen, Eure Lieder in der Orakelsprache werden unsre hübschen Mädchen nicht singen.«[45]

Zum Zweiten interessieren Claudius Nachrichten über alte Mysterien, weil er sie als »Wahrheit der Religion überhaupt« und damit als Vorankündigungen der jüdisch-christlichen Religion, ja als Gottesbeweis verstehen möchte.[46] Demgemäß schreibt er in seiner Vorrede zum *Cyrus:* »Nun die blinden Heiden! Es hat mir immer nicht recht eingewollt, daß sie von dem letzten bis zu dem ersten alle so entsetzlich blind gewesen, und es fliegen überall an ihren Altären der Funken so viel, die grade wie die israelitischen aussehen.«[47]

Zum Dritten bieten Werke wie *Sethos* und *Cyrus*, die von ihren geistlichen Autoren gezielt als »moralische Geschichten« konzipiert worden sind, positiv grundierte Fürstenspiegel. Gemäß seiner eigenen Vorstellung vom aufgeklärten Absolutismus will Claudius die antiken Protagonisten als gute, gerechte und wahrheitssuchende Herrscher gedeutet und den gegenwärtigen Fürsten als Vorbild hingestellt wissen. Nicht von ungefähr widmet er seine *Cyrus*-Übersetzung dem dänischen Kronprinzen, seinem künftigen Gönner, mit den Worten: »Sie sollen einmal eine Crone tragen als der Freund und Vater von viel tausend Menschen, jung und alt, die in den Städten und Dörfern Ihres Reichs wohnen, und es wird Ihnen an Schmeichlern und Versuchung zum Bösen nicht fehlen. Sie wissen freilich selbst am besten, wie Sie sich dabey nehmen [sic] wollen; aber es wird Sie doch freuen zu sehen, wie der Cronprinz Cyrus sich dabey genommen hat.«[48]

Schwer tut sich Claudius mit der Übersetzung von Saint-Martins Buch *Des erreurs et de la vérité, ou les hommes rappelés au principe universel de la science.* Offenherzig heißt es in seiner Vorrede, die Gelehrten wüssten nicht recht, »was sie davon halten sollen, denn man versteht es nicht, und man soll doch *eigentlich* verstehen was man richten will«. Und weiter: »Ich verstehe dies Buch auch nicht.«[49]

Claudius hat sich über diese Schrift, in der sich laut Kindler-Literaturlexikon »kabbalistische Zahlenmystik und dem Rosenkreuzertum verwandte Theosophie zu einer antiaufklärerischen Ideologie vermischten«,[50] intensiv mit dem Grafen Haugwitz ausgetauscht. Während an Esoterik interessierte Zeitgenossen von Saint-Martins Schrift schwärmen und noch Rudolf Steiner zu einer Neuauflage der Claudiusschen Übersetzung das Vorwort schreiben wollte (kurz davor aber verstarb),[51] bekunden Hamann, Herder und Goethe ihren Abscheu. Dass ihre Kritik zwangsläufig auch Claudius als Übersetzer trifft, wird im nächsten Kapitel zur Sprache kommen. Hier sei nur die Übersetzerarbeit als solche gewürdigt. Während die ältere Claudius-Forschung von der Vermutung ausging, dass Claudius seine Übersetzungen eher mit der linken Hand betrieben habe, zeigen detaillierte Textvergleiche, wie sie neuerdings Hans-Diether Grohmann vorgenommen hat, dass der Dichter zum einen das Französische ausgezeichnet beherrscht und zum anderen die erwähnten Schriften »nicht nur sehr gewissenhaft, sondern auch textnah übersetzt hat«.[52] Übrigens besteht damals an Übersetzern aus dem Französischen ein großer Bedarf; denn allein für die Jahre, in denen Claudius in diesem Metier tätig war, also für die Zeit zwischen 1777 und 1811, sind 3100 Übertragungen aus dem Französischen nachweisbar[53] – ein Indiz für die damalige Stärke Frankreichs als Kulturnation. Selbstverständlich hat damals jedoch niemand daran gedacht, Claudius ins Französische zu übersetzen.

Um zum Alltagsleben zurückzukehren: Gleim hat keine Zöglinge zu vermitteln; doch Claudius kann unmöglich von den jährlich 200 Reichstalern Jahresrente leben, die ihm der dänische Kronprinz Friedrich, seit 1784 Mitregent des geisteskranken Christian VII. und späterer dänischer König, 1785 ausgesetzt hat. Nolens volens wendet er sich zwei Jahre später neuerlich an seinen Landesfürsten – und dies auf durchaus kalkulierte Art: Als der Kronprinz im Sommer 1787 während einer Reise durch seine Herzogtümer Schleswig und Holstein auch nach Wandsbek kommt, ist Claudius mit einem Huldigungsgedicht zur Stelle, das alsbald in mehreren, leicht voneinander abweichenden Einzeldrucken verbreitet wird:

Frohe Empfindungen und Wünsche der Wandsbekker
bey der Ankunft S. Königlichen Hoheit, des Kronprinzen Friedrich;
vom Herrn Claudius, dem bekannten Wandsbekker Boten.

Mit Freuden, unsern Brüdern gleich,
Empfangen wir Dich hier;
Dich lieben viel in Deinem Reich:
Doch keiner mehr, als wir.

Bist uns willkommen inniglich;
Wir kommen, Klein und Groß,
Wir schließen einen Kreis um Dich,
und lassen Dich nicht los.[54]

Da scheint es um ein dem Einzug Jesu in Jerusalem vergleichbares Ereignis zu gehen; und man fragt sich, wie sich Claudius bei der Präsentation dieser Eloge gefühlt haben mag – selbst in Anbetracht dessen, dass er sie anschließend auch im *Vossischen Musenalmanach* unterbringt. Immerhin scheint die Huldigung vom Kronprinzen so gnädig aufgenommen worden zu sein, dass sich Claudius ein paar Monate später mit einer Bittschrift in Erinnerung zu bringen wagt:

Durchlauchtigster Gnädiger Printz,

ich habe mich bisher [mit] meiner Hände Arbeit genährt, und mich nicht übel dabei befunden; aber Acht Kinder, die doch halbewege erzogen und unterrichtet seyn sollen, fangen an, mir meine Zeit zu nehmen, und mir meine itzige Lebensart etwas beschwerlich zu machen. Ew. Königliche Hoheit haben ungebeten mich auf eine solche Art zu bemerken geruhet, daß ich, wenn ich etwas zu bitten habe, mich zuerst an Sie wenden würde, und wenn Sie auch nicht unser Cronprintz wären. ich wünschte irgendeine Stelle in des Königs Lande, und wenn es seyn könte, im lieben Holstein. Gnädiger Printz, ich bitte nicht um eine einträgliche Stelle, sondern nur um eine die mich nährt, und um so eine bitte ich mit aller Unbefangenheit eines Mannes der Willens ist, das Brodt das ihm der König gibt zu verdienen.

Wenn es auch erlaubt sein würde, so wüßte ich nicht zu sagen, wozu ich eigentlich geschickt bin, und ich muß Ew. Königl. Hoheit unterthänig bitten, daß Sie gnädigst geruhen ein Machtwort zu sprechen und zu befehlen wozu ich geschickt seyn soll.

ich ersterbe mit den Gesinnungen eines getreuen Unterthan

Ew. Königl. Hoheit unterthaniger Matthias Claudius[55]

Claudius hat Erfolg: Schon im nächsten Jahr macht ihn der Kronprinz zum ersten Revisor der königlichen Speciesbank im nahe gelegenen Altona. Das auf Lebenszeit bewilligte Jahresgehalt von 800 Talern erlaubt zwar keine großen Sprünge, ist jedoch umso willkommener, als es mit wenig Arbeit verbunden ist: Einmal im Vierteljahr und außerdem zum Jahresabschluss muss Claudius für jeweils ein paar Tage in Altona als Buchprüfer tätig werden. Wie Annelen Kranefuss darlegt, ist die Gewährung dieser Sinekure weniger auf das persönliche Wohlwollen des Kronprinzen als auf die Intervention des mächtigen Patrons Schimmelmann und der Adelsfamilien Reventlow und Stolberg zurückzuführen, die sowohl ein Faible für Claudius

Claudius' »Arbeitsplatz« in späteren Jahren: das Altonaer Bank- und Börsengebäude. Photolithographie, ca. 1894.

als auch beste Kontakte zur Regierung in Kopenhagen haben.[56] Claudius »bedankt« sich bei der Obrigkeit mit der Flugschrift *Der Küster Christen Ahrendt, in der Gegend von Husum, an seinen Pastor, betreffend die Einführung der Speciesmünze in den Herzogthümern Schleswig und Holstein. Husum 1788. Gedruckt in des Küsters Handbuchdruckerei.*[57]

Es geht hierbei um die Einführung einer schleswig-holsteinischen Landesmünze; und der frischgebackene Bankrevisor ist unter dem Deckmantel seines Pseudonyms redlich bemüht, dem Leser die möglichen Nachteile, vor allem aber die Vorzüge der neuen Münze zu erklären. Und obwohl er zugibt, die finanztechnischen Details selbst nicht zu verstehen, will er gern den Verdacht entkräften, dass »vielleicht bei diesem Umwechseln der Münze ein Gewinn für die allerhöchste Kassen auf Unkosten der Untertanen vorfallen könnte, um uns etwa unmerklich etwas abzunehmen«.[58]

Ein Jahr später, im Jahr der Französischen Revolution, bringt Claudius eine weitere Flugschrift unter dem Titel *Politische Correspondenz zwischen dem Küster Ahrend und dem Verwalter Olufsen, insonderheit die Kriegssteuer betreffend* heraus. Diesmal geht es darum, im Zuge eines launigen Für und Wider letztendlich die Notwendigkeit einer solchen Kriegssteuer darzulegen. Der Text schließt mit einem Hymnus auf den dänischen Kronprinzen, welchem der Ruf vorauseile, *»daß sein Ohr jeder Wahrheit offenstehe, nur vor seinem Lobe verschlossen sei«*.[59] »Wes Brot ich ess, des Lied ich sing«, muss es da wohl auch einem überzeugten Claudius-Jünger schwanen – ungeachtet der Tatsache, dass Zeitgenosse Goethe vergleichbare Huldigungen »verbrochen« hat. Gottlob ist es nicht das Einzige, was über Claudius am Ende der 70er- und in den 80er-Jahren zu berichten ist. Da gibt es den Freimaurer, den Reisenden, den Musikmeister, den Wandsbeker Gastgeber und last, but not least den Autor der Teile 3 und 4 von *Asmus*.

Zunächst zu Claudius als Logenbruder. Noch im Jahr seiner Rückkehr aus Darmstadt tritt er als Mitbegründer der Hamburger Andreasloge »Fidelis« in Erscheinung. Bei deren feierlicher Einsetzung am 30. November 1778 spricht er zum Thema »Von der Glückseligkeit, ein wahrer Maurer zu sein«.[60] Zu diesem Vorgang passt, dass er im August 1780 von Christian August Heinrich Curt von Haugwitz Besuch erhält, der ja schon 1775 maurerische Geheimgespräche mit Claudius geführt hatte. Dem nunmehr achtundzwanzigjährigen Adeligen steht eine große Karriere bevor: 1791 wird er von den schlesischen Ständen zum Generallandschaftsdirektor gewählt und schon 1792 in das einflussreiche Amt eines preußischen Kabinettsministers berufen. Seit seiner Jugend vom Gedankengut der Herrnhuter Brüdergemeine beeinflusst, liegt ihm als prominentem Anhänger des Freimaurertums daran, dessen christliches Element zu stärken und entsprechend ausgerichtete Logen zu gründen.

In der Folgezeit begegnen sich Haugwitz und Claudius als enge Vertraute in spirituellen Fragen. Der Graf ist auch um die finanzielle Unterstützung seines Glaubensfreundes und Logenbruders bemüht: Er hilft beim Hauskauf und vermittelt eine kleine Pensionszahlung, die der schlesische Graf Gustav von Schlabrendorf in den Jahren zwischen 1781 und 1785 aufbringt. 1781 gewinnt Claudius das Ehepaar Haugwitz als Paten seiner Tochter Trinette, im Herbst 1783 besucht er die Familie auf ihrem schlesischen Gut Rogau. Sein »Kreuzzug«, wie er ihn scherzhaft nennt,[61] führt ihn anschließend nach Weimar.

Dort erwartet ihn der alte Freund Herder, auch Jacobi ist anwesend. Im »Gespräch der Freunde«, so rekonstruiert es Stammler anhand der erhaltenen Briefliteratur, »wurde über Spinoza und die durch Jacobi aufgeworfene Frage von Lessings Spinozismus lebhaft debattiert. Auch in das bunte Treiben der Hofgesellschaft ward Claudius hineingezogen.« Ein älteres Werk mit dem Titel *Die Frauen um Goethe* zitierend, fährt Stammler fort: »Sein frisches ›niederländisches‹ Wesen, sein Erzählertalent und sein eigentümlich ausdrucksvolles Klavierspiel gewann ihm die Freundschaft [des Kammerherrn Karl Sigmund von] Seckendorffs und der [selbst schriftstellernden Hofdame] Sophie Schardt.«[62] Soll man dieser positiv gefärbten Darstellung unbesehen glauben? Herder jedenfalls erlebt Claudius als jemanden, der »hier nicht warm geworden« ist und »wie abwesend« wirkt.[63] Da muss es kaum verwundern, dass die erste und letzte persönliche Begegnung mit Goethe, der sich im Vorfeld an der »personnage singulair« des »fameux Wandsbecker Bote[n]« durchaus interessiert gezeigt hat,[64] flüchtig bleibt: Das von Stammler erwähnte Gespräch über den Spinozismus findet unter anderem während einer geselligen Kutschfahrt zu Goethes Jenaer Freund Carl Ludwig von Knebel statt.

Weil es ihn zurück zu Frau und Kindern zieht, nimmt sich Claudius für Weimar gerade einmal vier Tage und für den anschließenden, unangemeldeten Besuch bei Gleim in Halberstadt gar nur wenige Stunden Zeit. Er muss wohl in einiger Bedrängnis sein; denn an sich hätte er Anlass, mit Dankbarkeit nicht zu sparen: Obwohl man sich bis dahin nicht einmal persönlich kennt, hat sich Gleim dem »Bothen« gegenüber seit Jahren als geradezu väterlich erwiesen, ihm auch nicht übel genommen, ein seinerzeit für Braunschweig geplantes Treffen mehr oder weniger verschwitzt zu haben. Vielmehr hat er dem Brieffreund von Zeit zu Zeit einen Rehbock geschickt und seine Familie auch zu Weihnachten reichlich bedacht, so auch 1779. Damals bedankt sich Claudius für die Sendung aus Halberstadt mit den Worten: »Daß der Kasten gnck M. C. [= mit der Bestimmung für Claudius] richtig angekommen ist, können Sie glauben, und das können Sie auch glauben, daß ich lange kein Präsent erhalten habe, das mir so angenehm gewesen wäre. Alles im Kasten war gut und wohlbehalten bis auf die Äpfel, die hatte der Frost erwischt: er kam gegen Abend an, als Frau Rebecca eben zu einer Nachbarin ging, wir, ich und die drei ältesten Mädchen, machten also den Kasten auf und kuckten hinein und sahen den Baumkuchen liegen, mochten aber nichts rühren, bis Frau Rebecca dabei wäre. So bald sie aber zu Hause kam, gings Auspacken an und ward sehr viel gelacht und zu Ihrem Lobe gesagt, bis die Kinder zu Bett gingen; sie waren alle einstimmig, daß der Buköken von Halberstadt ein ›rechter Zucker Engel‹ sei und eigentlich in Wandsbeck wohnen sollte. [...] addies, lebt wohl, die Kinder grüßen gar höflich; grüßt Ihr auch Eure Gäste, die den Kuchen sahen und für den Kasten [auf]sparen konnten. Hier fressen wir alles rein auf, was uns vorgesetzt wird.«[65]

Als Claudius nun erstmals in Halberstadt auftaucht, zeigt er sich augenscheinlich wortkarg, pflückt jedoch mit großer Geschwindigkeit die reifen Birnen in Gleims Garten. Der ihm zuschauende Hofrat Klamer Schmidt nimmt an dem unversehens hereingeschneiten Gast »Bescheidenheit«, »Einfalt der Sitten« und »herzliche Rechtschaffenheit« wahr. Weiterhin heißt es in seinen gedruckten Erinnerungen, welche die Begegnung freilich offenkundig literarisieren: »Sein Gesicht ist nicht schön. Durch die Falten darin, und durch mehrere schroffe Parthien könnte man versucht werden, ihn für einen Sechziger zu halten, da er doch kaum über die vierzig weg ist. Aber selbst diese Falten, mehr von seiner immer regen Denkkraft, als von irgend einem widrigen Schicksale gezogen, [...] machen es zu einer Herzensangelegenheit, ihn recht oft ins Auge zu fassen.«[66]

Einmal mehr ist zu beobachten, dass Claudius schon in jüngeren Jahren zu einem Mythos stilisiert wird, was freilich nicht jedem gefällt – schon gar nicht Goethe. Der räsoniert 1786 brieflich während seiner italienischen Reise, Claudius sei »ein Narr, der voller Einfaltsprätentionen stecke« und »aus einem Fußboten ein Evangelist werden möchte«.[67] Freilich sind diese Äußerungen im Kontext einer Generalabrechnung mit Claudius, Jacobi und Lavater zu sehen – einem »Volk«, vor dem es Goethe generell graust. Gerade auf der Italienreise folgt der neun Jahre Jüngere seiner eigenen Spur; und da muss alles, was im Wege steht, beiseitegeschoben werden. Claudius ist zwar keine ernsthafte Konkurrenz, jedoch im Auge zu behalten. Denn immerhin ist in Heinrich Christian Boies angesehenem Literaturalmanach *Deutsches Museum* bereits 1777 eine mit »Göthe und Claudius« überschriebene Meditation erschienen, innerhalb deren der allerdings erst siebzehnjährige und zum Esoterikerkreis der Fürstin Gallitzin gehörende Franz Kaspar Buchholtz die Frage stellt: »Der Mond ist lieb, die Sonne ist groß. Der Mond ist groß, weil er lieb ist; die Sonne ist lieb, weil sie groß ist. Wärst Du lieber der Sonnenmann oder der Geweihte des Mondes? Beide sind Dein Meisterstück, o Gott! Ich wage nicht zu richten über Dein Werk.«[68]

Das Gedicht »Der Mond ist aufgegangen« ist da zwar noch nicht im Druck erschienen, wird aber vielleicht schon im häuslichen Kreis rezitiert oder gar gesungen. Jedenfalls gibt es in Wandsbek, je größer die Kinder werden, desto mehr Hausmusik. Schon im Dezember 1774 empfiehlt Claudius dem Freund Voß, sein Geigenspiel aufzufrischen, denn: »Mein Bauermädchen studiert itzo den Baß oder Violoncell, und so wollen wir diesen Sommer und weiter hin, so oft wir darüber einig werden können, Konzert halten.«[69]

Sechs Jahre später weiß Rebecca Claudius der inzwischen von Wandsbek fortgezogenen Freundin Ernestine Voß zu berichten: »Alle Wandsbecker haben mir Grüße aufgetragen, auch Hr. Erich. Der kömmt alletage in unser Haus und lernt [dem Zögling] Georg den Baß und alle Mittwoch haben wir Konzert, eine Woche bei uns und die andre bei [Pastor] Milow, die Hrn. Virtuosen sind H. Oelers, Hr. Erich Hutwalcker, Tönies, [die jungen] Jacobis pp. pp. pp. Da geht's herrlich her.«[70]

Aus dem gleichen Jahr stammt eine Notiz Samuel Gottlieb Bürdes, der als Privatsekretär und Begleiter des Grafen Haugwitz in Wandsbek zu Gast ist: »Claudius setzte sich ans Klavier, das er brav genug zu spielen weis; und hier ließen wir Scherz und Ernst, Volkslieder und Stellen aus Graun, Händel, Pergolesi, Bachische Stücke u. s. f. abwechseln; und trafen mehrentheils in Ansehung unsers musikalischen Geschmacks zusammen.«[71]

Ende 1784 sagt sich wieder einmal Johann Friedrich Reichardt an. Laut einer aktuellen Nachricht in dessen *Musikalischem Kunstmagazin* will der weltgewandte Musiker und Goethe-Freund in Wandsbek einen für Herzog Friedrich Franz I. von Mecklenburg-Schwerin und seine Gattin bestimmten 65. Psalm in der Übersetzung Moses Mendelssohns komponieren. Claudius dürfte in der gemeinsam verbrachten Zeit seine »Weynacht=Cantilene« gedichtet haben; und Reichardt, der insgesamt 27 Claudius-Vertonungen geschaffen hat, scheint sie sogleich in Musik gesetzt zu haben; jedenfalls ist eine öffentliche Aufführung im Berliner Hotel »Stadt Paris« schon für Dezember 1784 nachgewiesen.[72] Dass die mutmaßliche Uraufführung nicht in der Kirche, sondern an einem weltlichen Ort stattfindet, lässt sich damit erklären, dass die »Stadt Paris« damals von einer großen Berliner Loge frequentiert wird, deren Mitglieder sich für dieses neue Werk der Logenbrüder Claudius und Reichardt starkgemacht haben könnten.

Vermutlich sind der Ausarbeitung der »Weynacht=Cantilene« ausführliche Gespräche darüber vorangegangen, wie das Werk der damals aufkommenden Forderung nach »wahrer Kirchenmusik« gerecht werden könne, nämlich nach schlichten, unmittelbar zu Herzen gehenden Stücken ohne viel Virtuosität und Künstlichkeit. Reichardt ist diesem Ideal durch einen betont einfachen, weitgehend homophonen und gewissermaßen zeitlosen Tonsatz entgegengekommen, während Claudius' »Libretto« ein doppeltes Gesicht zeigt: Formal gesehen, ist die Abfolge von Chören auf biblische Texte, Chorälen, Rezitativen und Ariosi so traditionell, dass sie aus der Ära Johann Sebastian Bachs stammen könnte. Inhaltlich betrachtet, handelt es sich um eine für Claudius typische Mischung von Alt und Neu: Einerseits haben Bibelwort und traditionelles Luther-Lied erhebliches Gewicht. Andererseits gibt es Ariosi mit pietistisch angehauchten und empfindsamen Zügen:

Ein Chor Kinder
Wir wollen seine Krippe schmücken
Und bei ihm bleiben die ganze Nacht,
Die Hände ihm küssen und drücken;
Denn er hat uns so oft was gebracht.

Ein Chor Väter und Mütter
Und wir mit euch sie schmücken
Und mit euch Tag und Nacht,
Die Hände ihm küssen und drücken;
Er hat uns selig gemacht!

Zwischen den Stilebenen steht ein von Claudius gedichteter »Choral«:

Willkommen in dem Jammertal,
O bis willkommen tausendmal,
Bis tausendmal gesegnet!
Du teures, liebes, holdes Kind,
Es weht bei uns ein *kalter Wind,*
Und *schneiet* hier und *regnet* [...][73]

Claudius hat diesen Choral auf das verhältnismäßig seltene Reimschema des Kirchenliedes »Herzlich lieb hab' ich dich, o Herr« gedichtet, jedoch seine eigene Lebenswelt realistischer eingebracht, als es damals in populären Weihnachtsliedern üblich war. Dem Freund Hamann ist das sogleich aufgefallen: Claudius, so teilt er Herder mit, habe in seiner »Weynacht= Cantilene« »den dortigen harten Winter [...] verewigt«.[74] Übrigens registriert man nicht ohne Staunen die Schnelligkeit der damaligen Kommunikation: Schon im Januar 1785 verfügt Hamann über eine Abschrift der »Weynacht=Cantilene«.

Friedrich Schleiermacher lernt das Werk, das Reichardt des Öfteren in Berlin aufgeführt haben muss, vermutlich in der Adventszeit des Jahres 1805 in Reichardts damaligem Wohnsitz, der Burg Giebichenstein bei Halle, kennen. Das Erlebnis findet seinen Niederschlag alsbald in der berühmten Gesprächsnovelle *Die Weihnachtsfeier*.[75] Dort heißt es: »Während die Meisten noch hier [nämlich mit ihren Geschenken] beschäftigt waren, ließ Sofie nicht ab mit leisen Bitten beim Vater; er mußte sich mit Friederike und Karoline in das andere Zimmer ziehn lassen, leztere sezte sich ans Klavier, und sie sangen zusammen das Chor: ›Lasset uns ihn lieben‹, und den Choral: ›Willkommen in dem Jammerthal‹, und noch einiges aus Reichardts trefflicher Weihnachts-Cantilene, wo die Freude und das Gefühl der Errettung und die demüthige Anbetung so schön ausgedruckt ist.«[76]

Zwar geht es Schleiermacher vor allem um die Macht der Musik, welche das »Gemüth« der »andächtigen Zuhörer« auf »noch Höheres« zu richten wisse;[77] gleichwohl belegt der Vorgang zumindest mittelbar den Einfluss von Claudius auf die Theologie des 19. Jahrhunderts. Ich selbst habe in meiner Kindheit einen Ausschnitt aus der »Weynacht=Cantilene«, nämlich den Chor »Wir wollen seine Krippe schmücken«, durch ein Liederbuch aus dem Hamburger »Rauhen Haus« kennengelernt. Dessen Gründer Johann Hinrich Wichern sang die »Weynacht=Cantilene« 1826 als junger Mann in familiärem Kreis.[78] Vermutlich wurde damals der Klavierauszug benutzt, den die mit Wichern befreundete Louise Reichardt herausgebracht hatte – eine in Hamburg lebende Tochter des Komponisten und eine der ersten deutschsprachigen Dirigentinnen. Ohnedies ist der Text im 19. Jahrhundert mehrfach vertont und zudem von Ernst Moritz Arndt weitergedichtet worden.

Kehren wir zurück in die 80er-Jahre, als Claudius nach der Einschätzung von Friedrich von Matthisson »zu den wenigen in der deutschen

Gelehrtenrepublik namhaften Sterblichen [gehört], wo Mensch und Schriftsteller die nämliche Person ausmachen und wo man den einen eben so lieb gewinnen kann als den anderen. Ich kenne noch einen zweyten, bey dem dieses im gleichen Grade der Fall ist, und das ist *Pestalozzi*, der überhaupt mit seiner ganzen Persönlichkeit eine auffallende Aehnlichkeit mit Claudius hat.«[79]

So urteilt der zu seiner Zeit geschätzte Autor, dessen Gedichte vielfach von Beethoven und Schubert vertont wurden, aus der Rückschau auf das Jahr 1784. Damals, bei seiner ersten Begegnung mit Claudius, sucht er als dreiundzwanzigjähriger Grafenerzieher von Altona aus die Nähe des Dichters. Ähnlich mag es Karl Philipp Moritz, dem Autor des epochalen Entwicklungsromans *Anton Reiser*, ergangen sein, dessen erste Begegnung mit Claudius im Jahr 1781 stattfindet. Da der damals fünfundzwanzigjährige Gymnasiallehrer gerade einer Berliner Freimaurerloge beigetreten ist, könnten sich auch auf dieser Ebene Berührungspunkte ergeben haben. Der Schweizer Dichter und Zeichner Johann Martin Usteri schließlich ist 20 Jahre alt, als er 1783 eine Bildungsreise durch Deutschland beginnt, die ihn auch zu Claudius nach Wandsbek führt: »Wir hatten das Vergnügen, angenommen zu werden und dieses geschieht nicht allen Leuten, wenn H. Claudius seine Launen hat, oder sich stellt, als ob er sie habe. Er empfing uns an der Türe mit einem deutschen Handschlag und einem traulichen Gott grüß' euch! und hob seine weiße Zipfelkappe ein wenig vom Kopf. […] Er ist ungefähr von meiner Größe, hager, und seine Lineamente [Züge] sind stark. Er hat eine Physiognomie, die Verstand und Witz verrät, ein feuervolles Auge, und braunes Haar, das er ganz offen, wie unsere Bauern, trägt. Er hatte eine weiße Zipfelmütze auf dem Kopfe und setzte sie immer schief auf; einen pucefarbnen Nachtrock mit gelben Punkten, schwarz plüschene Hosen und Weste und preußische Stiefeln.«[80]

Usteri weiß ferner zu berichten, dass Claudius mit einer halben Flasche Wein und einigen Brezeln aufgewartet habe, dass er dem Vernehmen nach mit einer »sehr liebenswürdige[n] Frau« gesegnet, jedoch recht arm sei.

Eine in der Claudius-Literatur stets nur beiläufig erwähnte Stimme, die sich kritisch zumindest über Claudius' Äußeres auslässt, stammt von Christoph Friedrich Rinck, der Claudius Anfang des Jahres 1784 mit einer Empfehlung Lavaters aufsucht:

> Den 28. Januar früh gegen 8 gieng ich nach Wandsbeck zu Fuß. Der Weg dahin ist 1 gute Stunde von Hamburg gegen Mitternacht – angenehm, gröstentheils mit Lusthäusern und Gärten besezt. Wandsbeck ist nur ein Dorf, aber schön. Ich kam nicht ganz hinein, den Claudius, den ich sprechen wollte, wohnt in einem recht schönen Landhauß rechter Hand, gerade an dem Weg, noch vor dem Dorf. Ich grüßte ihn von Klopstock, Lavater und Böckmann – traf ihn sehr schlecht gekleidet an, ein alter Ueberrock, eingeschlurfte Schuhe, eine schmutzige Mütze, das Haar um den Kopf herumhangend – so tragt er es immer. In seinem Zimmer hängt besonders eine Tafel mit den Schattenrissen von Herder und seiner Familie. Bey seinem Hauß hat er ein kleines Gut, keinen Garten, er nährt davon eine Kuh. Er ist nicht reich, hat überdiß 6 Kinder, davon das ältste 9 Jahr ist: 5 Mädchen und 1 kleinen Knaben. Alle sehen sehr schön, wie das Leben selbsten aus. Er verspricht nicht gar viel, redet wenig, antwortet nur abgebrochen. […] Er lobte mir besonders seinen in der Nähe liegenden Wald. Er klagte mir, daß viele mit dem 4ten Teil seines Asmus nicht zufrieden seyen [vgl. Seite 196], weil er zu ernsthaft geschrieben. Bald kam eine ganze Familie von Hamburg, ihn zu besuchen, ich trank eine Thasse Thee und rauchte eine Pfeife, nach einer Stunde gieng ich wieder fort.[81]

Der damals sechsundzwanzigjährige Karlsruher Hof- und Stadtvikar Rinck ist vom badischen Markgrafen auf eine Studienreise geschickt worden, die ihn mit berühmten Theologen und Literaten der Zeit bekannt machen soll. Auf diese Weise lernt er unter anderem Lavater, Goethe, Herder, Wieland,

Basedow, Klopstock und eben auch Claudius kennen.[82] Seine Aufzeichnungen entstammen einem Tagebuch, das er als Stipendiat seines Landesherrn und daher vermutlich mit einiger Sorgfalt geführt hat. Freilich hat jedes Claudius-Bild, das nicht absichtsvoll schönfärbt oder herabsetzt, seine eigene Wahrheit; und dass Menschen je nach Situation unterschiedlich auftreten und auf ihre Umgebung unterschiedlich wirken, ist eine Binsenweisheit. Was speziell die Wahrnehmung des äußeren Erscheinungsbildes angeht, so gibt es zum Beispiel auch in der Beethoven-Biographik bemerkenswerte Differenzen: Der Komponist wird – bezogen auf ein und dieselbe Lebensphase – sowohl als elegant gekleidet als auch als nahezu verwahrlost beschrieben.

Man kann derlei Differenzen problemlos auf sich beruhen lassen: Die Vorstellung, die man sich von einer Person aus der Distanz von zwei Jahrhunderten macht, kann niemals »objektiv« sein. Ohnehin verschmilzt das Bild des Menschen Claudius zwangsläufig mit dem des Literaten. Letzterer soll in diesem Kapitel das letzte Wort haben: Es geht um die Teile 3 und 4 des *Asmus*. Der dritte Teil liegt den Lesern um die Osterzeit 1778 vor, schon bald nach dem Wiedereinzug in Wandsbek: Da Claudius Geld braucht, ist ihm an einem raschen Erscheinen gelegen. Anstatt wiederum Bode als Verleger zu wählen, lässt er bei Löwe auf eigene Kosten drucken; der Breslauer vertreibt den Band somit lediglich in Kommission. Im Freundeskreis wirbt Claudius wiederum Kollektoren, die sich ihrerseits um Subskribenten bemühen. Die Vorankündigung vom August 1777 ist mit ihrer persönlichen und zugleich lakonischen Wendung an den Leser einmal mehr typischer Claudius:

> Habe bei dieser Gelegenheit freundlich vermelden wollen, daß ich hier mit Weib und Kind glücklich wieder angekommen bin; waren am Rhein gewesen.
> Der geneigte Leser wird sich vielleicht noch erinnern, daß ich in Anno 1775, als der Graf Romanzow den Großvizir geschlagen

hatte, und das große Erdbeben auf der Insel Ternate gewesen war, hazardiert habe, 'n Büchel meiner *Sämtlichen Werke* h'rauszugeben. Das Büchel nun ist ordentlich in Zeitungen und Schriften rezensiert, und meiner dabei in allen Ehren gedacht worden – wollte also wohl wieder eins h'rausgeben! Es wird menschlichem Ansehen auch so stark werden als das erste, und eben solch Zeug darin stehen. Weil aber ein ǝɥɔılʇɥɔǝɹ Mann mir die unverdiente Ehre erwiesen hat, mein Büchel nachzudrucken, und er's wieder tun möchte; so erfordert die Pastoralklugheit, mich durch Subskription zu decken.[83]

Seiner Lebenssituation entsprechend greift Claudius vor allem auf Texte zurück, die zuvor in den letzten Jahrgängen des *Wandsbecker Bothen*, in der *Hessen-Darmstädtischen privilegirten Land=Zeitung*, im *Vossischen Musenalmanach* und in Boies *Deutschem Museum* erschienen sind. Indessen gibt es auch bedeutende Erstveröffentlichungen – etwa die »Nachricht von meiner Audienz bey'm Kaiser von Japan«, »Die Geschichte von Goliath und David« und das »Motetto, als der erste Zahn durch war«.

Es wäre jedoch falsch, *Asmus* 3 als eine bloße Nachlese abzutun. Denn offenkundig ist der Dichter auch diesmal um ein unverwechselbares Profil bemüht. Wie schon erwähnt, bittet er mit Daniel Chodowiecki den populärsten Illustrator der Zeit um seine Mitarbeit – also einen Kupferstecher, der seine Spuren auch in Büchern von Goethe, Schiller, Lessing und Cervantes hinterlässt und im späteren Leben zum Rektor der Preußischen Akademie der Künste aufsteigen wird. (Freilich muss offenbleiben, was im neuen *Asmus*-Band von Chodowiecki selbst und was aus seiner Werkstatt stammt.) Auch hält sich Claudius im dritten *Asmus* an sein altes Lebensmotiv: »Die Dedikation, die vor dem 1. und 2. Teil steht, ist auch hier zu verstehen. Ich habe in der Zeit keinen bessern Freund kennen lernen als den Freund Hain, und so bleib ich beim alten. Er ist oben in seinem Amt und Beruf vorgestellt, und will ich nur dazu sagen: daß er,

»Freund Hain«.
Kupferstich von Daniel Chodowiecki für Asmus 3.

wenn er sich so in ein Bett hereinhängt, für den der darin liegt eine ernsthafte Erscheinung sei.«[84]

Indem er offensichtlich auf die Todesgefahr anspielt, in der er in Darmstadt geschwebt hat, führt Claudius gleich zu Anfang zwei Motive zusammen: sein Credo von der Existenz als erster aller Eigenschaften und seine stete Vergegenwärtigung des Todes. Da nimmt es nicht wunder, dass das Bändchen wiederum mit einer Beschwörung des Todes nicht nur beginnt, sondern auch schließt – Letzteres mit der Rede an einem offenen Sarg.

An Vetter Andres, der den Lesern schon aus *Asmus* 1 und 2 bekannt ist, richtet sich der Autor mit Schreiben teils ernsthaften, teils humorvollen

Inhalts. Es geht um den – zweifelhaften – Wert der »schönen Wissenschaften«,[85] um Andres' Heiratspläne oder um eine Auslegung des Vaterunsers. Natürlich fehlen auch die Kuriosa nicht: Das »Morgenlied eines Bauermanns, mit Anmerkungen von meinem Vetter darin er mich zum besten hat« ist zwar in schlichtem Ton gehalten, strotzt jedoch vor Gelehrsamkeit, da es mit einem den Gedichttext gewaltig überwuchernden Anmerkungsapparat versehen ist: In griechischer Sprache und – wohlgemerkt – in griechischen Lettern wird von Homer über Aristoteles bis Dionysius Areopagita alles aufgeboten, was sich an Kommentar zu den schlichten Sätzen der Dichtung nur finden lässt. Möglicherweise hat Claudius für seine gewaltige Fleißarbeit die einschlägigen Anthologien seiner Zeit genutzt, vielleicht sich auch der Griechischkenntnisse seines Freundes Voß versichert. Gleichwohl staunt man über den Aufwand: Will Claudius augenzwinkernd darlegen, dass selbst die größte Schulweisheit keine Chance hat, die schlichte Natur- und Glaubenserfahrung eines »Bauermanns« zu überbieten? Oder möchte er auch zu den gelehrten Insidern gezählt werden, die sich bei den alten Griechen wie in ihrer Westentasche auskennen?

Jedenfalls mag er das Fremdartige, nicht ohne Weiteres Entzifferbare. In diesem Fall sind es die griechischen Buchstaben; einige Seiten später ist es die Tonbuchstabenschrift, in der er eine damals bekannte Melodie Georg Bendas wiedergibt, auf die er sein »Trinklied« mit den Anfangsworten »Auf und trinkt! Brüder trinkt!« gedichtet hat.[86] Er hätte ja die reguläre Notenschrift wählen können, die er zum Beispiel in *Asmus* 4 für die Aufzeichnung des »Bauernliedes« »Wir pflügen, und wir streuen« verwendet.[87] Möglicherweise fehlt es schlicht an einem Notenstecher, und Claudius macht deshalb aus der Not des Improvisierens eine Tugend: In seinen *Asmus*-Bänden soll man beständig auf Überraschungen gefasst sein – wie ein Kind, das sich an Klippen nicht stößt, sondern sie nach Möglichkeit gern überwindet.

Gilt das auch noch für den vierten *Asmus*-Band, der 1783 erscheint – wiederum bei Löwe? Während der generell recht scharfzüngige Wieland im *Teutschen Merkur* auch diesmal Claudius' »herzerfreuenden Waldgesang der Grasmücke« und ihn selbst als »reiche Ader von kunstlosen Witz und naiver Laune« rühmt (oder von einem anonymen Autor rühmen lässt),[88] meint Voß, dass sich neben »herlichen Stücken [...] auch leider etwas Mystik und Frömmelei« finde.[89] Ein Rezensent der *Allgemeinen deutschen Bibliothek* urteilt sogar, Claudius verwende »grobe Religionsbegriffe« und sage »gar zu gemeine und überflüssige Dinge«.[90]

»Schuster, bleib bei deinem Leisten« – in diesem Sinne sind solche kritischen Töne zu verstehen. In der Tat ist nicht zu leugnen, dass der launige oder naiv-besinnliche Claudius in *Asmus* 4 hinter dem Sinndeuter und Theologen zurücktritt. Doch auch der Erstere hat Originelles zu bieten. Was für den dritten Band die Audienz beim Kaiser von Japan, ist für den vierten »Paul Erdmanns Fest« – ein kleines Lesedrama, in dessen Mittelpunkt Bauer Paul Erdmann steht, dem die Dorfgemeinschaft für fünfzig Jahre unermüdliche Arbeit Respekt erweist. Vor dem gemeinsamen Mittagsmahl wird ein Tischgebet gesprochen; und ehe man dem aus Fleisch und Kartoffeln bestehenden Hauptgericht zuspricht, singen zwei Bauern ihr »Kartoffellied«:

Pasteten hin, Pasteten her,
Was kümmern uns Pasteten?
Die Kumme hier ist auch nicht leer,
Und schmeckt so gut, als bonne chère
Von Fröschen und von Kröten.

Und viel Pastet und Leckerbrot
Verdirbt nur Blut und Magen.
Die Köche kochen lauter Not,
Sie kochen uns viel eher tot;
Ihr Herren laßt euch sagen!

Schön rötlich die Kartoffeln sind
Und weiß wie Alabaster!
Sie däun sich lieblich und geschwind
Und sind für Mann und Frau und Kind
Ein rechtes Magenpflaster.[91]

Später möchte der gnädige Herr von Hochheim das »Bauernlied« hören:

Vorsänger
Wir pflügen, und wir streuen
Den Samen auf das Land;
Doch Wachstum und Gedeihen
Steht nicht in unsrer Hand.

Coro. Alle Bauern
Alle gute Gabe
Kömmt oben her, von Gott,
Vom schönen blauen Himmel herab!

Vorsänger
Der tut mit leisem Wehen
Sich mild und heimlich auf,
Und träuft, wenn wir heimgehen,
Wuchs und Gedeihen drauf.

Coro
Alle gute Gabe etc. […][92]

Doch das ist nur die eine, die biedere Handlungsebene von »Paul Erdmanns Fest«. Auf einer weiteren, durchaus zeitkritischen Ebene geht es um die gesellschaftliche Rolle einiger Adeliger, die bei Herrn von Hochheim zu Gast sind, Tisch an Tisch mit den Dörflern sitzen, jedoch nur Verachtung für sie übrighaben. Herr von Salbader, seine Mutter und weitere Gesprächsteilnehmer können zwar trefflich auf Französisch parlieren, gelangen jedoch über seichte, manchmal krause Konversation nicht hinaus. Natürlich wollen sie nichts von bäurischen Kartoffeln wissen, vielmehr ihre Pasteten genießen; und schon gar verspotten sie das Tischgebet der Bauern. Es obliegt Herrn von Hochheim als dem fürsorglich geschilderten Patron, seine Bauern so ins Zentrum zu rücken, wie sie es verdienen.

Claudius' Gegenüberstellung von verantwortungslosem, wenn nicht gar degeneriertem Adel und redlichem Bauernstand hat mehr Charme und Witz, als es eine kurze Inhaltsangabe verdeutlichen kann. Doch wie sozialkritisch ist sie? Um die gleiche Zeit erscheint in der *Moralischen Bibliothek für den jungen deutschen Adel* eine der typischen »ländlichen Erzählungen« mit dem Titel »Das Fest zu Rosenhayn, eine Geschichte vom Jahre 1774«.[93] Auch dort geht es, wenngleich in weitaus belehrenderem Tonfall, um die fröhliche Gemeinschaft von Adligen und Bauern und den »Dank zu Gott für eine gute Gerichtsherrschaft«.[94] Am Vorabend der Französischen Revolution mag sich Claudius tendenziell am aufgeklärten Absolutismus des damaligen österreichischen Kaisers und dessen Wahlspruch »virtute et exemplo« (»Mit Tugend und Beispiel«) orientieren: Joseph II. bekämpft damals einerseits Adelsvorrechte und Leibeigenschaft, andererseits versteht er sich ganz selbstverständlich als Herrscher von Gottes Gnaden.

Ähnliches gilt für den greisen preußischen König Friedrich II., den Claudius als Kriegstreiber und Religionsverächter zwar gering achtet, den er jedoch für die Einführung der Kartoffel in seinen Landen schätzen mag. Freilich braucht Claudius für sein Lied zum Lobe der Kartoffel nicht unbedingt nach Preußen zu blicken. Vielmehr muss er nur auf den schleswig-holsteinischen Propst Philipp Ernst Lüders schauen, Gründer der in Glücksburg beheimateten königlich dänischen Ackerakademie. Der liebevoll »Kartoffelpropst« genannte Geistliche erntet in seinem Garten schon seit 1740 die ersten brauchbaren Speisekartoffeln, stellt seinen Bauern kostenloses Saatgut zur Verfügung und hält ihnen bevorzugt Predigten über den Nutzen der Kartoffel. In seiner Mehrfachrolle als Pastor, Agrarreformer und Autor mag er Claudius hoch willkommen gewesen sein. Freilich: Mit einer vernünftigen Landwirtschaft allein ist es nicht getan. Claudius' späte Flugschrift *An den Naber mith Radt* – einer der ersten Texte, die sich des Plattdeutschen als Literatursprache bedienen – endet mit den deutlichen Worten: »De Vernunft kan unde mag, bi den liflichen Ackerboue, enen nien Plog, ene bettre Egge unde süs veel Nüttiges vinden, und angeven; averst de Höved-Sake: dat de Saedt in de Erde möt unde de Hemmeln se wassen makt, is Gades Finger unde Gades Hemlichkeit.«[95]

In diesem Sinne ist es geradezu selbstverständlich, dass zum Gesangsrepertoire der Bauern in »Paul Erdmanns Fest« nicht nur das vernünftige Lied zum Lobe der Kartoffel gehört, sondern auch das Glaubenslied »Wir pflügen, und wir streuen«, das in stark überarbeiteter Fassung noch heute in evangelischen Kirchen zum Erntedankfest gesungen wird. Doch noch andere bekannte Lieder finden sich in *Asmus* 4 – beispielsweise »Der Mensch« (siehe Seite 162), »Der Mond ist aufgegangen« (siehe Seite 8),

»Der Storch bringt nun ein Brüderlein« (siehe Seite 155), das »Lied vom Reifen« und »Ein Lied hinterm Ofen zu singen«. Es ist lohnend, die beiden letztgenannten Winterlieder gegeneinanderzustellen:

Ein Lied vom Reifen,
d. d. den 7. Dez. 1780. Wandsbeck

Seht meine lieben Bäume an,
Wie sie so herrlich stehn,
Auf allen Zweigen angetan
Mit Reifen wunderschön!

Von unten an bis oben 'naus
Auf allen Zweigelein
Hängt's weiß und zierlich, zart und kraus,
Und kann nicht schöner sein; […]

Denn gestern abend, Zweiglein rein!
Kein Reifen in der Tat! –
Muß einer doch gewesen sein
Der ihn gestreuet hat.

Ein Engel Gottes geht bei Nacht,
Streut heimlich hier und dort,
Und wenn der Bauersmann erwacht,
Ist er schon wieder fort.

Du Engel, der so gütig ist,
Wir sagen Dank und Preis.
O mach uns doch zum heil'gen Christ
Die Bäume wieder weiß![96]

Ein Lied hinterm Ofen zu singen

Der Winter ist ein rechter Mann,
Kernfest und auf die Dauer;
Sein Fleisch fühlt sich wie Eisen an,
Und scheut nicht Süß noch Sauer.

War je ein Mann gesund, ist er's;
Er krankt und kränkelt nimmer,
Weiß nichts von *Nachtschweiß* noch *Vapeurs* [Dünsten],
Und schläft im kalten Zimmer.

Er zieht sein *Hemd* im Freien an,
Und läßt's vorher nicht wärmen;
Und spottet über Fluß im Zahn
Und Kolik in Gedärmen. […]

Sein Schloß von Eis liegt ganz hinaus
Beim Nordpol an dem Strande;
Doch hat er auch ein Sommerhaus
Im lieben Schweizerlande.

Da ist er denn bald dort bald hier,
Gut Regiment zu führen.
Und wenn er durchzieht, stehen wir
Und sehn ihn an und frieren.[97]

Man unterschätzt den Lyriker Claudius, wenn man seine Orientierung an traditionellen Mustern überbetont. Mit dem »Lied vom Reifen« ist er immerhin der Erste, der die Schönheit einer winterlichen Landschaft ohne alle Abstriche preist. Seit dem Mittelalter ist das Wintergedicht vor allem Ort für Allegorien, die um das Thema Kälte, Unwirtlichkeit und Einsamkeit kreisen. Ich kenne als Gegenbeispiel nur ein Gedicht von Barthold Hinrich Brockes, einem literarischen Vertreter der Frühaufklärung, der nicht von ungefähr zu den wichtigsten Wegbereitern von Claudius im lyrischen Genre zählt. Sein Gedicht »Betrachtung einer sonderbar=schönen Winter=Landschaft« stammt aus der verbreiteten Sammlung *Irdisches Vergnügen in Gott,* preist die »Kostbarkeiten« der Natur, malt jedoch auch das »Schrecken=Bild« des Winters und seiner »Unbequemlichkeit«.[98]

Auf Letzteres verzichtet Claudius im »Lied vom Reifen«; und auch im »Lied hinterm Ofen zu singen« werden die Schrecken des Winters nur verdeckt, nämlich ironisch zur Sprache gebracht. In seinem Reich, so lautet die Botschaft, ist der Winter ein unumschränkter Herrscher; anstatt sich mit ihm anzulegen, sollte man ihm huldigen – am besten am warmen Ofen, wenn man denn einen hat. Der gemeinsame Tenor beider Gedichte lautet: Über Gottes Schöpfung kann der Mensch nicht verfügen, sondern nur staunen – das gilt für ihre Schönheit ebenso wie für ihre Härte.

Vierzig Jahre später wird Wilhelm Müller »Wanderlieder« unter dem Titel *Winterreise* veröffentlichen, und Franz Schubert wird sie durch seinen gleichnamigen Zyklus von Klavierliedern unsterblich machen. Der Unterschied zu Claudius, der in diesem Sinne weder ein Vertreter der Empfindsamkeit noch ein Vorreiter der Romantik ist, liegt auf der Hand: Empfindsamkeit wie Romantik neigen zu der Auffassung, die Natur sei für den Menschen da. Auf *seine* Naturerfahrung komme es an, Natur werde durch die Freuden und Leiden, die *er* in ihr erlebe, geadelt. Demgegenüber reflektiert der reife Claudius weder in seinen beiden Wintergedichten noch sonst wo über die Bedeutung der Natur für den Menschen. Nicht einmal zu seiner Vertrauten macht er sie: Natur ist das letztlich unerklärlich Andere.

»Der Mensch lebt und bestehet / Nur eine kleine Zeit.«[99] So beginnt das »Motet« zu Anfang von *Asmus* 4 – eine Einsicht, die nicht nur gegenüber Gott, sondern auch gegenüber der Natur gilt: Der Mensch ist bloß Gast auf Erden.

Gäste auf Erden ganz besonderer Art sind die vier Brüder, von denen in dem kurzen Prosastück »Der Besuch im St. Hiob zu **« die Rede ist, einem der intensivsten Texte, den Claudius geschrieben hat. Geschildert wird der Besuch in einem Stift für psychisch Kranke. Der in Wirform abgefasste Bericht unterscheidet zwischen »Wahnsinnigen« und »Unsinnigen«. Zu den Wahnsinnigen zählen »vier Brüder, die in *einem* Zimmer beisammensaßen gegeneinander über wie sie auf dem Kupfer [siehe Abbildung Seite 202] sitzen – Söhne eines Musikanten, und Vater und Mutter waren im St. Hiob gestorben. [Der Aufseher] Herr Bernard sagte, sie säßen die meiste Zeit so und ließen den ganzen Tag wenig oder gar nichts von sich hören; nur sooft ein Kranker im Stift gestorben sei, werde mit drei Schlägen vom Turm signiert, und sooft die Glocke gerührt werde, sängen sie einen Vers aus einem Totenliede. Man nenne sie auch deswegen im Stift die *Totenhähne*.«[100] Man besichtigt auch die »Unsinnigen«, darunter »allerlei bösartige Patienten«, und die Bettlägrigen. Zum Schluss heißt es:

> Wir nahmen darauf Abschied und gingen weg, nicht ganz gleichgültig. Als wir wieder auf den Hof kamen, ward die Leiche [einer gerade gestorbenen Frau] signiert, und sowie der dritte Schlag gefallen war, fingen die vier Brüder an:
>
> Ach Herr! laß dein lieb Engelein,
> Am letzten End die Seele mein,
> In Abrahams Schoß tragen,
> Den Leib in sein'm Schlafkämmerlein,
> Gar sanft ohn ein'ge Qual und Pein,
> Ruhn bis am Jüngsten Tage. etc.

»Besuch im St. Hiob«.
Kupferstich von Daniel Chodowiecki für Asmus 4.

Es raubt einem fast den Atem, wie kunstvoll Claudius seine Bewegung über das Gesehene hinter einer Prosa verbirgt, deren lakonischer Ton an Partien aus Goethes *Werther* oder auch an Texte Kleists erinnert, und wie er zugleich durch das unkommentierte Zitat aus dem reformatorischen

Choral »Herzlich lieb hab' ich dich, o Herr« den Horizont christlicher Hoffnung aufscheinen lässt. Dabei dürfte er kaum gewusst haben, dass Johann Sebastian Bachs *Johannespassion* mit der Choralstrophe »Ach Herr, lass dein lieb Engelein« endet; und schon gar nicht hat er die Kantate *Herzlich lieb hab ich dich, o Herr* seines Landsmannes Dietrich Buxtehude gekannt, in welcher die Zeile »ruhn bis zum jüngsten Tage« so sprechend in Musik gesetzt ist.

Diesen Kontext im Ohr zu haben ist mir wichtiger als die Überlegung, wie realistisch Claudius' Schilderung gewesen sein könnte. Immerhin gibt es damals in Hamburg ein Spital namens St. Hiob, das freilich vor allem als Wohnung für Arme dient. Und es gibt den Pesthof, der auch Nerven-, Gemüts- und Geisteskranke aufnimmt.[101] Hat Claudius den Pesthof besucht, sich womöglich für seine Insassen eingesetzt? Man weiß es nicht, beobachtet jedoch, dass er sich im Gegensatz zu den damals üblichen Schilderungen von Irrenhausbesuchen jeglicher Diagnostik und Ursachenforschung enthält, um stattdessen »das Elend« als solches in den Blick zu nehmen. Letztendlich fällt auch sein Spitalbesuch, so real oder fiktiv er gewesen sein mag, unter das Motto von *Asmus* 4: »Der Mensch lebt und bestehet / Nur eine kleine Zeit.« Gerade die Extremsituation, welche der Aufenthalt in einem Spital darstellt, verdeutlicht die Gefährdung aller menschlichen Existenz.

Dasselbe gilt für die Extremsituation des Krieges. Wie fast jeder unvoreingenommene Mensch verbindet Claudius mit der Vorstellung vom Krieg nicht Heldentum, sondern Gräuel und Verwüstung. Kein Wunder, dass er nichts von Fürsten hält, die sich gegenseitig bekriegen, vielmehr in *Asmus* 4 sein »Kriegslied« aufnimmt:

Kriegslied
's ist Krieg! 's ist Krieg! O Gottes Engel wehre,
Und rede du darein!
's ist leider Krieg – und ich begehre
Nicht schuld daran zu sein!

Was sollt ich machen, wenn im Schlaf mit Grämen
Und blutig, bleich und blaß,
Die Geister der Erschlagnen zu mir kämen,
Und vor mir weinten, was?

Wenn wackre Männer, die sich Ehre suchten,
Verstümmelt und halb tot
Im Staub sich vor mir wälzten, und mir fluchten
In ihrer Todesnot?

Wenn tausend tausend Väter, Mütter, Bräute,
So glücklich vor dem Krieg,
Nun alle elend, alle arme Leute,
Wehklagten über mich?

Wenn Hunger, böse Seuch und ihre Nöten
Freund, Freund und Feind ins Grab
Versammleten, und mir zu Ehren krähten
Von einer Leich herab?

Was hülf mir Kron und Land und Gold und Ehre?
Die könnten mich nicht freun!
's ist leider Krieg – und ich begehre
Nicht schuld daran zu sein![102]

Weil zum Zeitpunkt der Erstveröffentlichung in Europa im Wesentlichen Friede herrscht, liegt die Vermutung nahe, Claudius habe vor einer Wiederholung der Schrecken des Siebenjährigen Kriegs (1756 – 1763) warnen wollen – eines typischen Kabinettskriegs, der allein in Europa 550 000 Soldaten das Leben kostete. Freilich könnte er auch den im Juli 1778 ausgebrochenen Bayerischen Erbfolgekrieg im Auge gehabt haben, also den sogenannten Kartoffelkrieg, der freilich ohne militärische Aktionen zu Ende ging. Wie auch immer: An verheerenden Kriegen hat es seitdem nicht gemangelt, und Claudius' »Kriegslied«, das ja in Wahrheit ein Friedenslied ist, ist auf großes Echo gestoßen – wenn nicht im 19., so doch im 20. Jahrhundert. Angesichts der Verwüstungen des Ersten Weltkriegs nahm es Karl Kraus 1917 in seine *Fackel* auf; Kurt Tucholsky wählte die Kopfzeile »'s ist Krieg!« als Titel eines satirischen Gedichts über Kriegsgewinnler; Thomas Mann zitierte es anlässlich eines 1921 verfassten Aufrufs gegen antisemitische Provokation in München; Dietrich Bonhoeffer trug es 1934 auf der dänischen Insel Fanø vor, wo er zur Vorbereitung einer ökumenischen Weltfriedenskonferenz weilte.[103] Wenige Jahre später, noch zu Friedenszeiten, nahm Othmar Schoeck das »Kriegslied« in sein *Wandsbecker Liederbuch* op. 52 auf. Die Eingangsworte »'s ist Krieg!« vertonte er als schrillen Schrei.

Als Voß an *Asmus* 4 Momente von »Mystik und Frömmelei« kritisierte, hatte er gewiss nicht das »Kriegslied« im Auge, sondern vermutlich den hinteren Teil des Bändchens – also vor allem die Meditationen »Über einige Sprüche des Prediger Salomo«, das Gespräch mit dem »Vetter« über Schwärmerei und die fünf »Briefe an Andres«, die mit dem Satz beginnen: »Du möchtest gern mehr von unserm Herrn Christus wissen. – – Andres! wer möchte das nicht?«[104] Ist man auf den literarisch originellen oder launigen Claudius festgelegt, so wird man in diesem Schlussteil in der Tat nicht auf seine Kosten kommen. Man würde Claudius jedoch nicht gerecht, sähe man in ihm nicht auch den Seelsorger: Der Wandsbeker »Bothe« versteht sich auch als Bote *biblischer* Botschaften. Er, der täglich die Bibel liest, möchte andere an ihren »herrlichen Sagen und herrlichen Geschichten« teilhaben lassen.[105] Indessen will er nicht »mit der Bibel in der Hand hinter jeden [sic] hochfahrenden Geist und Taugenichts herlaufen«. Denn die »Lehre Christi [...] mag allerdings allen Menschen gepredigt werden; aber sie soll nicht weggeworfen werden, und wer's nicht besser haben will, der mag's bleibenlassen«.[106]

In meinen Augen kommt *Asmus* 4 ungeachtet wachsenden Ernstes ohne eifernde Töne aus. *Noch* – sollte man hinzufügen: In den letzten vier Bändchen des *Asmus* ist dann alles tatsächlich schwerer, grundsätzlicher, theologischer, mystischer. Wohl nicht zufällig sind diese Bändchen zugleich um zwei Drittel umfangreicher als die ersten vier.

AN MEINEN SOHN JOHANNES 1799

Gold und Silber habe ich nicht; was ich aber habe, gebe ich dir.

Lieber Johannes!

Die Zeit kommt allgemach heran, daß ich den Weg gehen muß, den man nicht wiederkömmt. Ich kann Dich nicht mitnehmen; und lasse Dich in einer Welt zurück, wo guter Rat nicht überflüssig ist.

Niemand ist weise von Mutterleibe an; Zeit und Erfahrung lehren hier, und fegen die Tenne.

Ich habe die Welt länger gesehen als Du.

Es ist nicht alles Gold, lieber Sohn, was glänzet, und ich habe manchen Stern vom Himmel *fallen* und manchen Stab, auf den man sich verließ, *brechen* sehen.

Darum will ich Dir einigen Rat geben, und Dir sagen was ich funden habe, und was die Zeit mich gelehret hat.

Es ist nichts groß, was nicht gut ist; und ist nichts wahr, was nicht bestehet.

Der Mensch ist hier nicht zu Hause, und er geht hier nicht von ungefähr in dem schlechten Rock umher. Denn siehe nur, alle andre Dinge hier, mit und neben ihm, sind und gehen dahin, ohne es zu wissen; der Mensch ist sich bewußt, und wie eine hohe bleibende Wand, an der die Schatten vorübergehen. Alle Dinge mit und neben ihm gehen dahin, einer fremden Willkür und Macht unterworfen, er ist sich selbst anvertraut, und trägt sein Leben in seiner Hand.

Und es ist nicht für ihn gleichgültig, ob er rechts oder links gehe.

Laß dir nicht weismachen, daß er sich raten könne und selbst seinen Weg wisse.

Diese Welt ist für ihn zu wenig, und die unsichtbare siehet er nicht und kennet sie nicht.

Spare Dir denn vergebliche Mühe, und tue Dir kein Leid, und besinne Dich Dein. […][1]

KAPITEL 6

Die späten Wandsbeker Jahre

1789 – 1815

Haben 26 Lebensjahre in einem einzigen Kapitel Platz – ohne dass Wichtiges unter den Tisch fällt? Immerhin ist Claudius im Jahr der Französischen Revolution erst 49 Jahre alt; er wird sich noch an der Geburt dreier Söhne und vieler Enkelkinder freuen; er verliert zwar wichtige Freunde, pflegt aber stattdessen neue Freundschaften; er taucht tiefer in die Mystik ein, genießt aber weiterhin Natur und Musik; seine »launigen« Züge treten zwar zurück, verschwinden jedoch nicht. Gleichwohl habe ich keine Bedenken, das letzte Drittel von Claudius' Lebenszeit in einem Großkapitel darzustellen. Nicht weil es schon Wolfgang Stammler, der Nestor der wissenschaftlichen Claudius-Biographik, so gemacht und seinem Schlusskapitel gar die düstere Überschrift »Kämpfe und Nöte. Ausgang und Tod« gegeben hat.[2] Sondern weil nunmehr der Dichter hinter dem Theologen und Zeitkritiker Claudius zurücktritt.

In der Tat ist Claudius' *dichterisches* Spätwerk schmal. Zwar sind auch die expliziten Auseinandersetzungen mit dem Zeitgeist originärer Claudius; zudem sind sie bemerkenswerte, in manchem bewegende Zeugnisse eines Mannes, der durch den Epochenbruch, den die Französische Revolution bedeutet, tief erschüttert ist. Jedoch ist kaum zu leugnen, dass vieles von dem, was Claudius nunmehr verkündet, mit anderen Worten auch von anderen hätte gesagt werden können und von Fall zu Fall auch gesagt worden ist – während die zuvor verfassten Gedichte und typischen *Asmus*-Texte einzigartig gewesen sind.

Zwar ehrt es Claudius, dass er sich in späten Jahren noch intensiv mit Kant beschäftigt hat, um der Philosophie des prominenten Aufklärers möglichst kompetent begegnen zu können. Und es vermag seinem Ruf nichts anzuhaben, dass er diese Philosophie gleichwohl nicht wirklich versteht, aus seinem Glauben heraus auch gar nicht verstehen kann. Jedoch: Einzelheiten dieses und ähnlicher Diskurse sind in meinen Augen von geringerer Bedeutung als Claudius' Gedichte und literarische Prosa. Deshalb soll auch zu Anfang dieses Kapitels ein Gedicht stehen:

Klage
(Aus dem Jahr 1793)

Sie dünkten sich die Herren aller Herrn,
Zertraten alle Ordnung, Sitt und Weise,
Und gingen übermütig neue Gleise
Von aller wahren Weisheit fern,
Und trieben ohne Glück und Stern
Im Dunkeln hin, nach ihres Herzens Gelüste,
Und machten elend nah und fern.
Sie mordeten den König, ihren Herrn,
Sie morden sich einander, morden gern,
Und *tanzen um das Blutgerüste.*

Der Chor
Erbarm dich ihrer!

Sie wollten ohne Gott sein, ohn ihn leben
In ihrem tollen Sinn;
Und sind nun auch dahingegeben,
Zu leben ohne ihn. […][3]

Schon die quasi liturgische Struktur dieser »Klage« über die Exzesse der Französischen Revolution verdeutlicht, dass Claudius wie ein Prophet auftritt, der für eine heilige Sache streitet; in diesem Fall ist es das Gottesgnadentum der weltlichen Obrigkeit. Zwar geht es hier konkret um den Terreur der Französischen Revolution; jedoch ist ihm diese insgesamt ein Gräuel, da sie die Zerstörung einer gottgewollten Gesellschaftsordnung bedeutet. In der postrevolutionären Ära, die man später »Moderne« nennen wird, fühlt er sich bis zu seinem Tod als Fremdling – daran vermag selbst der nationale Aufbruch der Befreiungskriege kaum noch etwas zu ändern. Diese seine Haltung isoliert ihn bei vielen seiner bisherigen Freunde. Reichardt etwa erinnert ihn im Zusammenhang mit dem »Klage«-Gedicht an seine eigenen Verse: »Der König sei der beßre Mann, / Sonst sei der beßre, König!«[4] In einer Flugschrift, die bereits im Titel mit dem launigen »Bothen«-Stil spielt, hält der einstige Komponistenfreund seinem »Vetter Asmus« vor: »Glaub' er mir, die Leute aus der großen Welt, die sich seit Jahren so an Ihn drängen, haben Ihm ein Seil gedreht, aus Fäden, die Er wol mag, und führen ihn nun so unvermerkt auf den Punkt, wo Seine wunderbare Sprachgabe wahr machen helfen soll, was weder wahr ist, noch von ihnen für wahr gehalten wird, und Seine Art, zu ventiliren, wird bey Großen und Mächtigen, denen es nicht immer so recht zu Kopfe [zu artikulieren gelingen] will, was jene ihnen zu Kopfe bringen möchten, mit Nutzen angewandt.«[5]

Ähnliche Kritik wird immer wieder laut. Der Aufklärer August Adolph von Hennings, mit dem sich Claudius einen Disput über den Wert der Aufklärung liefert, nennt ihn im Mai 1799 geradezu den »Bajazzo« – also den Clown – des Grafen Stolberg; als solcher pfeife er unverdrossen sein antiaufklärerisches »Liedchen in den Zeitungen« – »alles in der frommen Absicht, ruhige Leute mit Odenwuth und Patelinage [Farce] zu verfolgen«.[6]

Claudius – ein Ghostwriter oder gar ein Lakai der Herrschenden, von denen er sich aushalten lässt? Gewiss ist er nicht bestechlich; doch ebenso gewiss fühlt er sich zu Dankbarkeit und Loyalität gegenüber seinen adeligen Mäzenen und seinen hochgestellten Freunden verpflichtet. Selbst aus der Distanz von zwei Jahrhunderten ist an diesem Punkt ein »objektives« Urteil kaum zu fällen. Man mag lediglich auf anders verlaufene Karrieren in Claudius' Umkreis verweisen. Reichardt etwa, der einstens mit den Anschauungen von Claudius und dessen Kreis sympathisiert hat, geht 1792 im Zuge des Revolutionsfiebers nach Paris, ohne sich von den Anfängen des Terreur abschrecken zu lassen; vielmehr erhofft er sich Anregungen für die in seinen Augen verkrustete Musikkultur seines deutschen Heimatlandes. Dorthin zurückgekehrt, agitiert er von Hamburg aus so entschieden für die Revolution, dass ihm der preußische König alsbald sein Amt als Hofkapellmeister entzieht. Einige Jahre später drängt es auch den Publizisten, Rousseau-Übersetzer und Klopstock-Biographen Carl Friedrich Cramer, Sohn des schon erwähnten dänischen Hofpredigers, nach Paris, von wo er Klopstock wissen lässt: »Seit den sechs Monaten daß ich nun hier bin, habe ich (die wenigen Opfer des 13. *Vendemiare* ausgenommen) von nicht mehr als zwei Executionen gehört; in diesem Ocean von Stadt, in dieser *Sentina* [Kloake] von Menschheit auch; unter diesen Stolbergern immer wohl noch … Hunnen, und der Claudiusschen Mördergrube.«[7]

Damit unterstellt Cramer – wohl kaum zu Unrecht – Stolberg die Äußerung, das revolutionäre Paris bestehe aus einer Ansammlung von Hunnen, und Claudius die Auffassung, die Stadt sei eine einzige Mördergrube. Dass er die beiden Freunde in einem Atemzug nennt, könnte wiederum dem Revolutionsfreund Voß gefallen haben, der sich gleichfalls mit beiden überwirft. Claudius gerät in sein Visier, weil er 1795 gegen die von Struensee im Königreich Dänemark eingeführte Pressefreiheit zu Felde zieht und in der *Hamburgischen Neuen Zeitung* eine gereimte Fabel über einen »Zensor« namens »Brummelbär« veröffentlicht: Selbiger Brummelbär wird vom Löwen nach der Devise eingesperrt: »Die edle Schreiberei / Sei künftig völlig frank und frei!«[8] Da jedoch mit der neuen Freiheit von »Sudlern, klein und groß« viel Schindluder getrieben wird, geht der Löwe mit sich zurate und empfiehlt seinem Gefolge: »*Macht doch den Bären wieder los!*«[9]

Das auch in *Asmus* 6 aufgenommene Plädoyer für die Wiedereinführung der Zensur stößt bei vielen Intellektuellen auf Empörung. Voß, inzwischen Gymnasialrektor in Eutin, macht sich zu einem ihrer Sprecher. Er veröffentlicht eine Gegenfabel mit dem Titel »Der Kauz und der Adler«, die Claudius als »Ober=Uhu« verspottet.[10] Einige Monate zuvor hatte der einstige Claudius-Bewunderer Friedrich von Matthisson in seinem Tagebuch notiert: »Das Gerücht von Claudius' Tode war falsch – indeß geht sein Ruhm zu Grabe. Er ist jezt der wütendste Aristokrat und sagt es sei heilige Pflicht jedes Deutschen hinzugehen und alle Franzosen todt zu schlagen, macht Gedichte voll der kriechendsten Schmeichelei, unter anderem ein Wiegenlied für die Kronprinzessin, behauptet man müsse auch der schlechtesten Obrigkeit blindlings folgen u. d. m. Man sagt hier allgemein, er sei vom Kronprinzen bestochen, welches denn doch aber wohl falsch ist.«[11]

Das erwähnte »Wiegenlied« an die Kronprinzessin schlägt in der Tat Töne an, die man von Hofdichtern des Ancien Régime gewohnt ist, schließt freilich mit einem für Claudius typischen Appell an den Vater des Kindes, den Kronprinzen Friedrich:

Wollst denn unsre Bitte hören:
Sei und bleibe rein!
Wir sind treues Volk, und schwören
Fürder treu zu sein;

Wollen Deine Ruh nicht trüben,
Nach der Zeiten Brauch;
Wollen ehren Dich und lieben.
Aber lieb uns auch.[12]

Ob Schmeichelei oder nicht – dem Adel müssen solche Reime angenehm im Ohr klingen, somit auch einem alten Bewunderer von Claudius, nämlich Friedrich Leopold Graf zu Stolberg-Stolberg, inzwischen Präsident der fürstbischöflichen Kollegien in Eutin. Der Logenbruder steht ganz auf Asmus' Seite, bezichtigt hingegen Voß, seine Söhne vor der Klasse gefragt zu haben, wie viele Sklaven ihr Vater habe – wobei mit Sklaven die häuslichen Bedienten Stolbergs gemeint sind. Obwohl Voß dementiert, lässt der Graf seine Söhne fortan privat unterrichten. Seine Empörung kann man verstehen, da Stolberg sich nicht zu Unrecht seines sozialen Engagements und seines Einsatzes gegen Leibeigenschaft und koloniale Sklaverei rühmt.

Im Fall der frommen Stolbergs geht der Riss zeitweilig quer durch die Familie: Während Friedrich Leopold die Französische Revolution nach einer kurzen Phase der Euphorie entschieden bekämpft, rühmt sich der ältere Bruder Christian noch ein Weilchen damit, seine Adelsbriefe – vermutlich nur symbolisch – den Flammen übergeben zu haben. Doch auch die Hamburger Bevölkerung ist gespalten. Freilich kämpft in der für ihre Liberalität bekannten Hansestadt nur eine Minderheit für die alten Ordnungen; zu einem ihrer maßgeblichen Vertreter entwickelt sich der junge Verleger Friedrich Christoph Perthes, seit 1797 mit Claudius' Tochter Caroline verheiratet. Klopstock hingegen, der in Hamburg inzwischen Kultstatus besitzt, tritt glühend für die Ideale von Freiheit, Gleichheit und Brüderlichkeit ein. Als man 1790 den Jahrestag des Bastillesturms feiert, rezitiert er vor begeisterten Bürgern seine Ode »Sie und nicht wir«, um seiner Scham darüber Ausdruck zu geben, dass nicht Deutschland, sondern Frankreich zur Wiege der Revolution geworden sei. Wenn sich damals viele Hamburger mit der dreifarbigen Kokarde als Symbol der neuen republikanischen Ära schmücken, so geschieht dies freilich auch aus kaufmännischem Kalkül: Man verspricht sich ein Aufblühen des Handels und freut sich über die meist wohlhabenden französischen Emigranten, die zwar für die Kokarde nichts übrighaben, doch nolens volens ihr gerettetes Geld in Umlauf bringen. Dass Hamburg im Zeichen der nachfolgenden napoleonischen Herrschaft zeitweilig arg leiden wird, steht auf einem anderen Blatt.

Claudius kennt von Anbeginn nichts anderes als Entsetzen. Für ihn signalisiert die Revolution nicht die Morgenröte einer neuen Zeit, sondern einen verhängnisvollen Ausbruch der menschlichen Triebnatur. Als Reaktion verfällt er in eine Doppelrolle: Einerseits – davon ist noch zu reden –

versucht er auf publizistischer Ebene kämpferisch zu retten, was zu retten ist; andererseits zieht er sich mehr und mehr auf seine Bibelgläubigkeit zurück. Solches beobachtet beispielsweise die deutschbaltische Schriftstellerin Elisa von der Recke, die damals Europa bereist und auch Hamburg besucht. Als welterfahrene Dame, die später mit einem Enthüllungsbuch über den damals berühmt-berüchtigten Alchemisten, Abenteurer und Hochstapler Cagliostro Sensation machen wird, ist sie um ein differenziertes Urteil bemüht, wenn sie unter dem 25. November 1793 berichtet: »Wir hatten heute von Claudius' Familie und von Be[h]nke einen Nachmittagsbesuch. Die muntere Laune, der einfache, doch witzreiche Ton des biederen Claudius ist höchst interessant. Im ganzen ist der Mann eine seltene moralische Erscheinung. Er hat so viele interessante Seiten des Verstandes, denkt über so viele Dinge hell, und dennoch ist er so fest im alten orthodoxen Glauben, daß er sich fast bis zur Mystik hinneigt, und auf diesem Punkt höchst untolerant wird und den, der nicht an den Buchstaben der Bibel glaubt, für einen bösen Menschen hält und dessen Umgang meidet.«[13]

Letzteres sehen alte Freunde ähnlich – nicht nur Reichardt und Voß, sondern auch Gleim und Herder. Dass der Briefwechsel mit Gleim 1794 versiegt, liegt nicht zuletzt daran, dass »Vater Gleim«, wie er in Dichterkreisen inzwischen respektvoll genannt wird, auf seiner menschenfreundlichen Version der Aufklärung beharrt. Im Herbst des Jahres 1800 schreibt er an Voß: »Claudius scheint mit seiner Übersetzung der Schriften eines Fenelons, der weniger ein katholischer als mystischer Christ war, uns auf die Nachricht, daß auch er abgefallen sey, vorbereiten zu wollen! Wir müßen den Arbeiten der Unvernunft, entgegen arbeiten!«[14]

Gleim spielt hier auf einen von Claudius zusammengestellten und übersetzten Auszug aus den religiösen Schriften des französischen Mystikers François Fénelon (1651–1715) an, dessen erster Band gerade im Verlag des Schwiegersohns Perthes erschienen ist; 1809 und 1811 werden zwei weitere Bände folgen. Zugleich geht es um die von Gleim scharf verurteilte Konversion von Friedrich Leopold Graf zu Stolberg-Stolberg zum katholischen Glauben. Allerdings reicht Gleims Misstrauen gegenüber Claudius' spekulativen Neigungen bis in das Jahr 1780 zurück: Wie erwähnt, zeigt er sich schon damals von dessen Interesse an einer Hieroglyphensammlung des Zellerfelder »Propheten« Ziehen befremdet; mit der Übersetzung von Saint-Martins *Erreurs,* deren ausufernde Spekulationen über Gott und die Welt damals ganz Europa beschäftigen, kann er gleichfalls nichts anfangen.

Auch Goethe klagt damals, Saint-Martin habe mit seinem Buch die »tiefsten Geheimnisse der wahrsten Menschheit mit Strohseilen des Wahns und der Beschränktheit zusammengehängt«.[15] Sogar Herders Verhältnis zu Claudius leidet entscheidend unter dessen Engagement für die *Erreurs.* Weil der alte Freund und Gönner seit Anfang der 80er-Jahre über die verwirrenden »Dunkelheiten« und »ungesunden Dämpfe« der *Erreurs* herzieht,[16] schrumpft der Verkehr zwischen den Familien auf die »rührenden Gesten einer entfremdeten Freundschaft, die erhalten werden soll, obwohl sie nicht mehr auf einem gemeinsamen tragfähigen Boden ruht«.[17] Ohnedies liegen inzwischen Welten zwischen beider Denken: Während der Idealist Herder die Geschichte der Menschheit als vernunftgeleitete Fortsetzung von Naturgeschichte versteht, wird Claudius nicht müde, auf die Torheiten hinzuweisen, die menschliches Handeln seit jeher bestimmt haben.

Immerhin kann Herder seinen Weimarer Dichterkollegen Schiller bewegen, in dem Essay »Über naive und sentimentalische Dichtung« eine lange Fußnote mit einem »bittern Ausfall« gegen Claudius wieder »auszustreichen«. Karl August Böttiger, eine originelle Klatschtante im Weimarer Kulturbetrieb, will allerdings wissen, Schiller habe bloß deshalb zurückgezogen, weil er sich nicht mit der »Schimmelmannischen Familie« habe anlegen wollen, die ihm damals auf dem Weg über den Weimarer Herzog eine Pension von 800 Talern zukommen ließ.[18] Zum Eklat kommt es, als Goethe und Schiller den »Bothen« in Schillers *Musen-Almanach für das Jahr 1797* aufs Korn nehmen – freilich im Rahmen der »Xenien«, also innerhalb einer Sammlung von Distichen, die gegen die gesamte damalige

Literaturzunft polemisiert und weder den Aufklärer Friedrich Nicolai noch den Schwärmer Christian Graf zu Stolberg-Stolberg ausnimmt. Von Claudius heißt es:

> Erreurs et Vérité.
> Irrthum wolltest du bringen und Wahrheit, o Bote! von Wandsbeck;
> Wahrheit sie war dir zu schwer, Irrthum den brachtest du fort.[19]

Der Angegriffene reagiert umgehend: Eine kleine Schrift mit dem Titel *Urians Nachricht von der neuen Aufklärung nebst einigen andern Kleinigkeiten* enthält unter der Überschrift »Der berühmte Almanach« auch zehn gereimte Antixenien. Diese betreffen nicht speziell die ihm geltende Kritik, nehmen vielmehr den herrschenden Kulturbetrieb generell aufs Korn – am entschiedensten Goethe, den Claudius als Motor zur Veröffentlichung der »Xenien« betrachtet. Seine Repliken wirken bemüht – unterscheiden sich darin freilich nur graduell von den »Xenien«, deren Sprachkunst auch nicht allenthalben glänzt. Im Falle des folgenden, mit »Das Distichon« überschriebenen Zweizeilers Schillers erscheint Claudius' spöttische Antwort sogar pfiffiger:

> *Schiller*
> »Im Hexameter steigt des Springquells melodische Säule,
> im Pentameter drauf fällt sie melodisch herab.«
>
> *Claudius*
> »Im Hexameter zieht der ästhetische Dudelsack Wind ein;
> Im Pentameter drauf läßt er ihn wieder heraus.«[20]

Doch zurück zur Polemik der Zeitgenossen, Claudius versinke in abstruser Mystik. Dieser Verwurf gleicht einem Totschlagargument, denn Mystik kann alles oder nichts bedeuten. Und anders als im Fall schulphilosophischer Systeme entscheidet sich der Wert von Mystik vor allem an der Frage, wie man sie ins Leben integriert – gemäß einem von Claudius übersetzten Ausspruchs Fénelons: »Es ist wenig für einen Christen, Recht zu haben; für den Philosophen ist es etwas.«[21]

Angesichts des erklärt schlichten Tons, den Fénelons Schriften anschlagen, erledigt sich die Überlegung, ob Claudius hier abstruse Formen der Mystik propagiere, von selbst. Doch ebenso akademisch ist die Frage, in welchem Maße er sich zuvor durch die Übersetzung von Saint-Martins *Erreurs* mystisch-theosophisch-kabbalistische Spekulationen zu eigen gemacht habe. Sicher ist nur, dass er gleich vielen seiner Zeitgenossen, die sich einem Offenbarungsglauben verpflichtet fühlen, eine unmittelbare Gotteserfahrung anstrebt. Diese muss man freilich nicht auf dem Weg über spektakuläre Erscheinungen suchen, vielmehr bietet sie in fast allen Religionen zunächst einmal die Natur. Zum Propheten Elias spricht Gott durch ein »stilles, sanftes Sausen«.[22] Auch Claudius erfährt die Existenz Gottes durch die Natur – ob er den aufgehenden Mond oder die sprießende Saat anschaut. Weiterhin erlaubt ihm das Abendmahl eine sinnliche Erfahrung von der Präsenz Gottes; demgemäß verteidigt Claudius in seinen Abhandlungen über das Abendmahl von 1798 und 1809 entschlossen die Position Martin Luthers – »das *ist* mein Leib« – gegenüber aufklärerischen Aufweichungen: »Wir mögen nun verstehen oder nicht verstehen, was der Leib und das Blut Christi sei; *nach der Bibel* muß der Mensch sie genießen und ihrer teilhaftig werden, wenn er genesen will.«[23]

Doch letztendlich sind es nur Zeichen, durch die Gott in der Natur spricht; und an Gottes Anwesenheit im Abendmahl muss man glauben. Wo bleibt da die Gewissheit? Es gibt eine bewegende Erinnerung an Claudius' letzte Stunden, die von der Enkelin Agnes Perthes stammt und authentisch wirkt: »Es mochte 12 Uhr sein, da bat er Großmama, sie solle die Vorhänge seines Bettes zuziehen, er wolle mit seinem Gott allein sein, es geschah – er hatte gehofft, Gott solle ihm etwas mehr schenken wie den Glauben, er sagte, es sei ihm nicht geworden, er hoffe aber bis zum letzten Augenblick darauf.«[24]

Auf mehr bauen zu dürfen als »nur« auf den Glauben – dieser Wunsch hat Claudius sein Leben lang beschäftigt, wobei sich hinter dem Mehr der Wunsch nach mystischer Erfahrung verbirgt. Er teilt ihn mit Lavater, der bezeichnenderweise bis in die späten Jahre hinein sein Freund bleibt: Auch Lavater dürstet zeit seines Lebens nach einem sinnlich spürbaren Christus-Erlebnis. Gut möglich, dass der Schweizer Theologe und Physiognom im Jahre 1793 bei Claudius auftaucht, weil ihn nach Gesprächen über dieses Thema verlangt. Zwar haben sich die beiden bei ihrer ersten und letzten persönlichen Begegnung offenbar nur ihrer jeweiligen Sehnsucht nach einer möglichst konkreten Christus-Erfahrung vergewissern können; jedoch hat es Symbolwert, dass Claudius dem Freund zum Abschied »eine silberne Medaille mit einem Christusbild in die Hand« drückt.[25] Übrigens ist Lavater damals mit einem konkreten Auftrag nach Norddeutschland und Kopenhagen unterwegs: Auf Einladung von Mitgliedern des esoterisch gesinnten Emkendorfer Kreises (siehe Seite 227f.) soll er ein Orakel prüfen, das angeblich »mittels einer weißen schwebenden Wolke« Ja- oder Nein-Antworten des in feierlicher Runde angerufenen Christus anzeigt.[26] Lavater kann jedoch von der Wirksamkeit dieses Orakels nicht überzeugt werden.

Als einstmals praktizierender Freimaurer mag Claudius an solchen Orakelspielen zwar nicht uninteressiert gewesen sein, sein eigentliches Interesse an der Mystik wird jedoch aus tieferen Quellen gespeist – Quellen, die nach seiner Auffassung im Zeichen von Aufklärung und Idealismus zu versiegen drohen. Er misstraut der neuzeitlichen Versicherung, der Mensch habe seine Existenz in der Hand – sei es realiter, wie es der Optimismus der Aufklärung predigt, oder doch dem Anspruch nach, wie es der Idealismus feierlich verkündet. Da bleibt als letzter Versicherungsgrund nur der traditionelle Glaube.

An diesem Punkt greift die Politik geradezu unmittelbar in Claudius' Glaubensleben ein, denn für einen im Luthertum wurzelnden Christen ist solcher Glaube fest an das Vertrauen in die von Gott eingesetzte Obrigkeit geknüpft. Wenn die als gottgewollt betrachtete Ständeordnung im Zeichen politischer Umwälzungen zerbricht, gerät das gesamte System aus den Fugen. Man versteht Claudius besser, wenn man seine Vorstellungen mit dem uralten Gedankenkreis der Theodizee kurzschließt, also mit der Frage nach der Gerechtigkeit Gottes in unserem unvollkommenen Dasein. Diese Frage lautet: Wie streitet man für eine gerechtere Welt, ohne daran zu zweifeln, dass in dieser Welt letztlich nichts ohne Gottes Willen geschieht? Wer an einen gerechten Gott glaubt, muss ja die bestehenden *Systeme* für gerecht erklären; nur unter dieser Voraussetzung kann er Gott als den Allgerechten preisen. Und nur dann kann dem a priori zur Sünde neigenden Menschen – Herrscher wie Beherrschtem – die Alleinschuld dafür gegeben werden, dass es in der Welt ungerecht zugeht. Nach dieser Vorstellung kann die Umwälzung, die von einer gewaltsamen Revolution ausgeht, unmöglich »von Gott sein«.[27] Der wohl noch kurz vor Ausbruch der Französischen Revolution geschriebene Essay »Über die Unsterblichkeit der Seele« endet demgemäß mit der Loyalitätsadresse an eine nicht weiter bezeichnete »Majestät«: »Ich stehe hier mit [dem] Stolz neben *Dir*, daß wir Brüder und gleich sind! Aber ich sehe desto demütiger *Deine* Krone an, da *Dich* Gott über so große Wesen gesetzt hat, natürlich nicht sie zu mißhandeln und zu quälen, sondern sie zu lieben, und für ihre kleine und große Glückseligkeit zu sorgen.«[28]

In der Konsequenz solchen Denkens hatte Luther, obwohl es ihm schwergefallen sein mag, im Zuge der Bauernkriege »Wider die räuberischen und mörderischen Rotten der Bauern« streiten müssen, während Claudius die Französische Revolution verurteilen muss. Zwischen beiden Streitern für die bestehende Obrigkeit besteht jedoch ein entscheidender Unterschied: Luther gewinnt den Kampf, Claudius wird ihn verlieren – allerdings erst nach verzweifelter Gegenwehr. Man muss diese Gegenwehr als im wahrsten Sinne des Wortes theologisch motiviert verstehen: Stürzt die von Gott eingesetzte weltliche Obrigkeit, so stürzt damit Gottes Herrschaft über die Welt. Zwar ist Gott deshalb nicht tot; jedoch erkennt man ihn nun nicht mehr an seinem Wirken in der Welt, sondern nur noch an seinem Wirken in der Natur und im Innern des Einzelnen. Der Rückzug in mystische Regionen ist damit vorgezeichnet.

Es wäre falsch, Claudius an diesem Punkt eine individuelle Regression vorzuwerfen. Ohne einer markanten Desillusionierung à la Claudius zu bedürfen, haben Mystiker aller Zeiten ähnlich gedacht. Und was die zu seiner Zeit anbrechende Frühromantik betrifft, so ist deren Mystizismus gleichfalls von der Kritik an der Französischen Revolution infiziert. Bereits sieben Jahre nach ihrem Ausbruch erscheint mit den *Herzensergießungen eines kunstliebenden Klosterbruders* eine Schrift, die man als illusionslose Abrechnung mit dem herrschenden Zeitgeist deuten kann – oder, positiv gesehen, als einen ersten Aufbruch zu einem romantischen Lebensgefühl. Die anonymen Autoren – es sind Wilhelm Heinrich Wackenroder und Ludwig Tieck – legen ihrem Kapellmeister Joseph Berglinger folgende Sätze in den Mund: »oh, so schließ' ich mein Auge zu vor all' dem Kriege der Welt, – und ziehe mich still in das Land der Musik, als in das Land des Glaubens, zurück, wo alle unsre Zweifel und unsre Leiden sich in ein tönendes Meer verlieren, – wo wir alles Gekrächze der Menschen vergessen […]«.[29]

Obwohl Claudius das Land des Glaubens niemals mit demjenigen der Musik gleichsetzen würde, ist die Verwandtschaft seiner Anschauungen mit solchen der Frühromantik unübersehbar. Noch näher bei Claudius ist E. T. A. Hoffmanns Vorstellung vom »Wesen der Romantik« als einer »unendlichen Sehnsucht«.[30] Bei Claudius ist es die christliche Sehnsucht nach dem reinen Gotteserlebnis, nach der »unio mystica«. Es wird zeitlebens die Sehnsucht bleiben, wie sie das Gedicht von der Sternseherin Lise prägt, das Claudius 1802 in *Asmus* 7 aufgenommen hat:

Die Sternseherin Lise

Ich sehe oft um Mitternacht,
Wenn ich mein Werk getan
Und niemand mehr im Hause wacht,
Die Stern am Himmel an.

Sie gehn da, hin und her zerstreut
Als Lämmer auf der Flur;
In Rudeln auch, und aufgereiht
Wie Perlen an der Schnur;

Und funkeln alle weit und breit,
Und funkeln rein und schön;
Ich seh die große Herrlichkeit,
Und kann mich satt nicht sehn …

Dann saget, unterm Himmelszelt,
Mein Herz mir in der Brust:
»Es gibt was Bessers in der Welt
Als all ihr Schmerz und Lust.«

Ich werf mich auf mein Lager hin,
Und liege lange wach,
Und suche es in meinem Sinn,
Und sehne mich darnach.[31]

Diese fünf Strophen sprechen die Sprache der Mystik und zugleich diejenige einer frühromantischen Lyrik, welche ihren christlichen Hintergrund weder verschweigt noch besonders hervorhebt. In seinem Buch *Geist der Utopie* bringt Ernst Bloch Claudius ganz explizit mit der Frühromantik in Verbindung, indem er ihm – aller theologischen Engführung unverdächtig – »jenes Sehnen« unterstellt, »das Unerfülltes mit sich führt, wie es irdisch überhaupt nicht zu erfüllen ist«.[32]

Speziell die Namen zweier jüngerer Zeitgenossen lassen es berechtigt erscheinen, Claudius konkret mit der Frühromantik in Verbindung zu bringen. Einer von ihnen ist Friedrich von Schlegel. Der frühromantische Denker, der damals gerade zum Katholizismus übergetreten ist und in späteren Jahren zunehmend mystischen Neigungen nachgehen wird, bittet Claudius Ende 1811 um Mitarbeit an seiner neuen kulturkonservativen, freilich sehr kurzlebigen Zeitschrift *Deutsches Museum*. Claudius sagt erfreut zu und schickt zwei Gedichte, nämlich »Der Philosoph und die Sonne« und das »Osterlied«, sowie den »Brief an Andres« über die Kraft des Glaubens.[33]

Weit intensiver ist sein Kontakt mit Philipp Otto Runge. Von Studienaufenthalten und Reisen abgesehen, weilt der junge Künstler seit 1795 in Hamburg, wo ihn sein Bruder Daniel in die Perthes-Familie einführt. Zu dieser zählt das Töchterchen Luise, das Runge 1805 als Vierjährige porträtiert. Gelegentlich begleitet der Maler die Familie bei ihren Besuchen in Wandsbek. Für seine Scherenschnitte und Raumverzierungen bekannt, sucht er sich Motive auch aus den Bänden des *Asmus*. So bilden mit größter Wahrscheinlichkeit die Gedichte »Die Geschichte von Goliath und David« und »Der Mann im Lehnstuhl« Vorlagen für künstlerische Arbeiten Runges.[34] Claudius selbst überrascht Runge mit der Bemalung eines Ofenschirms; auf der Rückseite enthält dieser Scherenschnitte, »die am Exempel der Urania den Motivkreis der Geburt, der Liebe und des Schöpfungsmythos zum Thema machen«.[35] Für die Wohnung der Perthes' gestaltet Runge einen »Mondaufgang«, der vermutlich auf Claudius' Lied »Der Mond ist aufgegangen« anspielt. Beide Arbeiten greifen die altchristliche Vorstellung auf, der Mensch sei seiner Bestimmung nach ein »contemplator caeli«, ein Betrachter des Himmels.[36] Und beide überschreiten das rationale Denken der Aufklärung und deren Philanthropismus – gemäß einer Reflexion von Gustave Flaubert, der 1853 an seine Geliebte Louise Colet aus dem Seebad Trouville mit leichtem Spott schreibt: »Ein Mensch, der immer so viel Weite vor Augen hat, wie sie der menschliche Blick nur erhaschen kann, muß aus diesem Umgang eine alles Überflüssige verachtende innere Heiterkeit gewinnen. […] Der Anblick eines Weizenfeldes freut den Philanthropen mehr als der des Ozeans. Denn man ist sich darüber einig, daß die Landwirtschaft die Sittsamkeit fördert.«[37]

Auch Claudius ist ein Mystiker, der bei aller Freude am Ertrag verheißenden Weizenfeld das Staunen über die Unermesslichkeit des Himmels und die Unendlichkeit des Ozeans nicht vergisst. Als Otto, wie er Runge inzwischen vertraulich nennt, im Dezember 1810 in jungen Jahren stirbt, widmet ihm Claudius im *Hamburgischen Correspondenten* eine Grabschrift.[38] Seiner Tochter Anna berichtet er: »Er hat sehr gelitten, aber meisterlich, das muß man ihm lassen, und Caroline hat ihm beigestanden, auch meisterlich, das muß man ihr lassen. […] Einen Traum, den er Caroline erzählt hat, muß ich Dir doch erzählen. Ihm habe gedünkt, daß sich eine große Hand ihm über und auf den Kopf gelegt habe, ›ik wüß, Caroline, dat det den leewen Gott sin Hand waar, denn my waar so woll daby to Mood. Don sagd ick: lat liggen, Vadder ! un he leed se ock liggen, Caroline.‹ Die Frau ist zwei Tage nach seinem Tode von einem Knaben entbunden, von dem er immer gesprochen und den er noch so gerne sehen wollte. Ich möchte wohl gerne einmal einen vollendeten Christen sterben sehen.«[39]

Mit dem letzten Satz gibt Claudius zu verstehen, wie tief er von dem »vollendeten« Sterben Runges beeindruckt ist und wie intensiv er sich eine ähnliche Todesstunde wünscht. Unwillkürlich fällt der Blick auf die Schilderung von Claudius' Sterbestunde in den Erinnerungen von Caroline und Friedrich Perthes: »Die Hoffnung, noch diesseits eines hellen Blickes in das Jenseits von Gott gewürdigt zu werden, gab er nicht auf, aber obschon ihm das Schauen nicht zu Theil ward, blieb ihm der Glaube felsenfest.«[40]

Gab es da, was Claudius' Sehnsucht nach einem sinnlich spürbaren Christus-Erlebnis angeht, etwas Unerfülltes? Es wäre respektlos, darüber ausführlich zu sinnieren; deshalb erwähne ich dieses Detail hier nur beiläufig. Indessen kommt ein nachdenklicher Biograph nicht um die Frage herum, ob Claudius einen Überhang an Fragen mit sich herumgetragen und mit in den Tod genommen hat. Solches würde er nicht nur mit vielen anderen Menschen teilen; es würde auch zu der Zeile seines »Abendliedes« passen: »… und wissen gar nicht viel«.

Wie auch immer – in Philipp Otto Runge dürfte er in vieler Hinsicht einen Seelenverwandten gefunden haben. Der 27 Jahre jüngere Künstler stammt aus einem streng protestantischen Elternhaus und ist gleich Claudius ein Gottsucher. Die akademische Porträtmalerei stößt ihn ab, ebenso ein klassizistischer Malstil, welcher die Landschaft vor allem als Lebensraum für ein heroisch gedachtes Menschengeschlecht wahrnimmt. Stattdessen findet Runge in der Natur, die er als eine einzige große Hieroglyphe wahrnimmt, »Symbole unsrer Gedanken über große Kräfte der Welt«.[41] Dass Natur gewaltiger als Kunst sei, haben ihn *Franz Sternbalds Wanderungen* gelehrt. Deren Autor Ludwig Tieck macht ihn auch auf den Mystiker Jacob Böhme aufmerksam. Thema des Gemäldes *Der Morgen* ist nach Runges eigener, jedoch von Böhme inspirierter Deutung die »gränzenlose Erleuchtung des Universums«.[42] In einem Brief an den Bruder heißt es: »Sieh' so freut sich die Welt des Lichts, das Gott ausgehen ließ.«[43]

Es gibt keine Zeugnisse darüber, ob Claudius und Runge über spirituelle Fragen geredet haben. Doch schon die bloße Vorstellung legt eine Ahnung davon nahe, dass mystische Ideen, wie sie zur Gedankenwelt auch des späten Claudius gehören, keineswegs vom Zeitgeist »erledigt« worden sind, dass sie sich vielmehr in die Romantik fortsetzen – nicht nur in obskuren Kreisen, sondern auch im Medium genuiner Kunst. In diesem Kontext lassen sich zum Thema Morgenröte drei Phänomene in ein und derselben Tradition sehen: Da ist das zweite Kapitel von Jacob Böhmes Schrift *Aurora oder Morgenröte im Aufgang* mit der »Anleitung, wie man das göttliche und natürliche Wesen betrachten soll«. Da ist weiterhin Claudius' spätes »Osterlied« mit der Anfangsstrophe:

Das Grab ist leer, das Grab ist leer!
Erstanden ist der Held!
Das Leben ist des Todes Herr,
Gerettet ist die Welt!
Gerettet ist die Welt![44]

Da ist schließlich Runges Gemälde *Morgen* nebst seinem Kommentar, der die zentrale Frauengestalt als Sinnbild der göttlichen Schöpferweisheit und »Aurora« im Sinne Böhmes deutet.

Böhme, Claudius, Runge – das sind zwar verschiedene Welten, die sich nicht einfach übereinanderlegen lassen. Doch gerade unter dem Aspekt Natur – Licht – Morgenröte – Auferstehung bilden sie eine epochenübergreifende Gegenwelt zur rational-kämpferischen Lichtsymbolik der Aufklärung. Man betrachte etwa Daniel Chodowieckis Kupferstich von 1791 mit dem Titel *Im Moment der Aufklärung:* Eine kriegerisch gewandete Minerva, Göttin der Erkenntnis, spendet das Licht der Wahrheit, in deren Zeichen die Religionen der Welt zueinanderfinden. Die Unterschiede

Von links nach rechts: Titelkupfer eines Frühdrucks von Jacob Böhmes Schrift Aurora oder Morgenröte im Aufgang; *Philipp Otto Runges Gemälde* Der Morgen; *Daniel Chodowieckis Kupferstich* Im Moment der Aufklärung. *Auf Chodowieckis Blatt spendet die Göttin Minerva den Menschen das Licht der Erkenntnis, und Vertreter aller Religionen finden zueinander.*

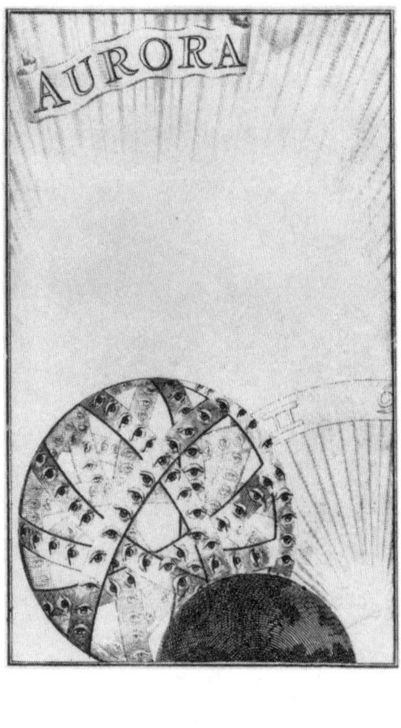

liegen auf der Hand: Was die Religionen einen soll, ist einmal die von Gott ausgehende mystische Erleuchtung, das andere Mal die im Menschen schlummernde, bloß der Erweckung bedürftige Vernunft. Und während diese Vernunft glorreich auf dem Zeitstrahl der Geschichte fortschreitet, breitet sich mystische Erleuchtung nur in den Ausbuchtungen der Zeit, geradezu in den Zeitnischen aus.

Hat sich, ironisch gesprochen, auch der konservative Emkendorfer Kreis in einer solchen Zeitnische eingerichtet? Namensgeber ist das Gut Emkendorf bei Kiel, Herrensitz des Grafen Friedrich von Reventlow. Zuvor als Diplomat in dänischen Diensten hervorgetreten, hat Reventlow zwischen 1800 und 1808 als Kurator der Kieler Universität Gelegenheit, den sich auch dort in Theologie und Lehrerausbildung ausbreitenden Rationalismus zu bekämpfen. Gern identifiziert er sich mit der spirituellen Frömmigkeit seiner Gattin Friederike Juliane. Vor allem ihr ist es zu verdanken, dass sich auf Gut Emkendorf ein Kreis von bekannten aufklärungskritischen Personen bildet, zu dem unter anderem Boie, Claudius, Lavater, Jacobi, Klopstock und Voß gehören, wobei die beiden Letzteren seit ihrer

Parteinahme für die Französische Revolution als Sympathisanten weitgehend ausfallen.

Man mag den Emkendorfer Kreis je nach Blickrichtung als literarischen Salon, als Musenhof, als Keimzelle einer evangelischen Erweckungsbewegung oder als esoterischen Zirkel betrachten – in jedem Fall bietet er Claudius in späten Jahren eine geistige Heimstatt. Dies umso mehr, als ihm in Friederike Juliane von Reventlow eine ihm seit frühen Wandsbeker Zeiten vertraute Tochter des einstigen, zugleich Schwester des aktuellen Patrons entgegentritt. Im Freundeskreis nennt man sie den »leidenden Julia-Engel«; heute würde man wohl von einer schillernden Persönlichkeit sprechen. Die Nichte Elise von Bernstorff erinnert sich ihrer als der »süßen Tante Julchen«, welche ihr »in ihrem braun und blau gestreiften Seidenkleide, das Haar gepudert und die Finger sehr beringt [...] entgegengerauscht« sei.[45] Claudius selbst könnte die auf Emkendorf gelebte Mischung von Frömmigkeit, Bildung, adeligem Sendungsbewusstsein und Mildtätigkeit gefallen haben. Und gewiss hat ihn die Mitgliedschaft im Emkendorfer Kreis zu seinen späten literarischen Aktivitäten ermutigt – den tagespolitischen und den theologischen.

Zunächst die Tagespolitik. Mit einer für ihn fast untypischen Regelmäßigkeit veröffentlicht Claudius seine Stellungnahmen zur Französischen Revolution. Er beginnt 1790, noch ganz dezent, mit der Übersetzung von Platons *Apologie des Sokrates*.[46] Dass er diese in *Asmus* 5 und nicht als Einzeldruck veröffentlicht, macht deutlich, dass es um keine Auftragsarbeit, sondern um eine Herzensangelegenheit geht. Vermutlich gestützt auf die Übertragung aus dem Griechischen, die Freund Voß in Wandsbek für das *Deutsche Museum* des Jahres 1776 angefertigt hatte, legt Claudius einen Text vor, der seine Leser in zweifacher Hinsicht nachdenklich machen soll. Zum einen wählt Claudius den antiken Philosophen gleichsam als »Schutzheiligen gegen die neuern Zeiten«;[47] denn Sokrates nimmt das gegen ihn ergangene Todesurteil, so verfehlt es auch ist, als loyaler Staatsbürger im wahrsten Sinne des Wortes gottergeben hin. Zum anderen vermittelt der

Friederike Juliane von Reventlow, geb. Schimmelmann.
Gemälde von Angelika Kauffmann, 1784.

Text die Vorstellung, dass auch gottesfürchtige Heiden selig werden können – vor allem die obrigkeitstreuen unter ihnen.

Dieser zweite Punkt wird kurz darauf von Friedrich Leopold von Stolberg aufgegriffen, der in seine eigene Übersetzung der *Apologie des Sokrates* den alsbald von Goethe heftig kritisierten Kommentar aufnimmt: »Kann ein Christ diese schönen Worte, welche Sokrates einem Gotte in den Mund legt, lesen, ohne an die göttlichen Worte unseres Heilandes erinnert zu werden: Selig sind die da geistlich arm sind, denn das Himmelreich ist ihr[er]?«[48]

Sowohl Claudius als auch Stolberg demonstrieren am Beispiel des Sokrates die Existenz einer »anima naturaliter christiana«. Das hervorzuheben ist in folgendem Zusammenhang besonders sinnvoll: Wie erwähnt, tritt Stolberg mit seiner Familie im Jahr 1800 zum Katholizismus über. Während dieser Akt in einschlägigen protestantischen Kreisen zumeist auf Empörung stößt, zeigt sich Claudius tolerant. Wie Stolberg im Herbst des Jahres 1800 der Fürstin Gallitzin mitteilt, macht Claudius ihm während eines Besuchs in Wandsbek – freilich »nicht ohne einigen Schmerz wegen der Trennung« – mit den Worten Mut: »Nun, wir haben Einen Herrn Christus, und wollen gegenseitig uns auffordern, wer ihn von uns Beiden am meisten lieben wird.«[49]

Stolbergs Name ist auch eng mit einigen tagespolitischen Aktivitäten von Claudius verknüpft. 1798 wehrt sich Claudius in einer öffentlichen »Erklärung« gegen die von der Zeitschrift *Der Genius der Zeit* verbreitete Unterstellung, er sei der Autor einer anonymen Kampfschrift, die Schwiegersohn Perthes unter dem Titel *Schreiben eines holsteinischen Kirchspielvogts an seinen Freund in Schweden über die neue Kirchen=Agende* verlegt hat. Zwar weist Claudius den Vorwurf zurück, der anonyme Autor produziere bloß »Asmiaden und Urianismen« sowie »kindisches« und »mystisches Geschwätz«;[50] jedoch gibt er den ihm sicherlich bekannten Namen des Autors nicht preis: Es ist Friedrich Leopold Graf zu Stolberg-Stolberg, der hier gegen die rationalistischen Tendenzen der neuen Agende polemisiert und sicherlich schon zu diesem Zeitpunkt über seine Konversion zum Katholizismus nachdenkt.

Es wäre verfehlt, den Amtmann August Adolph von Hennings, der seit 1793 den *Genius der Zeit* herausgibt und für die Ausfälle gegen den anonymen Agendenkritiker verantwortlich ist, zum bösen Buben der Claudius-Biographik zu machen. Immerhin nennt ihn die neuere Literatur den »eigentlichen Apostel der Aufklärung in den Herzogtümern« Schleswig und Holstein.[51] Der 1746 geborene Jurist ist im höheren dänischen Staatsdienst rasch aufgestiegen – auch dank seines Freundes Ernst Heinrich von Schimmelmann, des Bruders von Friederike Juliane von Reventlow. Von deren Emkendorfer Kreis will Hennings jedoch nichts wissen; schon früh mit den Schriften Rousseaus und Voltaires vertraut und persönlich mit

Klopstock bekannt, wird er zum Anhänger der Französischen Revolution, was eine Karriere, die über den Posten eines Amtmanns von Plön und Ahrensburg hinausginge, verhindert. Denn längst hat sich Hennings durch seine progressiven Ideen bei der Obrigkeit unbeliebt gemacht – etwa durch eine Schrift mit dem aussagekräftigen Titel *Ueber die wahren Quellen des Nationalwohlstandes, Freiheit, Volksmenge, Fleiß, im Zusammenhange mit der moralischen Bestimmung der Menschen und der Natur der Sachen*. Statt auf den Merkantilismus zu setzen, der bei den Regierenden neuerdings Konjunktur hat, beruft sich Hennings auf Moral und Religion; zudem beklagt er die Leibeigenschaft und den übergroßen Einfluss des Adels.

Weil Hennings zwar die Aristokraten kritisiert, jedoch für eine aufgeklärte Monarchie eintritt, und weil er – mit vielen anderen – die Ideale von Freiheit, Gleichheit und Brüderlichkeit durch die Schreckensherrschaft von Robespierre gefährdet sieht, hätte es Verbindungslinien zwischen ihm und Claudius geben können. Doch während Hennings sich gemäß einer spöttischen Kritik in den »Xenien« wenigstens als naiver Optimist fühlen darf, ist Claudius, was die Idee eines sich unter dem Schirm der Monarchie selbst regierenden Volkes betrifft, Pessimist. Von dieser Warte aus greift er bereits Ende 1793 zur Feder, als Hennings das Erscheinen seiner neuen Zeitschrift *Genius der Zeit* überhaupt nur annonciert; und fast drohend kündigt er ein Gegenblatt an, das allerdings nicht von ihm, sondern von geeigneten »Biedermännern« herausgegeben werden soll.[52]

Während der *Genius der Zeit*, in dem auch Gleim und Klopstock publizieren, immerhin ein knappes Jahrzehnt durchhält, kommt das Gegenprojekt nicht zustande. Stattdessen veröffentlicht Claudius 1794 eine Flugschrift mit dem Titel *Auch ein Beytrag über die Neue Politick*.[53] Mit einem Originalumfang von 74 Seiten ist sie zentral für sein politisches Denken. Und obwohl in ihm die Erregung über die Hinrichtung Ludwigs XVI. nachklingt, versucht sich der Dichter an einer grundsätzlichen Auseinandersetzung mit den Ideen der neuen Zeit, indem er theologische, philosophische, ethische und anthropologische Argumente miteinander verknüpft. Mit seiner These, dass die »neugemachte Entdeckung der Menschenrechte« letztlich zur Gottlosigkeit führe,[54] spricht Claudius fraglos einen Grundwiderspruch der Aufklärung an; gleichwohl duldet es keinen Zweifel, dass Kants ein Jahr jüngere Schrift *Zum ewigen Frieden,* die eine republikanische Rechtsordnung vorsieht, weit tiefer schürft. Aus heutiger Sicht kann man den *Beytrag über die Neue Politick* bei allem Respekt ähnlich übergehen wie das schon erwähnte Eintreten für die Wiedereinführung der Pressezensur – ein Vorstoß, der damals sogar Kants Missfallen im fernen Königsberg erregte.

Doch Claudius lässt nicht nach. 1796 bringt er die Flugschrift *Von und Mit dem ungenannten Verfasser der »Bemerkungen« über des [...] Callisen Versuch den Werth der Aufklärung unsrer Zeit betreffend* heraus[55] und antwortet damit auf eine Polemik dieses Anonymus, hinter dem sich Hennings verbirgt. Selbiger hatte den holsteinischen Generalsuperintendenten Johann Leonhard Callisen wegen dessen Schrift *Versuch über den Werth der Aufklärung unserer Zeit* angegriffen. Der dem Emkendorfer Kreis nahestehende Callisen hatte dort die These vertreten, dass die Vernunft sich nicht über die Offenbarung erheben dürfe, und sich damit gegen die rationalistisch getönte Schrift *Jesus und die Vernunft* des Kieler Philosophen Johann Otto Thieß gewandt. Diese wiederum war als Antwort auf das 1792 erschienene Buch *Christus und die Vernunft oder Prüfung der Wahrheit und Göttlichkeit der Lehre Jesu Christi* verfasst worden – eine nach zeitgenössischer Auffassung »aufrührerische Scharteke« des vormaligen reformierten Predigers Andreas Riem.[56] Während Riem für seine Schrift, die der christlichen Religion jegliche Vernünftigkeit abspricht, einige Jahrhunderte früher noch verbrannt worden wäre, wird Thieß wegen seiner aufklärungsfreundlichen Thesen vom Kurator Friedrich von Reventlow »nur« des Amtes enthoben und aus Kiel ausgewiesen.

Um nach dieser Diskursspirale, die sich noch weiter zurückverfolgen ließe, auf Claudius zurückzukommen: Dieser setzt sich in seiner Flugschrift *Von und Mit,* die ob der kleinlichen Aufzählung von »Druckfehlern und Nachlässigkeiten« von vornherein ein wenig befremdet,[57] mit Hennings'

Kritik an der Überzeugung Montaignes auseinander, der Mensch vermöge sich nur durch göttliche Gnade aus dem Staub zu erheben.

Für Claudius hat es keinerlei Sinn, über die von Montaigne apostrophierten »›moyens purement célestes‹ mit eiteln Meinungen zu faseln«, denn sie sind etwas »so etwas Erhabenes, Heiliges und Teures, daß man denken sollte: die bloße Sage davon würde, wie ein in der Nacht aufgehendes erfreulich Gestirn, alle gutgesinnte Menschen erregen und sammlen, sich, unter seinem Schein, einander die Hände zu geben und sich einander Mut zu machen. Streben nach der Herrschaft des Geistes, Verleugnung, Kampf gegen sich selbst, Tugend etc. ist doch zu allen Zeiten und bei allen Völkern als die wahrhaftige Größe des Menschen angesehen und geachtet worden.«[58]

Hier wiederholt sich, was schon am Beispiel Philipp Otto Runges skizziert wurde: Claudius bedient sich der bei Aufklärern beliebten Lichtmetapher, beschwört jedoch nicht das Licht der Vernunft, setzt im »Kampf gegen das Böse« vielmehr auf die Erleuchtung von oben. Obwohl man ihm solches weiterhin als Mystizismus verübelt, legt er weiterhin nach – so etwa 1797 mit einer in Reimen gehaltenen Flugschrift *Urians Nachricht von der neuen Aufklärung.*[59] In deren Anhang ist dann auch Platz für die schon erwähnten, gegen Goethe und Schiller gerichteten Antixenien (siehe Seite 217).

Als 1801 eine anonyme *Ehrenrettung der Kieler Seminaristen gegen die ihnen neulich gemachten Beschuldigungen* erscheint, zeigt Claudius erneut Flagge. Er mag es nicht hinnehmen, dass sich der Autor gegen massive Vorwürfe seitens des Emkendorfer Kreises zur Wehr setzt, die Kieler Lehrerausbildung werde von einem verhängnisvoll rationalistischen Geist dominiert. Daher interveniert er brieflich bei dem Leiter der deutschen Kanzlei in Kopenhagen, Cay von Reventlow, dem älteren Bruder des Kurators Friedrich von Reventlow. Er macht den Vorschlag, das Lehrerseminar von Kiel wegzuverlegen und unter die Aufsicht eines »Ehrwürdigen Predigers« zu stellen.[60] Denn: »Dieser selbstkluge Geist kann nicht gebessert, sonder [sic] muß ausgerottet werden.«

Als – vermutlich auch daraufhin – der pädagogisch offenbar höchst engagierte Seminarleiter Heinrich Müller entlassen und durch einen bekennenden Pietisten, den dreiundsiebzigjährigen Oberkonsistorialrat Hermann Daniel Hermes, ersetzt wird, erhebt sich neuer Streit, in dessen Verlauf den Emkendorfern ein obskurer »Kreuzzug« gegen die Aufklärung vorgeworfen wird.[61] Claudius entgegnet – in gesonderten Ausgaben auf Plattdeutsch und Hochdeutsch – mit der schon erwähnten, unmittelbar an den Kieler Kurator von Reventlow gerichteten Schrift *An den Naber mith Radt*.[62] Mit dem »Nachbarn« ist der Altonaer Pastor Nikolaus Funk gemeint, der sich gegen die Entlassung Müllers gewandt hat. Wiederum gibt es eine öffentliche Debatte, die in der *Neuen allgemeinen deutschen Bibliothek* spöttisch kommentiert wird: »Besonders wäre zu wünschen, daß der gute Claudius, der seinen schriftstellerischen Ruhm offenbar überlebt hat, doch lieber in seiner Wochenstube den Salto Mortale über eins seiner kleinen Kinder machen möge, anstatt mit seinem jetzigen albernen mystischen Geschwätz, das um 50 Jahre zu spät kommt, bey vernünftigen Leuten Achselzucken zu erregen. Sieur Asmus fängt an schwachsinnig zu werden.«[63]

Den Schlusspunkt seiner politischen Schriften setzt Claudius mit dem *Schreiben eines Dänen an seinen Freund*.[64] Es geht um den Tilsiter Frieden von 1807, als dessen Konsequenz das neutrale Dänemark unter Pressionen Englands zu leiden hat. Nach einer ausführlichen Erörterung der politischen Situation resümiert Claudius: »Lieber Freund, wir in unsern Jahren möchten die Engländer lieber ohne Schwertschlag zur Besinnung gebracht sehen; wir haben keine Freude an Blutvergießen, und die Kriegs- und Siegslorbeern sind eitel für uns und reizen uns nicht mehr; aber Notwehr und Selbstverteidigung gegen Gewalt und Unrecht, seinen Fürsten und sein Vaterland liebhaben, ist ein ander Ding.«[65]

Es ist die sogenannte große und doch eine kleine Welt, in der sich der politische Claudius in den zwei Jahrzehnten nach der Französischen Revolution bewegt: Groß ist sie, wenn man bedenkt, dass er im Chor der Meinungsführer in Norddeutschland eine Stimme hat, die gelegentlich bis

Weimar und Königsberg dringt. Klein wirkt diese Welt, wenn man auf die Zeitbedingtheit mancher Kontroversen schaut. Bei der Bewertung von Claudius' eigener Position ist Mäßigung geboten – getreu dem Motto von Conrad Ferdinand Meyers Dichtung *Huttens letzte Tage:* »Ich bin kein ausgeklügelt Buch, ich bin ein Mensch mit seinem Widerspruch!« (Beiläufig fragt man sich, wer all diese Diskussionen damals hat verfolgen sollen und wollen. Zudem ist man erstaunt einerseits über die Leidenschaftlichkeit von Disputen, die man seitdem als weitgehend unentscheidbar ad acta gelegt hat, andererseits über die Ernsthaftigkeit der Wahrheitssuche, die hinter aller Polemik durchscheint.)

Im Gegensatz zu Claudius' politischen Äußerungen reizen die im weiteren Sinn homiletischen, also seelsorgerlichen Arbeiten des letzten Lebensdrittels kaum zum Widerspruch: Wer mit Claudius' generellen Vorbehalten gegenüber einer Theologie der Aufklärung umzugehen weiß, wird in den *Briefen an Andres,*[66] in dem Schreiben *An meinen Sohn Johannes 1799,*[67] im *Gülden A B C,* im *Silbern Dito,*[68] im *Einfältigen Hausvater-Bericht über die christliche Religion,*[69] in den Andachten *Das heilige Abendmahl*[70] und *Vom Vaterunser,*[71] selbst in der mit vielen Bibelzitaten geschmückten *Predigt eines Laienbruders zu Neujahr 1814*[72] viel Bedenkenswertes finden.

Der bekannte Brief *An meinen Sohn Johannes* knüpft in seinen Tugendlehren deutlich an das biblische Buch Weisheit Salomos an und verzichtet dabei weitgehend auf die Akzentuierung speziell christlicher Werte. »Tue keinem Mädchen Leides, und denke, daß Deine Mutter auch ein Mädchen gewesen ist«, heißt es dort, oder: »Hänge Dich an keinen Großen.«[73] (Ob Letzteres von Claudius selbst genügend beherzigt worden ist?) Was an expliziter Theologie fehlt, wird im *Einfältigen Hausvater-Bericht* nachgeholt. Dieser beruft sich auf Luthers *Kleinen Katechismus,* will ihm jedoch keine Konkurrenz machen, sondern »die christliche Religion nach der *Heiligen Schrift*« erklären; dementsprechend zahlreich sind die angeführten Bibelstellen. Obwohl Claudius erklärtermaßen auf einen Offenbarungs-

Johannes Claudius im Alter von etwa 17 Jahren (links) und Christiane Claudius im Alter von etwa 20 Jahren (rechts). Gemälde von Friederike Leisching.

und nicht auf einen Vernunftglauben setzt, gehört schon einige Bosheit dazu, ihn deshalb obskuren Mystikern zuzurechnen, die »das düstere Licht ihrer Phantasie und ihre Dünkel für himmlisches Feuer« halten.[74] Derlei Kritik findet sich zwar in Friedrich Nicolais *Neuer allgemeiner deutscher Bibliothek* und damit in einem Organ der Berliner Aufklärung, das für seine Polemik bekannt ist; gleichwohl nimmt sie sich aus der Feder Raymund Dapps reichlich eigenartig aus: Der Brandenburger Pfarrer ist nämlich Autor eines *Predigtbuches für christliche Landleute* und Gründer einer Industrieschule, welche die Arbeitsschule Kerschensteiners vorwegnimmt; demgemäß hätte Dapp eigentlich einen Ruf auch als Menschenfreund zu verteidigen. Auch nach zwei Jahrhunderten kann man noch darüber staunen, wie erbittert sich damals theologische Strömungen bekämpfen, deren Auffassungen in vielen Punkten gar nicht weit auseinanderliegen.

Unter Einschluss einiger religionsgeschichtlicher Abhandlungen, in denen Claudius seiner Vision einer universell vom Geist Gottes erfüllten Welt nachgeht, ist mit den zuletzt gestreiften theologischen Schriften der Inhalt der 1790, 1798, 1803 und 1812 erscheinenden *Asmus*-Bände 5 bis 8 im Wesentlichen umrissen. Im Wesentlichen – denn es gibt weiterhin Einzelstücke, die durch ihre Poesie bezaubern. Darunter ist »Urians Reise um die Welt«,[75] erstmals 1786 im *Vossischen Musenalmanach* erschienen und vom jungen Beethoven vertont. »Wenn jemand eine Reise tut, / So kann er was verzählen«, lautet der sprichwörtlich gewordene Anfang. Vom launigen Claudius zeugt auch der Schluss: Nachdem Urian der Reihe nach von seinen skurrilen Abenteuern am Nordpol, in Mexiko, Asien, China, Bengalen, Java und Afrika berichtet hat, folgt sein vom Chorus mit Missfallen aufgenommenes Resümee:

Und fand es überall wie hier,
Fand überall 'n Sparren,
Die Menschen gradeso wie wir,
Und ebensolche Narren.

Tutti
Da hat Er übel dran getan;
Verzähl Er nicht weiter Herr Urian!

Bereits erwähnt wurden die 1796 auf den Tod der geliebten, damals einundzwanzigjährigen Tochter geschriebenen Verse:

Christiane

Es stand ein Sternlein am Himmel,
Ein Sternlein guter Art;
Das tät so lieblich scheinen,
So lieblich und so zart!

Ich wußte seine Stelle
Am Himmel, wo es stand;
Trat abends vor die Schwelle,
Und suchte, bis ich's fand;

Und blieb denn lange stehen,
Hatt große Freud in mir:
Das Sternlein anzusehen;
Und dankte Gott dafür.

Das Sternlein ist verschwunden;
Ich suche hin und her
Wo ich es sonst gefunden,
Und find es nun nicht mehr.[76]

Das Gedicht »Christiane« steht hier als ein letztes Beispiel für Claudius' volksliednahe und doch persönliche Lyrik, die ihm damals kein Lebender nachmacht – kein Gleim, kein Klopstock, kein Goethe, kein Schiller, kein Hölderlin. Zugleich ist damit die Brücke zum privaten Claudius geschlagen – zum Hausvater der späten Jahre. Offensichtlich ist er insgesamt ernster geworden. Doch gibt es auch die Tendenz zur Grämlichkeit, von der Ernestine Voß Ende 1802 in einem Brief an Johann Martin Miller spricht: »Claudius würden Sie nicht wiedererkennen, er sieht nicht alt, sondern veraltet aus, ein grämlicher Gesicht sahe ich nie, aber seine Frau ist ewig unveränderlich, jezt so gar noch hübscher wie ihre Töchter, von denen schon zwey verheyrahtet sind.«[77] Ernestines Blick könnte einseitig gewesen sein, denn Claudius und Voß sind inzwischen politisch zerstritten. Ich selbst stelle mir den damaligen Claudius als einen Zweiundsechzigjährigen vor, dessen Züge zwar immer wieder umwölkt sind, jedoch nicht nur Missmut, sondern auch weiterhin Freude am Dasein spiegeln. Es herrscht ja unverändert reges Leben in Wandsbek: Besucher kommen und gehen; neben diversen Zöglingen fordert eine wachsende Kinder- und Enkelschar ihr Recht; und es gibt die Musik.

Zwar drängen sich in Wandsbek nun nicht mehr die Rousseauisten oder Hainbund-Jünger. Stattdessen erscheinen jedoch die Mitglieder des Emkendorfer Kreises – natürlich auch wegen dessen enger Verbindung zur Wandsbeker Schimmelmann-Familie. Zwischen 1794 und 1804 steht auch Friedrich Heinrich Jacobi als Gesprächspartner zur Verfügung, da er in diesen Jahren abwechselnd in Wandsbek, Hamburg oder Eutin lebt. Ferner ist seit 1791 Adelheid Amalie Fürstin von Gallitzin mehrfach bei Claudius zu Gast. Protestantisch getauft, jedoch einen mystischen Katholizismus praktizierend, bildet sie den Mittelpunkt des Kreises von Münster, eines dem Emkendorfer Kreis vergleichbaren, jedoch deutlicher pädagogisch orientierten Zirkels. Demgemäß nennt sie sich gern »Schulmeisterin aus Westfalen«. Als solche stellt sie sich auch Claudius bei ihrem ersten Besuch in Wandsbek vor. Man schöpft im Laufe der Jahre gegen-

Die Fürstin Gallitzin im Kreis ihrer Freunde. Das Gemälde des Historienmalers Theobald von Oer stammt von 1864 und stellt eine Auftragsarbeit dar, die ein im Jahr 1800 stattgefundenes Treffen nachstellt. Man sieht die Fürstin im Kreise ihrer »Familia sacra«. Aus dem Freundeskreis von Matthias Claudius sind unter anderem abgebildet: Friedrich Leopold Graf zu Stolberg-Stolberg (der Fürstin Gallitzin die Hände entgegenstreckend) und Anton Matthias Sprickmann (Zweiter von rechts).

seitiges Vertrauen und tauscht sich fleißig über die Mystik aus. So empfiehlt Claudius der Fürstin Schriften von Johannes vom Kreuz, Jacob Böhme, Angelus Silesius, Gerhard Tersteegen, Thomas Bromley und dem Marquis de Marsay. Sie selbst hat ihm zuvor Augustinus, Johannes Klimakus und Katharina von Siena ans Herz gelegt. Als Teilnehmerin an Claudius' Familienandachten ist sie von deren »einfältiger, frommer Form« gerührt: »Hier [...] ist Gott und Jesus Christus noch nicht aus der Mode.«[78]

Dass die Art der Konfessionszugehörigkeit für Claudius und seine Besucher je länger, je mehr zur Nebensache wird, beweist auch der längere Besuch von Johannes Settele im Jahre 1790. Der auf mystische Gotteserfahrung begierige katholische Theologe kommt auf Empfehlung Johann Michael Sailers, des zu seiner Zeit führenden Pastoraltheologen und Erbauungsschriftstellers. In Sailers *Goldkörnern der Weisheit und Tugend* und der *Kleinen Bibel für Kranke und Sterbende* las übrigens noch Beethoven, der Sailer auch wegen der »zweckmäßigen Erziehung« seines Neffen um Rat fragen ließ.[79]

Claudius muss sich nicht um die Erziehung eines Neffen sorgen, denn er hat seine eigenen Kinder. Von der Geburt des Sohnes Fritz im Revolutionsjahr 1789 war schon die Rede; für 1792 ist die Geburt von Ernst, für 1794 die von Franz zu melden. 1797 heiratet Caroline, ein Jahr später Anna. Mit dem Entschluss, seine dreiundzwanzigjährige Caroline Friedrich Perthes anzuvertrauen, tut sich Claudius erstaunlich schwer: Er, der seine Rebecca einstmals recht ungestüm in die Ehe geführt hat, verordnet der Tochter eine Bedenkzeit. Später darf er Perthes als idealen Schwiegersohn betrachten; denn der verlegt seine Schriften, ist erfolgreich im Beruf, rechtschaffen in seiner Haltung, christlich in seiner Gesinnung, nationalkonservativ in seinen Grundüberzeugungen. Demgemäß wird sich Claudius oft und gern im Hamburger Haus der Perthes aufhalten.

Anna heiratet den damals dreiundzwanzigjährigen Doktor Maximilian Jacobi und damit einen Sohn Friedrich Heinrich Jacobis. Maximilian wird als Mediziner Karriere machen und als ein Vorkämpfer der modernen Psychiatrie in die Medizingeschichte eingehen. In seinem – auch dank Anna – gastfreundlichen Haus verkehren im Laufe der Jahre Wilhelm von Humboldt, Herder und Goethe; mit Letzterem ist Jacobi seit seiner Studentenzeit freundschaftlich verbunden.

Seit Anna aus dem Haus ist, schreibt Claudius ihr liebevolle Briefe, mischt sich aber auch in die Berufspläne des Schwiegersohns ein: Nachdem er Maximilian eine Arztstelle in Eutin verschafft hat, versucht er mit allen erdenklichen Überredungskünsten, die Familie in seiner Nähe zu halten. Während die jüngeren Töchter Auguste, Trinette und Rebecca bis auf Weiteres im Haus bleiben, treten die heranwachsenden Söhne Johannes, Fritz, Ernst und Franz der Reihe nach eine Ausbildung außerhalb Wandsbeks an.

Johannes wird als Sechzehnjähriger bei einem Hamburger Kaufmann in die Lehre gegeben. Ihm ist der Brief *An meinen Sohn Johannes* gewidmet, der 1799 als Einzeldruck bei Perthes erscheint. Der Älteste wendet sich jedoch sehr bald der Theologie zu. Nachdem er sich eine Zeit lang in Hamburger Erweckungskreisen bewegt und Eindruck auf Johann Hinrich Wichern gemacht hat, lässt er sich 1813 als Pastor im lauenburgischen Sahms nieder. Dass Ernst einmal als Pastor im holsteinischen Blekendorf, Franz als ein solcher in Segeberg, Fritz als studierter Jurist und zeitweiliger Bürgermeister in Lübeck tätig sein werden, hat Matthias Claudius nicht mehr erlebt. Und schon gar nicht hat er voraussehen können, dass mutmaßlich eine der ledigen Töchter von Fritz einmal das Vorbild für die alte Dame Lea Gerhardt abgeben wird, die in Thomas Manns *Buddenbrooks* an einem der erbaulichen »Jerusalemsabende« die Paul-Gerhardt-Verse »Will Satan mich verschlingen, / so lass die Englein singen« zum stillen Vergnügen von Tony Grünlich »mit fürchterlicher Stimme« rezitiert.[80]

Claudius hat im neuen Jahrhundert alle Hände voll zu tun, um den Söhnen ihre Ausbildung zu finanzieren. Dieses Thema beherrscht demgemäß die zweite Hälfte des erhaltenen Briefwechsels mit den Kindern, während die erste fast ganz mit Briefen an die besonders geliebte Tochter Anna gefüllt ist. Fritz erhält durch Vermittlung Klopstocks eine Freistelle in dem angesehenen Internat Schulpforta; nach dem Schulabschluss beginnt er ein Jurastudium in Heidelberg. Dabei kann er auf die Unterstützung von Johann Heinrich Voß bauen, der dort eine Sinekure-Professur ergattert und die vorangegangenen Streitigkeiten mit Vater Claudius gern ad acta gelegt hat. Ernst besucht gleichfalls Schulpforta; sein nachfolgendes Theologiestudium bestreitet er mithilfe von Freitischen und Stundengeben. Begleitet vom jüngeren Bruder Franz, dem jüngsten Schulpforta-Absolventen, wechselt er jedoch nach wenigen Semestern von Kiel nach Berlin: Vater Claudius dringt auf diese Ortsveränderung, auf dass die theologische

Fakultät der Kieler Universität, die ihm bekanntlich als Hort des Liberalismus, wenn nicht der Gottlosigkeit erscheint, nicht noch die Köpfe der eigenen Söhne verdrehe.

Angesichts der Wirren der napoleonischen Kriege, die auch Norddeutschland nicht verschonen, haben die Eltern noch mehr Mühe als unter normalen Verhältnissen, jedem der vier Söhne ein Studium zu ermöglichen. Claudius' Familienbriefe zeugen von liebender Fürsorge, sind aber auch voller Ermahnungen zur Genügsamkeit. Dass die Söhne sich gleichwohl ab und an in schlagenden Verbindungen umgetan haben, bezeugt Agnes Perthes: »Kamen die Söhne als Studenten nach Hause, so kochte Großmama Reisbrei, wer sich duellirt hatte, durfte nicht mit essen.«[81]

In einem Brief an den Konsistorialrat Georg Heinrich Nicolovius, einen Sympathisanten des Emkendorfer Kreises, heißt es im Zuge der Bitte, sich der Söhne Ernst und Franz während ihres Theologiestudiums in Berlin anzunehmen: »beide sind, wie das gewöhnlich bei den Schülern und Studenten, die nach Hause kommen, der Fall ist, so abgerissen und es gibt so viel umzukehren, zu versohlen, zu nähen und zu flicken, daß es, wie emsig Mutter und Schwestern auch sind, doch unmöglich ist, sie [sogleich für das Studieren in Berlin] flott zu machen, so bald wir es gerne machten«.[82]

Dem Denken der Zeit gemäß ist es für Claudius eine reine Selbstverständlichkeit, dass die Töchter seiner Gattin bei der Versorgung der Söhne zu helfen haben. Gleichwohl wachsen sie nicht bildungslos auf: Zum einen versteht sich das Wandsbeker Haus als ein permanentes Erziehungsinstitut; zum anderen tragen die Eltern Sorge, dass ihre Töchter in gebildeten Kreisen verkehren und am gesellschaftlichen Leben teilhaben, soweit es dort gesittet zugeht. Da spielt die Musik eine große Rolle: Sowohl im kleinen Wandsbek als auch im großstädtischen Hamburg gehen die Claudius-Töchter nicht nur in Konzerte, wirken vielmehr beim Singen und Musizieren aktiv mit.

Hingegen wird Mutter Rebecca in späteren Jahren kaum noch Gelegenheit haben, das einst vom jungen Ehemann erlernte Cellospiel zu pflegen. Als Mutter, Hausfrau und Pensionswirtin ist sie voll ausgelastet – und das umso mehr, je deutlicher ihre Kräfte nachlassen. Zwar stammen die an das Ehepaar Voß gerichteten Zeilen »Nun ich soll Euch von Frau Rebecca, die sich mehr oder weniger gut, im ganzen mürbe und krüpplicht befindet, viel Liebes und Herzliches sagen […]«[83] erst vom Juni 1811, als sich Rebecca im 58. Lebensjahr befindet, jedoch ist schon weit länger von chronischem Kopfschmerz und zum Teil lebensbedrohlichen Krankheiten die Rede.

Oft klingt in Claudius' Briefen die Sorge durch, er könne seine Rebecca vorzeitig verlieren. »Gott erhalte uns die Mama, wir finden so eine nicht wieder«,[84] schreibt er dem Sohn Franz im Februar 1810. Demgegenüber wirkt das folgende, für Tochter Anna bestimmte Bulletin vom Januar 1805 bei aller Drastik schon fast belustigend: »Mama hat's in dieser unmenschlichen Kälte auf Hals und Brust gekriegt, von dem kalten Odem in der Schlafstube, wo, wie Du weißt, nicht eingeheizt wird. Auch ist ihr im Bett die Spitze der Nase etwas erfroren.«[85]

Weil der Arzt Badekuren empfiehlt, reist man nach der besonders kräftezehrenden Geburt des zweitjüngsten Sohnes Ernst im Sommer 1792 erstmals in das prominente Bad Pyrmont im Waldeckschen. Selbst bei größter Sparsamkeit vor Ort kann sich Claudius den Aufenthalt in einem Bad, das auch von Mitgliedern des preußischen Königshauses aufgesucht wird, nur leisten, weil Freunde und Gönner von Fall zu Fall für eine bequeme Kutsche sorgen oder Reisegeld zuschießen. Fraglos ist er als Asmus inzwischen zu bekannt, um der Unterhaltung mit interessierten Kurgästen aus dem Wege gehen zu können. Doch vermutlich will er dies auch gar nicht: Von Fall zu Fall durchaus gesprächsfreudig, mag er das in Pyrmont herrschende Klima der Gegenaufklärung angenehm finden. Und je mehr ihm der Ton der politischen Gespräche behagt, desto weniger Bitterkeit muss in seine Unterhaltungen mit Andersdenkenden fließen. Entsprechend positiv ist der Eindruck von Johann Ludwig Ewald, damals Prediger an der Bremer Stephanskirche. Ewald berichtet dem Oldenburger Juristen und aufgeklärten Schriftsteller Anton von Halem von einer Begegnung im Jahr 1799: »In Pyrmont sprach ich viel mit Nicolai über seine Phantasmen, mit der Rudolphi über Menschennatur und Kindernatur, und mit – Claudius frey über alles, was im Himmel und auf Erden ist. Mein Democratensinn stieß mit seinem Aristocratism heftig aneinander; aber das Stiergefecht, wie er es nannte, endigte immer mit Lachen.«[86]

Mit »der Rudolphi« ist Caroline Rudolphi, die Leiterin des Hamburger Mädchenpensionats, gemeint. Bei den »Phantasmen« des bekannten Berliner Verlegers und Zeitkritikers Friedrich Nicolai handelt es sich um dessen Geistererscheinungen aus dem Jahr 1791, die er mit am Gesäß angesetzten Blutegeln bekämpft. Über entsprechende Erfolge, die ihm als Aufklärer besonders willkommen sein müssen, referiert er vor der Berliner Akademie der Wissenschaften. Goethe gibt ihm daraufhin in *Faust* I spöttisch die Rolle des eigens dafür geschaffenen »Proktophantasmisten«. Dieser »Steißgeisterseher«, wie die Übersetzung lautet, wettert in der »Walpurgisnacht«:

Ihr seid noch immer da! nein, das ist unerhört.
Verschwindet doch! Wir haben ja aufgeklärt! –
Das Teufelspack, es fragt nach keiner Regel.
Wie lange hab ich nicht am Wahn hinausgekehrt,
Und nie wird's rein! das ist doch unerhört![87]

Wer in Pyrmont mitreden will, sollte dergleichen wissen. Hat auch Claudius schon von Nicolais »Phantasmen« gehört, als er mit Ewald spricht? Jedenfalls muss ihm dessen Gesinnung ungeachtet mancher Kontroversen sympathisch gewesen sein; denn der im Zeichen pietistischer Frömmigkeit aufgewachsene Theologe, Pädagoge und Sozialreformer gibt sich damals in seinen Schriften als Freund der Pestalozzischen Bildungsmethode und als Feind jeglicher Kriegspolitik zu erkennen; last, but not least wendet er sich wie Claudius entschieden gegen die aufklärerische Modernisierung der traditionellen Gesangbücher.

Bis 1802 wird sich das Ehepaar Claudius in den Sommermonaten mindestens ein halbes Dutzend Mal in Bad Pyrmont aufhalten – den Brunnen trinkend, der Kurmusik zuhörend, auf alte und neue Bekannte treffend, Sehenswürdigkeiten besichtigend und die Quäkergemeinde Friedensthal aufsuchend.

Die meistenteils daheimgebliebenen Kinder schreiben fleißig ihre Situationsberichte. Einer der jüngsten Söhne diktiert seinen älteren Geschwistern:

Brief

Meine liebe Mama, ich grüße Dich. Mein lieber Papa, ich grüße Dich. Mein lieber Hans, ich grüße Dich.

Ich grüße Euch, so viel als ich kann.

Mein lieber Papa und Mama, ich danke Euch für den Brief, als ich danken kann.

Nun ist es schlechtes Wetter, und gestern auch; die zwei Tage gehen immer kalt weg.

Ich bin sehr lustig. Ich denke, daß ich nicht unartig bin. –

Ich habe Dich viel tausendmal lieb, alle drei.

Wenn Du wieder zu Hause kommst, so denke ich wohl, daß ich schon einen a auf der Rechentafel machen kann, und vielleicht auch einen c.

Ich will mich üben auf das Lernen allein.

Lieber Hans, es ist erstaunlich, erstaunlich mit die Fliegen.

Ich weiß gar nicht mehr, wie der Hans aussieht.

Aber meine liebe Mama, ich kann mir noch gut vorstellen, daß ich Dich leiden mag, und Papa und Hans auch, wenn sie auch nicht hier sind, und gar wenn sie hier sind.

Ich grüße noch einmal.

Es ist wohl zu viel, aber ich muß doch noch einmal grüßen.

Es regnet.

Ich will eben zu Tische gehen. Wir haben nichts als gelbe Wurzeln, nichts anders. Das ist ein unmenschlich elendig Essen; und so geht es meist alle Mittag.
Das ist das letzte Mal, daß ich schreiben kann.
Den 18. August.[88]

Kurt Tucholsky war von diesem Brief auf das Höchste gerührt, obwohl er ihn nur aus *Asmus* 6 kannte, wo er im Rahmen launiger »Übungen im Stil« als Beispiel für den »Kinderstil« erscheint – zwischen den Proben des »bedenklichen« und des »galanten« Stils, die mit Kant abrechnen. Nach der späteren Erinnerung von Fritz Claudius ist der Brief echt, könnte jedoch im Original auf Plattdeutsch verfasst worden sein. Man kann sich die Situation in Wandsbek gut vorstellen. Den dort weilenden Kindern ist von den Eltern nur wenig Geld zurückgelassen worden: Mögen sie sich nach Kräften im Garten bedienen! Da haben sicherlich auch die älteren gelegentlich gejammert und sich diebisch über die Gelegenheit gefreut, ihren eigenen Missmut durch den unschuldigen Mund eines der jüngsten ungerügt äußern zu können. Für Vater Matthias spricht, dass er die kindlichen Klagen über das »unmenschlich elendig Essen« nicht als Angriff auf seine Hausvaterehre angesehen, sie vielmehr an die *Asmus*-Leser weitergegeben hat.

Nachdem die Kinder mehrheitlich aus dem Haus sind, wächst die Zahl der Elternbriefe und damit der Berichte über das häusliche Leben; denn in der Ferne will man auch über Details informiert sein. So berichtet Claudius, gelegentlich unterstützt von Rebecca, über den Verlauf von Geburts-, Hochzeitstagen und Weihnachtsfeiern: »Der heilige Christ ist hierzulande recht geschäftig gewesen, Caroline [Perthes] hat sich in einem großen Korb sehr freigiebig geäußert. Den Schwestern Hauben und Tücher, Mama und mir verzinnte Eisentöpfe mit einem Huhn darin und noch viel anderes, das ich nicht alle zu Papier bringen kann. Die [Hamburger Freunde] Heisen haben auch wieder eine Schachtel mit allerhand Halstücher von dickem Zeuge mit Pelzrand ankommen lassen, [Bruder] Christian einen Korb mit

Dorschen und einen anderen mit drei wunderfetten und wunderweißen Enten und einer großen Wildkeule pp. Ich habe den Knaben, die seit einiger Zeit das Italienische sehr treiben, den Metastasio und Torso und ein gutes italienisches Lexikon gegeben. Hans hat einen kleinen Kasten mit Zitronen, Strümpfen, einem wunderschönen Stammbuch und Kuchen gekriegt usw.«[89]

Das alles klingt – um die Jahreswende 1802/03 – idyllisch, jedoch sind die Zeiten ernst. Nicht nur in dem hier zitierten Brief an Anna ist auch von »Raub und Spitzbüberei« die Rede,[90] sondern allenthalben. So sind »dem Pastor seine Hühner und vor [= außer] zwei alle seine Teelöffel pp. und drei Körbe Wäsche gestohlen« worden, und einen »armen Sünder« hat man hingerichtet: Ernst und Franz sind mit Pastor Schröder »am Exekutionstage nach Hamburg gegangen, ihn vorbeipassieren zu sehen«.[91] Vorherrschend ist die soziale Not – auch im November 1805: »Der frühe Winter hemmt die Fabrikarbeit, Teurung und Mangel sind da, und dazu soll itzo die neue Steuer für 3 ¼ Jahr bezahlt werden.«[92]

Zudem rückt der Krieg näher. »Der Jungfernstieg und die Gassen wimmeln von fremden Truppen, größtenteils Spanier, die durchgehends beliebt sind«, berichtet Mutter Rebecca im September 1807.[93] Immerhin hat Schwiegersohn Perthes, der zu dieser Zeit in der Bürgerselbstverwaltung eine maßgebliche Rolle spielt, an dem Befehlshaber der Spanier einen guten Kunden. Unter anderem hat Perthes diesem »sehr gelehrten Mann« die »Prachtausgabe des Neuen Testamentes von Griesbach, die 40 Mark kostet«, verkauft.[94]

Trotz der widrigen Zeitumstände ist Hamburg nicht ohne Kultur, und speziell im Hause Claudius hat die Musik nach wie vor nebst der Religion den höchsten Stellenwert. Dass man dort zu den kirchlichen Festen und bei Familienfeiern musiziert, ist geradezu eine Selbstverständlichkeit; so erklingt 1794 zu Ehren von Frau Rebecca ein Geburtstagscarmen »auf und nach Mozarts Musik zum *Veilchen*«.[95] Fünf Jahre später kann Claudius berichten: »Ernst seine Finger werden nachgerade so lang, daß er das Griff-

Hugo Bürkner, Weihnachtsabend auf dem Wandsbeker Schloss 1796. Der nach einer Zeichnung von Theobald von Oer gestaltete Holzstich fußt offenkundig auf einem Bericht aus dem 1848 erschienenen ersten Band von Friedrich Perthes Leben *und stammt vielleicht aus dem Jahr 1865. Von links nach rechts: Anna Claudius; Friedrich Perthes, der seiner Verlobten Caroline Claudius einen vergoldeten Apfel vom Christbaum holt; zwischen beiden Friedrich Heinrich Jacobi; auf der rechten Bildhälfte: Rebecca und Matthias Claudius; Christian Graf zu Stolberg-Stolberg; Friedrich Gottlieb Klopstock; Friedrich Leopold Graf zu Stolberg-Stolberg.*
Die idyllische Szene steht in der Tradition der Haus- und Jugendbücher des 19. Jahrhunderts und erinnert an die Arbeiten Ludwig Richters, der einige Claudius-Ausgaben illustrierte. Damals wird auch Martin Luther mit seiner Familie gern unterm Weihnachtsbaum dargestellt: Der Kulturprotestantismus formuliert auf diesem Wege seinen einmal mehr, einmal weniger an der Wirklichkeit orientierten Mythos vom evangelischen (Pfarr-)Haus. Nicht von ungefähr gibt Wilhelm Herbst, der erste namhafte Claudius-Biograph, der dritten Auflage seines Buchs von 1863 den Untertitel »Ein deutsches Stillleben«.

brett bestreichen kann, und so soll er eine Violin haben; doch wollte ich ihn gern zum Klavierspieler haben, da wir an Fritz und Hans schon zwei Violinspieler haben. Mit Rebecca habe ich vor einiger Zeit das Klavier einmal angefangen; aber ich weiß nicht, ob es an ihr oder an mir liegt, es hat nicht gehen wollen. Guste und Trinette sind durch die Musik bei Heise und durch die dort gemachten Bekanntschaften mit der Mamsell Blank und der kleinen Grund recht rührig aufs Singen geworden und haben sich auf ihre eigene Faust zu meinem Erstaunen durchgeholfen, so daß sie die Fuge: ›Christus hat uns ein Vorbild gelassen‹ in Grauns Passionsmusik ohne Fehler mitgesungen haben.«[96]

Die Familie beteiligt sich rege am Musikleben der Stadt Hamburg, wo »die Lust zur Musik [...] um sich greift und alles singen und spielen« will.[97] Zwar ist Claudius über das grassierende Virtuosenwesen nicht gerade glücklich, jedoch äußert er sich anerkennend über den Beethoven-Schüler Ferdinand Ries, zumal dieser »Klavierspieler aller Klavierspieler [...] ein sehr artiger Mann von 22 Jahren« ist.[98] Sein Hauptaugenmerk gilt freilich der geistlichen Musik: Claudius hält engen Kontakt zum Hamburger Kirchenmusikdirektor Christian Schwencke, dem Nachfolger von Carl Philipp Emanuel Bach, lässt sich von ihm Andreas Rombergs berühmtes *Vater unser* kopieren und für Mozarts *Requiem* begeistern.

Doch auch das kleine Wandsbek ist musikalisch aktiv: Unter entsprechender Beteiligung der Claudius-Familie gibt es Konzerte im Schloss, festliche Musik in der Kirche und viel Hausmusik. Aus der gelungenen Aufführung eines feierlichen »Te Deum« in der Wandsbeker Kirche im März 1810 entwickelt sich die Einrichtung eines »Konzerts«, das »alle Sonnabend bei Schröder, Baumeister, Herzulen, Luckners und uns wechselweise statt hat«.[99] Bei einer dieser Gelegenheiten feiert Claudius ein Wiederhören mit Mozarts Klaviersonate B-Dur KV 333, die ihm Anna »vor wohl 20 Jahren einmal abgeschrieben und geschenkt« hat.[100] Dass er das vital-heitere Werk unverändert »schön« findet, ist kein Indiz für seinen konservativen Geschmack, denn mit der Vorliebe für Mozart und Haydn ist er auf dem aktuellen Stand des Musiklebens: Eine Beethoven-Sinfonie wird in Hamburg sage und schreibe erstmals 1819 erklingen.

Notabene: In puncto Kirchenlied beharrt Claudius entschieden auf seiner konservativen Haltung, wobei es allerdings weniger um die Melodien als um die Texte geht. Im Zuge aufgeklärter Kirchenreformen häufen sich nämlich im letzten Drittel des 18. Jahrhunderts Gesangbuchrevisionen, die das Ziel verfolgen, aus den traditionellen Kirchenliedern schwer verständliche oder im Sinne der »neuen Zeit« unvernünftige Wörter und Wendungen auszumerzen und darüber hinaus den Kanon an alten Liedern generell auszudünnen. Aus den Gemeinden kommt daraufhin wütender Protest: Im magdeburgischen Vahldorf etwa nötigt der angesehene Schöffe und Ackermann Pauls den Bälgetreter Christoph Kreutzberg mit Gewalt, dem Organisten die Luft abzudrehen, als dieser eines der neumodischen Lieder intonieren will.[101] Der Aufstand ist umso verständlicher, als die Analphabeten unter den Kirchgängern sich die neuen Versionen selbst dann nicht lesend zu eigen machen können, wenn sie es denn wollten.

Sprichwörtlich ist der liberale Zynismus des preußischen Königs Friedrich II., der eine Petition zugunsten der alten Praxis mit den Worten bescheidet: »Ein jeder kann bey mir glauben was er will, wenn er nur ehrlich ist; was die Gesangbücher angeht, so steht einem jeden frey zu singen: ›Nun ruhen alle Waelder‹, oder dergleichen thoericht und dummes Zeug, aber die Priester muessen die Toleranz nicht vergessen; denn ihnen wird keine Verfolgung gestattet werden.«[102] Das ist natürlich nicht im Sinne von Claudius, der in *Asmus* 5, also um 1789, trotz aller Loyalität der Obrigkeit gegenüber bekennt:

> Aber ich weiß nicht, ob's an dem Verbessern oder an den Verbesserern liegt; genug, ich kann mir nicht helfen, daß es mich um einige alte Lieder nicht dauren und leid sein sollte. Das Kleid macht, dünkt mich, den Mann nicht; und wenn der Mann gut ist, so ist alles gut. Ob da ein Knopf unrecht sitzt, oder eine Naht schief ge-

näht ist, darauf kommt am Ende wenig an; und wer sieht darnach? Man ist einmal daran gewöhnt, und oft steckt's grade darin und muß so sein.

So ein: ›Befiehl du deine Wege‹ z. E., das man in der Jugend, in Fällen wo es nicht so war wie's sein sollte, oft und andächtig mit der Mutter gesungen hat, ist wie ein alter Freund im Hause dem man vertraut und bei dem man in ähnlichen Fällen Rat und Trost sucht. Wenn man den nun, anders montiert, und im modernen Rock wiedersieht; so traut man ihm nicht, und man ist nicht sicher: ob der alte Freund noch darin ist – und ich sehne mich denn immer nach dem falschen Knopf und der schiefen Naht.

Und da pfleg ich wohl bisweilen in der Kirche, wenn die Gemeine nach der Verordnung singt, stillzuschweigen, und im Herzen die alte Weise zu halten [...]«[103]

Allein für solche Sätze kann ich Claudius lieben – als Pfarrerssohn und ehemaliger Organist, der bis heute Hunderte von Kirchenliedern auswendig hersagen kann. Was kommt denn bei der »Modernisierung« des genannten Paul-Gerhardt-Liedes heraus, wie man sie in dem für Wandsbek gültigen, im Auftrag des dänischen Königs herausgegebenen Altonaer Gesangbuch von 1780 findet:

Original Paul Gerhardt	*Altonaer Gesangbuch von 1780*
Befiehl du deine Wege	Befiehl du deine Wege
Und was dein Herze kränkt	Und alles, was dich kränkt,
Der allertreusten Pflege	Der treuen Vaterpflege
Des, der den Himmel lenkt.	Deß, der die Himmel lenkt.
Der Wolken, Luft und Winden	Der Wolken, Fluth und Winden
Gibt Wege, Lauf und Bahn,	Bestimmte Lauf und Bahn,
Der wird auch Wege finden,	Der wird schon Wege finden,
Da dein Fuß gehen kann.	Die dein Fuß gehen kann. [104]

Kein Wunder, dass die originale Akrostichon-Struktur der Strophenanfänge – (1) Befiehl – (2) dem Herrn – (3) deine – (4) Wege usw. – durch die unsensible Umdichtung der nachfolgenden Strophen zerstört wird. Man kann nur dankbar sein, dass derlei Reformen inzwischen im Wesentlichen rückgängig gemacht worden sind. Claudius weiß sich in seiner Kritik mit Herder einig, der damals ebenso weitsichtig wie unmissverständlich erklärt: »Ich für meine Person bin dem Änderungskitzel von Herzen gram und Feind.«[105] Doch während der Weimarer Generalsuperintendent in seinem Amtsbereich für Mäßigung zu sorgen weiß, muss sich Claudius in Wandsbek mit den neuen Fassungen herumärgern. Den Erinnerungen seiner Enkelin Agnes Perthes zufolge geht er »immer spät zur Kirche«, »weil er den Gesang aus dem dänischen Gesangbuch nicht gern« mag.[106] Er sitzt dann auf der Orgelempore, die man auch nach Gottesdienstbeginn noch unauffällig erreichen kann.

Die 1798 geborene Enkelin Agnes berichtet auch über andere Details aus dem Leben des späten Claudius. Der habe gemeinsam mit seiner Frau von den Kindern große Ehrerbietung erwartet und sich von ihnen »beim guten Morgen und gute Nacht sagen« die Hand küssen lassen. Zu Enkelinnen und Enkeln sei er von großer Herzlichkeit gewesen, habe auch gern lustige Geschichten erzählt. Und weiter: »Mein Großpapa stand sehr früh [auf] und frühstückte allein […] Nach dem Frühstück ging Großpapa in seine Stube, in früherer Zeit gab er seinen Kindern Unterricht und bereitete sie auf Schulpforta vor. […] Um 1 Uhr wurde gegessen, vor Tische machte Großpapa einen Spatziergang in den sogenannten englischen Garten, wozu er den Schlüssel vom Grafen Schimmelmann bekommen hatte. Er nahm uns Kinder und seinen treuen Hund Phylax [Wächter] mit. […] Gegen Abend spielte Großpapa gerne eine Partie Schach mit seiner Tochter Rebecka oder mit Pastor Schröder. Nach 9 Uhr ging er ins Bett und trank noch ein Glas Grog [gegen] seinen langjährigen Husten. Die Schlafkammerthüren wurden weit geöffnet und seine Söhne und Töchter musicirten.«[107]

Ähnliche Erinnerungen sind vom Sohn Fritz überliefert;[108] freilich sind beide – Fritz wie Agnes – zu ihrer Wandsbeker Zeit noch zu jung, um zu beobachten, dass Claudius weiterhin intensiv mit schriftstellerischen Arbeiten befasst ist – unter anderem mit der dreibändigen Fénelon-Übersetzung und den zahlreichen politischen und theologischen Abhandlungen, die meistenteils auch in den letzten *Asmus*-Bänden erscheinen. Auch sollte man nicht übersehen, dass Claudius nicht nur regelmäßig zum *Hamburgischen Correspondenten* und zum *Altonaer Merkur* greift, um das politische Tagesgeschehen zu verfolgen, dass er vielmehr unverändert Besucher willkommen heißt oder auch geschickt abwimmelt. Ein alter Freund, mit dem sich gut philosophieren lässt, ist Friedrich Heinrich Jacobi, inzwischen Pate von Fritz und Schwiegervater von Anna Claudius. Wie erwähnt, hatte er mit Claudius über die Philosophie Kants bereits korrespondiert; nunmehr kann der Dialog mündlich fortgeführt werden. Allerdings kommt es 1811 zu einem späten, in theologischen Differenzen gründenden Zerwürfnis.

So plastisch einzelne Berichte über den späten Claudius sein mögen – sie können weiße Flecken auf seiner biographischen Landkarte nicht verhindern. Was hat es zum Beispiel mit der Auskunft auf sich, die Claudius 1804 Caroline Herder erteilt, als sie nach dem Tod ihres Gatten dessen Briefe in ihren Besitz zu bringen versucht: »ich habe vor einigen Jahren, als einiger Schein zu etwanigen Heereszügen und Flucht war, meine Briefe verbrannt, auch die Herder und Hamann mir geschrieben hatten.«[109]

Das ist eine erstaunliche Mitteilung – zumal im goldenen Zeitalter der Briefkultur! Soll man Claudius' Begründung trauen, die politischen Zeitläufte hätten derlei Vorsorge- oder Vorsichtsmaßnahmen erfordert? Eher möchte man sich einen Menschen vorstellen, der schon von jeher nicht nur Todes-, sondern auch Endzeitgedanken in sich gehegt hat, diese jedoch in den Jahren nach der Französischen Revolution ins Kraut schießen lässt – nach dem Motto: »Was soll mir der intellektuelle Ballast, wo alles den Bach hinuntergeht. In meinen letzten Jahren will ich mich lieber ganz auf den Kern meines Glaubens und auf meine Familie konzentrieren!« Immerhin schreibt selbst die lebensfrohe Gattin Rebecca ihrer Tochter Anna im September 1807: »Ich bin wirklich so ge- und zerdrückt von allem, was in der Welt vorgeht, daß ich fast an kein erfreuliches Vornehmen oder Ereignis Anteil nehmen kann.«[110]

Vermutungen hin oder her, in der allerletzten Lebensphase gerät das Ehepaar Claudius tatsächlich in eine Art Endzeitstimmung – diesmal ausgelöst durch die realen politischen Ereignisse: 1811 wird Hamburg dem napoleonischen Herrschaftsbereich einverleibt; daraufhin gibt es eine Zollgrenze zwischen der Hansestadt und dem dänischen Wandsbek; außerdem macht die französische Zensur Claudius als einem »Prediger der Fürsten=Rechte und des Gehorsams« – wie er sich selbst tituliert – das Leben schwer.[111] Weil die kleinen Pensionszahlungen des Königs nicht mehr regelmäßig eintreffen, spielt er sogar mit dem Gedanken, nolens volens sein Haus zu verkaufen. Zwei Jahre später wird Hamburg zwar vorübergehend von russischen Truppen für die Alliierten zurückerobert, jedoch schon bald wieder von den Franzosen eingenommen. Dass dies mit Unterstützung der Dänen geschieht, lässt Claudius an der »deutschen Gesinnung« seines Königs verzweifeln. Als dessen Truppen auf dem Weg nach Hamburg an seinem Haus vorbeiziehen, wird er – den Erinnerungen von Agnes Perthes zufolge – »blaß und verl[iert] mehrere Stunden die Besinnung«.[112]

Mitte 1813 erscheint die Lage angesichts der zu erwartenden Kämpfe zwischen Franzosen und Alliierten so gefährlich, dass Claudius mit seiner Frau nach Schleswig-Holstein flüchtet, während Fritz das Wandsbeker Haus bewacht, das nunmehr wechselnden Einquartierungen dient und wie ein »Schweinestall« aussieht, als man nach »3/4 Jahre Unruhe und Sorge« wieder dorthin zurückkehrt, jedoch immerhin einen Garten vorfindet, der »grünt und blüht«.[113] Im Juni 1814 erscheint Claudius' letztes kleines Opus, nämlich ein Lied für »Die zurückgekehrten Vaterlandskämpfer« mit dem Beginn »Wohlauf Kameraden, *vom* Pferd, *vom* Pferd!«. Claudius dichtet es auf das Schema von Schillers bekanntem, in den Freiheitskriegen begeistert

Das mag Matthias Claudius gar nicht gefallen haben: Die französische Armee benutzt die Hamburger Petrikirche im Jahr 1813 als Pferdestall.

gesungenem Reiterlied »Wohlauf Kameraden, auf's Pferd, auf's Pferd« und will damit für ein friedliches Zusammenleben werben, nachdem die Koalitionstruppen Napoleon bezwungen haben:

> Krieg ist nur gut im Fall der Not,
> Nur gut des Friedens wegen.
> Durch Fleiß und Arbeit sich das Brot
> Erwerben, das bringt Segen.
> *Chor.* Nur häuslich Glück ist wahres Glück;
> Drum kehren wir dahin zurück.[114]

Nach vielen Wirren kommt die Familie im August 1814 zu Claudius' 74. Geburtstag fast vollständig in Wandsbek zusammen. Zugegen sind außer Auguste auch »Johannes, Prediger in Sahms, Fritz, Prokurator in Lübeck, Mine mit dem Kinde, Pastorin in Sahms, Ernst, Student in Berlin, Franz

Hamburg, Jungfernstieg 22: rechts das 1842 abgebrannte Sterbehaus von Matthias Claudius. »Die grünen Bäume auf dem Jungfernstieg, die Schwäne auf dem Wasser, die weißen Möwen in der Luft fliegend, die vielen verschiedenartigen Kähne und Segelschiffe, der lebendige Verkehr auf der Straße, das Alles vertrieb Großpapa die Zeit. Er hatte große Freude über die Aussicht und besonders über das große Stück Himmel. […] Er hatte keine großen Leiden, sein Körper litt an Altersschwäche, an einem Aufhören der Lebenskräfte. Ich habe einen Eindruck der größten Liebe und Freundlichkeit aus dieser Zeit« (Agnes Perthes, Erinnerungen an Matthias Claudius, *hg. v. Hansjörg Schmitthenner, München 1978, S. 37–39).*

dito«. Etwas verzögert trifft auch Caroline Perthes mit ihren Kindern aus Hamburg ein. Man ahnt Claudius' Stolz über seine Nachkommen und die Freude an dem ihm dargebrachten Ständchen: »Also 4 Söhne verkleideten sich in böhmische Studenten, und Johannes mit dem Violoncello, Fritz mit der Violine, Franz mit der Flöte und Ernst mit Beckers Baß unter den Linden und musizierten.«[115]

Doch dann geht es rasch dem Ende entgegen. Am 4. Dezember 1814 heißt es im Brief an Fritz: »Mit mir ist und bleibt es beim alten, und ich werde wohl am Ende in den sauren Apfel beißen und nach Hamburg hineinziehen müssen. Mama, die wirklich außerordentlich wohl ist, ist nun von meinem ewigen Kranksein mürbe geworden.«[116]

Noch vor Weihnachten zieht er in Begleitung Frau Rebeccas, die ihn um 17 Jahre überleben wird, in das Hamburger Haus der Perthes, wo er am 21. Januar 1815 stirbt. Begraben wird er vier Tage später auf dem Friedhof an der Wandsbeker Kirche. Zuletzt, so die Enkelin Agnes Perthes, »lag er still, die Hände gefaltet, den Blick, die wunderschönen Augen, nach oben gerichtet, halb 3 Uhr sprach er die Worte: Helft mir Gottes Güte preisen – Gott seg(*ne euch* nicht mehr).«[117]

Mein Claudius – heute

Porträtmaler entdecken in den Gesichtern ihrer Modelle einerseits neue Landschaften, andererseits neue Züge ihrer selbst. Als Musikforscher »male« ich bevorzugt Porträts von Komponisten, wobei ich auch dort sowohl auf neue musikalische Landschaften als auch auf neue Züge meiner selbst stoße. Im Fall Richard Wagners, dem mein letztes größeres Buch galt, hat mich das ein wenig erschrocken gemacht: Offenbar waren mir die hypertrophen Züge dieses »maßlosen« Meisters nicht so fremd, als dass ich sie nicht mit einiger Einfühlung hätte beschreiben können.

»Wenn man alt wird, so legt man sich aufs spaßen«, hat Carl Philipp Emanuel Bach anlässlich seiner späten, manchmal geradezu neckischen Klavier-Rondi bemerkt.[1] Demgemäß habe ich gedacht, dass ich inzwischen alt genug für den Spaß sei, einmal das Porträt eines Nichtmusikers zu malen. Die Gründe, die mich daraufhin ausgerechnet zu Matthias Claudius geführt haben, sind auf den zurückliegenden Seiten dieses Buches wohl deutlich geworden. Zum einen betrachte ich – den groben Vergleich nicht scheuend – den bescheiden auftretenden »Bothen« Asmus als ein mögliches Gegenbild zum selbst ernannten Kunstpropheten Wagner; zum anderen habe ich mich mit Claudius einem Künstler zugewandt, der mich schon seit Jugendtagen in ähnlicher Weise fasziniert hat wie ansonsten »meine« Komponisten von Bach bis Schönberg. Und dass mich an diesen vor allem das Werk beschäftigt, gilt auch für Claudius. Gerade im Falle von Claudius provoziert dieses Werk jedoch auch die der Person geltenden Fragen »Was hat er gedacht?«, »Wie hat er gelebt?«, »Wie lebte es sich zu seiner Zeit?«.

Man mag der Meinung sein, es genüge, große Musik zu *hören* und bedeutende Texte zu *lesen;* es bedürfe da keines Kommentars. Für mich wurzelt Kunst jedoch im Mythos; und demgemäß ist all mein Schreiben über Kunst, vom rein »Wissenschaftlichen« abgesehen, Arbeit am Mythos, um mit einem Buchtitel Hans Blumenbergs zu reden. Das heißt nun nicht, den Mythos Kunst erklären zu wollen. Eher geht es mir darum, auf die vom Mythos ausgehenden Lichtstrahlen zu reagieren, anstatt sie nur passiv wirken zu lassen. Eine Klaviersonate von Beethoven, ein Gedicht von Claudius hat für mich, pathetisch gesprochen, etwas so Unfassbares, dass ich genötigt bin, sie mir durch persönliche Aneignung vertrauter zu machen: Ich spiele die Sonate, so gut ich kann, und ich singe eine Vertonung des Gedichts, wenn mir danach ist.

Doch damit nicht genug: Menschen lieben Geschichten. Geschichten über die Liebe ersetzen zwar nicht die Liebe; dennoch hören wir sie gern, weil sie uns wie in einem Spiegel vorführen, was einmal war, wie es war, was noch kommen könnte oder nicht sein sollte. Dasselbe gilt von Geschichten über Künstler und Literaten. Wir brauchen sie als Vergleich und Selbstvergewisserung: So ist der oder die, so bin ich. In diesem Sinne habe ich Komponisten wie Bach, Mozart oder Wagner, nachdem ich über sie geschrieben hatte, zwar nicht unbedingt besser verstanden; eher sind sie mir, als ich mehr von ihnen wusste, ferner gerückt. Indem ich mich zu ihnen in Beziehung setzte, verstand ich jedoch mehr von mir selbst.

Ich bin froh, dass Heilige in der evangelischen Kirche keine Rolle spielen. So bin ich gar nicht erst in Versuchung, Claudius zu dem naiven Heiligen zu machen, der er nicht gewesen ist. Ich lebe in meiner Zeit und unter meinen Verhältnissen, muss meinen eigenen Weg finden, betrachte zudem den Weg des Wandsbeker »Bothen« letztlich nicht als vorbildlich. Dieser Weg kann jedoch auf spezifische Weise nachdenklich machen. Was man bei oder von Claudius lernen kann, lässt sich nicht in gleicher Weise von Franziskus von Assisi, Luther, Paul Gerhardt, Goethe, Schiller, Hölderlin, Rilke, Brecht, Kafka oder sonst wem lernen: Wie bei jedem markanten Menschen sticht auch bei Claudius etwas Einmaliges, Unwiederholbares ins Auge. Dessen Kern versuche ich abschließend aus meiner Sicht darzustellen – ein wenig erleichtert darüber, dass es ausnahmsweise einmal nicht um Musik geht. Denn während diese als ein Medium sui generis überhaupt nur in Metaphern beschreibbar ist, bleibt man, wo von Literatur die Rede ist, immerhin im gleichen Medium der Sprache, hat es demgemäß mit seinen Deutungen einfacher.

Ein »homme de lettres«, aber unzeitgemäß

Wenn sich Claudius als »homme de lettres«, als Schriftsteller, bezeichnet, so ist dies Mitte des 18. Jahrhunderts nicht ohne Pikanterie. In der Tradition des Absolutismus wird der »Schrift-Steller« nämlich von einer Standesperson ausgehalten: Er ist deren Hofpoet, Ghostwriter und Sekretär in einer Person und wegen solcher Abhängigkeiten von gelegentlich zwiespältigem Ansehen. Nicht nur die vom *Wandsbecker Bothen* betonte Bescheidenheit zitiert diese Tradition; vielmehr entspricht ihr auch das Lebenskonzept von Claudius, der in jungen Jahren intensiv nach Sekretärsposten Ausschau hält und später als freier Schriftsteller zumindest den Anspruch aufrechterhält, von seinem Landesherrn leidlich auskömmlich mäzeniert zu werden.

Indem sich Claudius in den »Bothen« verwandelt, gibt er seiner Profession zugleich ein grundlegend anderes Profil: Als einfältiger Asmus übernimmt er Züge des traditionellen Hofnarren, der das exklusive Privileg besitzt, seinen Herrscher mit dem sprichwörtlichen Fürstenspiegel zu konfrontieren und damit an seine Pflichten zu erinnern. »Narr« Asmus, wie Goethe ihn expressis verbis genannt hat, lebt jedoch nicht am Hof, sondern unter dem Volk. Dem hält er nicht den Fürstenspiegel, sondern die Bibel vor – gemäß der Maxime »Ein jeder sei untertan der Obrigkeit, die Gewalt über ihn hat«.[2] Bote Asmus eilt vermittelnd zwischen Volk und Adel hin und her, um für den Bestand der herrschenden gesellschaftlichen Ordnung zu werben, die für ihn von Gott eingesetzt ist.

Doch was heißt »Volk«, wenn es um die *Leser* geht? Wie viele Wandsbeker Bauern und Manufakturarbeiter mag Claudius in seinem Leben mehr als flüchtig gekannt oder freundlich gegrüßt haben – auf seinem Weg ins bürgerliche Hamburg, ins Schimmelmannsche Schloss oder ins Wandsbeker Pastorat? Ungeachtet der großen Sympathie, die er seinen Bauern allenthalben entgegenbringt, sind nicht sie seine Zielgruppe, sondern das Bürgertum. Von dort kommt er, und dorthin richtet er als »homme de lettres« seinen Blick. Denn bei aller Zeitkritik ist Claudius offen für die Vorstellung, dass die aufstrebende bürgerliche Klasse mehr ist als bloßes Scharnier zwischen Volk und Adel – nämlich ein Verantwortungsträger in Sachen Religion, Ethos, Kunst und Wissenschaft.

Wie wird man dieser Verantwortung als christlicher Schriftsteller gerecht? Folgt man nicht dem hohen Ton, den etwa Lessing mit seiner Schrift *Die Erziehung des Menschengeschlechts* anschlägt, so bietet die Zeit zwei Wege an: den des konservativen, mit Strafen drohenden Sittenpredigers und den des auf die Vernunft bauenden Menschenfreundes, dessen pädagogischer Zeigefinger gleichfalls recht bohrend sein kann. In den Augen von Claudius siegt in beiden Fällen das System über den Menschen, während das Herz kalt bleibt. So geht er seinen eigenen Weg, dessen Originalität von einer erstaunlich großen Zahl seiner Zeitgenossen registriert wird – zustimmend oder ablehnend. Es ist der Weg einer zweiten Naivität, die dem Bürgertum Hebammendienste bei der Freilegung von Erfahrungsweisen anbietet, die es mit allen Menschen teilt. Hier greift Claudius' Devise »Existenz ist die erste aller Eigenschaften«; und sie führt weiter zu der kritischen Frage: Was soll das beflissene Sich-Hochwinden am Baum der Erkenntnis? Erkenntnis ist gut, Schauen ist besser. Und was dieses Schauen betrifft, so kann man von Kindern lernen.

Die aus dem »Abendlied« stammende Zeile »Wie Kinder fromm und fröhlich sein« kann geradezu als Devise für diejenigen Partien seines Werks dienen, die uns heute besonders anrühren. Zur Kindlichkeit gehören das Recht auf eine naiv-fromme Weltsicht, weiterhin das allgegenwärtige

Lachen und schließlich der Wunsch nach starken, aus mythischen Tiefen aufsteigenden Bildern und drastischen Erzählungen. Die Verbindung dieser drei Momente macht das Spezifische von Claudius' Dichtungen aus. Jedoch imitiert er nicht die Sprache der einfachen Leute: Bei aller Prägnanz und Bildhaftigkeit bedient er sich einer Kunstsprache – genau so, wie Udo Lindenberg in seinen Deutschrock-Texten der 70er-Jahre die Jugendsprache nicht nachahmte, sondern imaginierte.

Dennoch greift Goethes Vorwurf, Claudius' »Einfaltsprätentionen« erhöben lediglich den Anspruch von Einfachheit, zu kurz. Der Zeitgenosse Mozart zeigt auf das Schönste, dass sich Musik komponieren lässt, die kunstvoll ist und doch von Wendungen lebt, die populär nicht nur sein wollen, sondern es auch sind. Am *Götz von Berlichingen* und am *Werther* lässt sich beobachten, dass zwar auch der junge Goethe auf Unmittelbarkeit setzt, jedoch etwas anderes darunter versteht: In seinen – wie auch in Schillers – Dichtungen soll die Form den Inhalt bändigen, letztlich über ihn triumphieren. Jeder soll sehen: Die Unmittelbarkeit ist kunstvoll hergestellt.

Claudius wäre kein Dichter, wenn nicht auch seine Unmittelbarkeit hergestellt wäre. Er muss Letzteres jedoch nicht demonstrieren, muss auch nicht beweisen, dass er niemals die Übersicht über das große Ganze verliert. Vielmehr malt er Bilder, beschreibt Situationen, erzählt Geschichten auf eine Weise, die jedermann glauben macht, es seien *seine* Bilder, *seine* Situationen, *seine* Geschichten. In diesem Sinne lässt sich Goethes Spott über die »Einfaltsprätentionen« leicht umkehren: Claudius hat nicht die Prätention, einfältig zu sein, vielmehr fehlt ihm die Prätention, als Dichter wahrgenommen zu werden. Man kann ihm abnehmen, dass er nur »Bothe« sein will – zwar ein besonderer, bei näherem Hinsehen hochgebildeter Bote, aber eben nur Bote, der sich nicht im Dichterolymp, sondern lieber in der Nähe seiner Leser aufhält.

Demgemäß nehmen fast alle seine Buchbesprechungen, wenn man sie überhaupt so nennen will, den Standpunkt des naiven Lesers ein, dem das gelehrte Philosophieren und Schwadronieren zuwider ist, der stattdessen lieber selbst räsonieren will. Dasselbe gilt für das oftmals ironische Verfahren des »Bothen«, die Nachrichten aus der großen Welt zusammenzustellen: »Wer soll aus dem ganzen Weltgeschehen jemals klug werden?« So lautet die unausgesprochene Frage. Diese Einstellung ist einerseits antiaufklärerisch, andererseits menschenfreundlich: Welcher Leser gäbe nicht netten Anekdoten und satirischen Zuspitzungen den Vorzug vor langatmigen Berichten oder kleinlichen Polemiken! Asmus muss sich da nicht mit seinen fachlichen Kompetenzen brüsten.

Er muss sich auch nicht als Kenner einer Poetik gerieren, die in antiker Tradition zwischen hohem, mittlerem und niederem Stil unterscheidet. Während man zum Beispiel Goethes Gedicht »Über allen Gipfeln / Ist Ruh« trotz seines lyrischen Tons dem erhabenen Stil zuordnen kann, wohingegen Brandners grobes Studentenlied »Es war eine Ratt' im Kellernest« dem niederen Stil zuzurechnen ist, verbieten sich bei Claudius solche Kategorisierungen. Oft mischt sich Ernstes mit Heiterem, Vergnügliches mit Frommem. Selbst in dem kurzen »Motetto, als der erste Zahn durch war« folgt dem scherzhaft-begeisterten Ausruf »Der Zahn soll Alexander heißen« alsbald der aus tiefem Herzen kommende Wunsch »Du liebes Kind! Gott halt ihn Dir gesund«. Ein Meisterwerk in der Mischung von »Scherz, Satire, Ironie und tieferer Bedeutung« ist Asmus' »Nachricht von meiner Audienz bey'm Kaiser von Japan« (siehe Seite 146–149).

Auch in anderen Texten setzt Claudius bereits in der Überschrift oder in der ersten Zeile starke Akzente in Gestalt bildkräftiger, oftmals geradezu »magischer« Wörter. In dieser Funktion erscheinen Sonne, Mond und Sterne; ferner die Göttin Victoria, der Kaiser von Japan, der Feldherr Alexander, der Riese Goliath, Herr Urian, der wilde Knochenmann, der kernfeste Winter. Allenthalben bestimmt ein mythischer, sagen- oder märchenhafter *Vorgang* die Situation, nicht aber ein sich wichtig nehmendes *Ich* – es zeige sich gefühlig wie in Sturm und Drang und Empfindsamkeit oder gedankenschwer wie in der späteren Weimarer Klassik.

Claudius präsentiert Personen und Dinge, die alltäglich sind und doch die Fantasie herausfordern. Auf diese Weise gelingt es ihm, Vorstellungen von Kindern und Erwachsenen zusammenzuführen: Was für die Kleinen fantastische Realität oder realistische Fantasie ist, rührt bei den Großen an ein überwunden geglaubtes Weltbild, zu dem sie gern zurückkehren, wenn sie auf die charmante Art des »Bothen« dazu eingeladen werden. Je weniger Zeigefingerpädagogik, je weniger auch idealistisches Hochgefühl, desto besser.

Nicht vergessen sei, dass Claudius nicht nur den ästhetischen, sondern zugleich den sozialen Diskurs pflegt. Zwar ist er nicht der Einzige, der sich damals konkret für »seine« Bauern, sogar für den schwarzen Mann auf der Zuckerplantage starkmacht und dafür wirbt, in jedem Menschen den Bruder zu sehen. Vielmehr gibt es in der Tradition von Pietismus und Aufklärung einen Chor von Stimmen, der soziales Unrecht anprangert; dieser Chor gehört jedoch vor allem dem theologischen und pädagogischen Lager an. Claudius ist der einzige gern gelesene *Dichter*, der sich leidenschaftlich der »sozialen Frage« annimmt – zwar nicht militant wie zwei Generationen später ein Georg Büchner, jedoch engagierter als die Philanthropisten seiner Zeit, denen es vorab um die Definition der eigenen Würde und um eine angemessene Erziehung der eigenen Kinder geht.

Ob Lessing, Herder, Klopstock, Goethe oder Schiller – keinem dieser Dichter und Denker sind die alltäglichen Sorgen der Bauern so nahegegangen, dass ihr Werk beständig davon spräche. Vielmehr bleibt ihnen »Volk« eine mehr oder weniger abstrakte Größe. Zwar sind einige von ihnen Claudius in der Tendenz voraus, »Untertanen« zum »Volk« zu nobilitieren; und vice versa mag man beklagen, dass Claudius sich weiterhin ein untertäniges Volk wünscht. Das schließt jedoch nicht aus, dass er an den materiellen Sorgen der Bauern Anteil nimmt wie kein zweiter unter seinen Dichterkollegen.

Beginnen wir mit zwei heiklen Punkten, nämlich mit Claudius' polemischer Verteidigung eines absolutistischen Herrscherbildes und mit seiner heftigen Ablehnung der Französischen Revolution. In der Flugschrift *Auch ein Beytrag über die Neue Politick* heißt es: »... etwas Festes muß der Mensch haben daran er zu Anker liege, etwas das nicht von ihm abhange, sondern davon er abhängt.«[3] Dass der Staatsbürger Claudius dieses »Feste« mit dem absoluten Königtum identifiziert, lässt ihn quälend unhistorisch denken und dabei übersehen, dass die Menschheit das Kommen und Gehen unzähliger Staatsformen überlebt hat. Da gibt es für uns Heutige nicht viel zu beschönigen – auch wenn man bedenkt, dass Claudius sich nicht nur auf Luther, sondern auch auf eine ganze Reihe von Zeitgenossen berufen konnte. Goethe etwa zeigt wenig Konsequenz, indem er zwar die Französische Revolution ablehnt, sich dann aber vor deren Vollstrecker Napoleon verneigt, als dieser ihn in Jena eines ausführlichen Gesprächs über *Werther* würdigt. Das ist geradezu sein *»ens realissimum«,* wie Nietzsche in der *Götzen-Dämmerung* bemerkt.[4] Claudius hingegen weicht von der einmal markierten Linie nicht ab – im Gegenteil: Als es in den Befreiungskriegen darum geht, im Kampf gegen Napoleons Truppen die alte »Ordnung« wiederherzustellen, gibt er seiner sympathischen, nämlich im Grundsatz ablehnenden Haltung gegenüber kriegerischen Auseinandersetzungen den Laufpass; denn Treue gegenüber der einmal eingesetzten Obrigkeit geht ihm über alles.

Doch damit genug der Kritik am politischen Claudius. Seine generelle Distanz zur Aufklärung lässt sich im 21. Jahrhundert ohne Weiteres nachvollziehen. Und man muss nicht Horkheimers und Adornos *Dialektik der Aufklärung* gelesen haben, um vor allem die Doppelgesichtigkeit dieser Aufklärung wahrzunehmen. Jede Stunde unseres Alltags konfrontiert uns mit den Wohltaten und Fatalitäten des Fortschritts; und jede zweite Nachricht über die Erfolge der Zivilisation lässt uns schaudern. Rund 32 000 Jahre alt sind die altsteinzeitlichen Höhlenmalereien in Südfrankreich, von denen Picasso 1940 gesagt haben soll: »Wir haben nichts Neues gelernt.« Man sieht Zeichnungen von Pferden, Bisons, Hirschen, Mammuts, Bären, Wollnashörnern. Wir selbst schaffen stattdessen »Endlager« genannte Höhlen, in denen für Hunderttausende von Jahren Atommüll strahlt – Fortschritt?

Es gibt inzwischen ganze Bücher über »die großen Irrtümer der Menschheit«. Wer sie liest, wird deshalb nicht generell den Fortschritt verdammen, jedoch Claudius' Aufklärungsskepsis mit Respekt begegnen. Schon viele seiner Zeitgenossen haben zu wissen gemeint, dass das Ganze der Welt nicht in den Kategorien der Vernunft zu fassen und die Geschichte nicht als rationaler Prozess zu begreifen sei, sondern weitgehend nur intuitiv nachvollzogen werden könne. Die Romantik hat den naiven Glauben an die Beherrschbarkeit der empirischen Welt vollends zerstört. Um uns solches klarzumachen, brauchen wir Claudius nicht unbedingt als Denker, wohl aber als Dichter.

Im Dialog mit Hans Blumenbergs Buch *Die Legitimität der Neuzeit* hat Hans-Georg Gadamer dafür plädiert, die Rede von der »Säkularisierung« der modernen Welt nicht mit dem Argument in Verruf zu bringen, dieser Terminus werte die Neuzeit von vornherein ab, indem er ihr spirituelle Defizite unterstelle. Letzteres ist nach Gadamer keine Unterstellung, sondern Tatsache: Wer »religiöse und mythische« Themen aus seinem Gesichtsfeld verbanne, ignoriere »einen Überhang der Fragen, den keine Form von Wissenschaft bewältigen« könne. Und weiter: »Auch das Poetische hat die Funktion, diesen Fragenüberschuß darzubieten.«[5] Das trifft ins Schwarze meiner Claudius-Darstellung: Wer mit mir die Auffassung teilt, dass der Mensch zum Fragen geboren sei, findet in Claudius einen Dichter, der auf das Schönste zu fragen vermag. Nehmen wir nur das Lied »Der Mond ist aufgegangen«: Aus dem Staunen über die Natur erwachsen Fragen, die nicht zu beantworten, gleichwohl befreiend sind, weil sie unseren Horizont weiten und unseren Blick auf das richten, was wir nicht sehen. In ähnlicher Weise stellt das Gedicht »Der Mensch« Fragen nach Herkunft und Ziel des Menschen, ohne sie zu beantworten: Es reicht, sie zu stellen, um Sehnsüchte ans Licht zu bringen, die uns – auf wohlgemerkt schlichteste Weise – über uns hinausheben.

Nicht zufällig habe ich für meine Biographie eines Nichtmusikers Matthias Claudius gewählt: Seine Lyrik erinnert mich an eine Sehnsucht nach Jenseitigem, die auch Musik in mir wachruft, sofern sie Weltsinn in Frageform aufscheinen lässt. (Deshalb sinkt die melancholische Frage eines Schubertschen Impromptus auch tiefer in mich ein als der affirmative Schluss der *Götterdämmerung.*)

Für die launigen Gedichte und Prosatexte von Claudius gilt Ähnliches in abgeschwächter Form. Auch dort gebiert der Schwebezustand, den die Mischung von Spaß und Ernst, von Gewichtigem und Trivialem hervorruft, einen Überhang an Fragen, die nachwirken. Die »Nachricht von meiner Audienz bey'm Kaiser von Japan« erscheint zum einen modern-surreal; zum anderen hat sie etwas Unauslotbar-Hintersinniges, das den Leser zum fragenden, über den Text hinausfantasierenden Kind werden lässt. Es gibt da immer wieder eine bezaubernde Aufsässigkeit des vermeintlich ach so frommen Dichters Claudius, die ihm bis heute eine Ehrenstellung auch unter den Meistern der Groteske sichert.

Das ist das Schöne an Kunst, Musik und Literatur: Während bestimmte Vorstellungen im philosophischen oder gesellschaftlichen Diskurs dieselben bleiben, von wem sie auch geäußert werden, schenken sie uns als Gegenstand von Gedichten, Kompositionen und Bildern durch jeden Künstler und in jedem Werk neue, unverwechselbare Erlebnisse. Man versteht deshalb, dass in der Weimarer Ästhetik die Form vor dem Inhalt rangiert. Und man wäre schlecht beraten, wenn man das Formvollendete an den besten Gedichten von Claudius übersähe … was nichts an der Einsicht ändert, dass »Form« immer die Form für einen Inhalt ist – in diesem Fall für einen Claudiusschen Inhalt.

Claudius' Werke gehören zum Literaturkanon, deshalb dürfen wir sie deuten. Sein Leben gehört uns jedoch nicht, daher sollten wir mit Mutmaßungen vorsichtig sein: Alle Details, die der Biograph mit dem Teleobjektiv zu sich heranholt, sind bloße Momentaufnahmen – einmal mehr, einmal weniger charakteristisch. Weil ich in den Alltag des »Lebenskünstlers« und »Hausvaters« Claudius nicht hineinsehen kann, will ich diese Seiten seines Wesens nur kurz skizzieren. Mehr glaube ich über den »Mystiker« und »christlichen Existenzialisten« Claudius sagen zu können, der ja nicht nur im Leben oder in Proklamationen über dieses Leben in Erscheinung tritt, sondern vor allem in seinem Schaffen.

Als Lebenskünstler sehe ich ihn nur in seinen frühen Wandsbeker Jahren vor mir. Damals, in den 70er- und 80er-Jahren des 18. Jahrhunderts, wird Claudius als ein solcher von vielen geschildert – gelegentlich auch spöttisch. So spricht die nicht nur umtriebige, sondern auch ungemein produktive Schriftstellerin Elise Reimarus vom »Wandsbecker Roußeau Claudius Asmus« (siehe Seite 99). Doch wer weiß, ob da kein Neid mitspielt. Neid angesichts eines gerade glücklich Vermählten, der unbesorgt um eine Karriere und ohne den Drang zur »Selbstoptimierung« durchs Leben geht, der zwischen Haben-Wollen und Schaffen-Müssen das Leben-Dürfen hochhält und damit zum Leitbild – nicht nur – für Freaks wird, die lieber auf den großen Erfolg verzichten als riskieren wollen, in den geisttötenden Diensten einer Institution zu verkümmern. Ich freue mich, dass es diesen Lichtpunkt gegeben hat – und das umso mehr, als sich Claudius' damalige Unbekümmertheit in seinem Werk niederschlägt. Zugleich registriere ich, dass der junge Ehemann sehr bald mit Hausvater- und Familienpflichten konfrontiert wird, welche die anfängliche Unbekümmertheit als ein Ideal erscheinen lassen, um dessen Realisierung täglich neu gekämpft werden muss.

Ich bewundere zwar auch sein lebenslanges Engagement als Hausvater, mag jedoch nicht im emphatischen Sinn von einem »Leben als Hauptberuf« sprechen – so der Untertitel der schönen Biographie des Claudius-Kenners Reinhard Görisch.[6] Denn solche Akzentsetzungen übergehen leicht die vielen christlichen Hausväter und -mütter, die ein halbes oder ganzes Dutzend Kinder großgezogen haben, ohne dass davon je Aufhebens gemacht worden ist. Doch vielleicht ist Claudius mit seiner Haltung, wie Görisch vermutet, »*anderen* beispielgebend« gewesen.[7] Dann müsste man freilich auch auf sein weniger beispielhaftes, weil fanatisch anmutendes Eifern für die bestehende Ordnung und gegen die Französische Revolution verweisen: Von diesem Impetus, der sich schwer mit der Vorstellung eines Lebens in Gelassenheit vereinbaren lässt, ist immerhin ein ganzes Drittel seiner Vita mitgeprägt.

Anstatt auf solchen Widersprüchen zu insistieren, wende ich mich dem Mystiker Claudius zu, der in meinen Augen einen ähnlich hellen Lichtpunkt darstellt wie der »launige« Claudius. Weil das zentrale Werk des Dichters trotz des gelegentlichen Interesses an okkulten Erscheinungen nichts von verstiegenem Mystizismus hat, darf man von einer Alltagsmystik sprechen, wie sie nicht nur in der christlichen Kirche, sondern in fast allen Religionen anzutreffen ist. Alltagsmystik bedeutet: Es geht nicht um sensationelle Vorgänge im Sinne von Stigmatisierungen, Visionen oder ergriffenem Stammeln – nicht einmal um die sprichwörtliche Loslösung des Mystikers von der Welt. Gemeint ist vielmehr eine Weltschau, die Raum lässt für den von Gadamer beschworenen »Überhang der Fragen, den keine Form von Wissenschaft bewältigen« kann.

Dieser Weltschau drückt christliche Theologie von Anfang an ihren Stempel auf. Im 13. Kapitel des 1. Korintherbriefes heißt es: »Wir sehen jetzt durch einen Spiegel in einem dunklen Wort; dann aber von Angesicht zu Angesicht.« Claudius kennt und zitiert dieses Paulus-Wort und weiß sich in solcher Weltsicht mit Hamann und Herder einig. Letzterer beschließt seine Schrift *Auch eine Philosophie der Geschichte zur Bildung der Menschheit* mit dieser Bibelstelle.[8] Wie es sich für einen Gelehrten gebührt, zitiert er jedoch das griechische Original, während Claudius exakt um die gleiche

Zeit in seinen *Bothen* einen vergleichsweise unschuldigen Text über den »Impetus Philosophicus« einrückt, der davon handelt, dass das menschliche Herz sich beständig nach dem Garten Eden sehne – jedoch: »der *Psyche* ward ein Schleier vor die Augen gebunden, und sie ausgeleitet zum Blinde-Kuh-Spiel«.[9]

Von Paulus geht es in der Geschichte der christlichen Mystik weiter zum Kirchenvater Laktanz, der den Menschen in antiker Tradition als einen »contemplator caeli« versteht und damit indirekt gegen die hybride Vorstellung angeht, man könne sich den Geheimnissen des Kosmos wissenschaftlich nähern.[10] Dass Laktanz an der in Gelehrtenkreisen schon damals belächelten Vorstellung festhält, die Erde sei eine Scheibe, hindert ihn nicht an Einsichten, die auf dem Weg über die mittelalterliche Mystik noch bei Martin Luther und Paul Gerhardt auf Resonanz stoßen – um nur Claudius' Kollegen im Bereich der christlichen Lieddichtung zu nennen. Auch er selbst pocht auf den Geheimnischarakter der göttlichen Offenbarung, steht zu »seinen« Mystikern und verteidigt als Protestant selbst das Mönchstum mit den Worten: »Aber unser Leben hier ist ja doch kein bloßes Manufakturwesen, und das Ende der Welt keine Frankfurter Messe.«[11]

Natürlich denkt man angesichts der meditativen Züge mönchischer Lebensformen an Claudius' Maxime »Existenz ist die erste aller Eigenschaften«. Existenz heißt vor diesem Horizont ja nicht zuletzt, der eigenen Existenz innezuwerden und die Tiefe eines Satzes zu ermessen, den die inzwischen fünfundachtzigjährige Agnes Heller, eine Überlebende des Holocaust, zu ihrer Lebensmaxime gemacht hat: »Der Sinn des Lebens ist zu leben.«[12] An anderer Stelle gibt die Philosophin ihrer Überzeugung Ausdruck, dass »alle großen Leistungen der Kultur aus den Bedürfnissen, Konflikten und Problemen des täglichen Lebens hervorgehen«.[13]

Für einen Christen bedeutet das, sich auf seine Geschöpflichkeit zu besinnen und – auf den Spuren des Franziskus von Assisi – einen Hauptberuf darin zu sehen, die Schöpfung zu preisen und sich selbst nicht als Krone, sondern als Bestandteil dieser Schöpfung zu erleben. Nicht von ungefähr redet Franziskus die Sonne in seinem berühmten »Sonnengesang« als »Bruder« an. Es gibt da unter Mystikern kein Richtig oder Falsch, kein Gut oder Böse, sondern – idealiter – nur gemeinsames Schauen. Im Alltag hat Claudius sicherlich nicht immer dementsprechend gelebt; jedoch strahlen manche seiner Texte eine Haltung aus, die auf paradoxe Weise seinszugewandt und seinsvergessen zugleich ist. Es sind nicht zuletzt Texte kindlich-heiterer Natur, denn Kinder sind in diesem Punkt die besten Lehrmeister. Claudius verweigert sich der Vorstellung, dass Gelehrte und vernünftige Leute die Wahrheit parat hätten. In der Korrespondenz zwischen Asmus und dem »Vetter« heißt es, die Philosophie betreffend: »In summa Vetter, die Wahrheit ist ein Riese der am Wege liegt und schläft, die vorübergehen, sehn seine Riesengestalt wohl, aber ihn können sie nicht sehen, und legen den Finger ihrer Eitelkeit vergebens an die Nase ihrer Vernunft. Wenn er den Schleier wegtut wirst Du sein Antlitz sehen.«[14]

Eng verbunden mit der Frage der Wahrheit ist diejenige nach der Gerechtigkeit. Dass Menschen unfähig sind, für absolute Gerechtigkeit zu sorgen, behauptet nicht nur Claudius. Zu meiner Überraschung lese ich Vergleichbares bei Alain Badiou. Der vom Marxismus inspirierte Gegenwartsphilosoph spekuliert in seinem Kommentar zu Platons Hauptwerk *Politeia,* in dem es vor allem um die Frage der Gerechtigkeit geht, dass es jenseits der von Individuen und Gemeinschaften ausgehandelten Verträge und unabhängig »von Körpern und Sprachen auch ewige Wahrheiten« geben müsse.[15]

Solches sich vorzustellen ist entlastend. Ich selbst habe im Zuge der Studentenbewegung von 1968 die Hoffnung gehegt, der Mensch könne den gesellschaftlichen Prozess in den Griff bekommen. Inzwischen ist mir dieses Globalziel ferngerückt. Ich bin froh, wenn ich vor Ort für etwas mehr Vernunft sorgen kann. Ich verstehe solches nicht als Zeichen von Zynismus oder Hoffnungslosigkeit, sondern als Ausdruck neuer Bescheidenheit. Von da ist es nicht weit zu Claudius' Entschluss, sich einer höheren Gerechtigkeit anzuvertrauen und Gott das Regiment zu überlassen.

Natürlich führt solches Denken allenthalben zu Spannungen – bereits im Leben und im Werk des »Bothen« selbst. Dort gibt es einerseits die heitere Lebensweise im Hier und Jetzt, andererseits tickt beständig die Zeitbombe mit Namen Tod; zwar ist die Welt ein lustiger Ort, jedoch nicht mehr als ein Durchgangslager, dessen Unvollkommenheit nur mit Aussicht auf die ewige Seligkeit zu ertragen ist. Man muss solche Widersprüche nicht zu glätten versuchen. Sie stehen für ein Leben, das ohne Ecken und Kanten nicht wäre, was es ist; und sie prägen ein Werk, das vom Autor als geschlossenes Œuvre weder gedacht noch ausgearbeitet worden ist.

Doch bei allen Widersprüchen bleibt etwas Beständiges: das unangefochtene Ja zur Kreatürlichkeit des Menschen und zum Genuss des Daseins. Claudius zieht an diesem Punkt eine deutliche Grenze zur Spiritualität der Mystik, der er ansonsten nahesteht. Gewiss ist der kreatürliche Mensch eine vergängliche Erscheinung, da schon an seiner Wiege Freund Hein Gevatter steht. Doch zugleich ist er zur Lebensfreude geschaffen: zur Lust an gutem Essen und Trinken; zur sexuellen Lust; zum Glücklichsein in der Natur; zum Genuss von Kunst; zum Vergnügen am Rollenspiel, an feinen Pointen oder derben Späßen. Diese Kreatürlichkeit ist voller Wunder. Sie begegnen einem im Neugeborenen, das man im Arm hält; als der »helle Schein«, den der erste Zahn in dem »kleinen Mund« verbreitet, als käme er direkt von Gott; in der Liebe; als Errettung aus Todesgefahr. Solche Kreatürlichkeit gilt es zu schützen – im Großen wie im Kleinen, bei Mensch und bei Tier. Sinnloses Kriegführen ist ebenso schöpfungswidrig wie die gnadenlose Parforcejagd. Freilich korrespondiert mit der Lust am Dasein eine Todesfurcht, die von Claudius zwar mutig benannt, jedoch in keinem Augenblick kleingeredet wird.

Mit seiner Haltung stellt sich der Dichter nicht nur gegen die Tendenz des Idealismus, angesichts der Todesverfallenheit des Menschen in das vermeintlich ewige Reich der Ideen zu flüchten, sondern auch gegen die lutherische Weltverachtung, welche im Menschen vor allem den »armen stinkenden Madensack« sieht.[16] Allerdings ist Claudius vom Idealismus weiter entfernt als von Paulus, Augustinus, Luther und deren jüdisch-christlichem Existenzverständnis. In diesem hat sein Motto »Was im Hirn ist, das ist im Hirn; und Existenz ist die erste aller Eigenschaften« durchaus seine Entsprechung. Und – vorausgeblickt – hat Claudius' Absage an jeglichen systemphilosophischen »Entwurf« des Menschen seine Entsprechung in der Vorstellung Martin Heideggers vom »In-die-Welt-Geworfensein« und vom »Sein zum Tode« des Menschen. Auch mit dessen von Wilhelm Dilthey übernommener Devise »Hinter das Leben kann das Denken nicht zurückgehen«[17] hätte sich Claudius anfreunden können. Er hält nichts von der idealistischen Pose, die dem Tod diverse Unsterblichkeitsfantasien entgegenschleudert: Es gibt den Tod, weil es das Leben gibt; und weil es das Leben gibt, muss es den Tod geben.

Ist er deshalb ein Existenzphilosoph mit christlichem Hintergrund? Dazu ein charakteristisches Detail. Als Heidegger innerhalb eines literaturästhetischen Disputs den bekannten Zürcher Germanisten Emil Staiger wegen seiner Interpretation des Mörike-Gedichts »Auf eine Lampe« tadelte und in diesem Kontext der einstigen »Sagekraft des Worts *scheinen*« nachtrauerte,[18] empfahl er seinem Bewunderer und jüngeren Kollegen als positives Gegenbeispiel Claudius' »Wiegenlied bei Mondschein zu singen« zur Lektüre. Bezeichnenderweise war es also einmal mehr der Dichter, nicht der Denker Claudius, der hier als Gewährsmann diente. Seinerseits hätte dieser sicherlich mit Heidegger gefremdelt – nicht nur wegen dessen eigenwilliger Sprache, sondern auch angesichts seiner im Zeichen des Nationalsozialismus geäußerten Vision, dass ein »anbrechende[s] deutsche[s] Dasein« dazu berufen sei, »Jahrtausende vor sich her« zu tragen.[19]

So unangemessen es wäre, den Wandsbeker »Bothen« unbesehen einer Geschichte der Existenzphilosophie einzuverleiben, so berechtigt ist es, ihn als wichtigen Stichwortgeber für einen christlichen Existenzialismus zu würdigen. Nicht nur Søren Kierkegaard las Claudius' Schriften und speziell seine Fénelon-Übersetzung; auch Dietrich Bonhoeffer schöpfte, wie erwähnt, aus Claudius. Nicht zu vergessen Gabriel Marcel, den man expressis verbis als christlichen Existenzialisten bezeichnet. Auch der französische Philosoph, dem 1964 der Friedenspreis des Deutschen Buchhandels verliehen wurde, beschäftigte sich – getreu dem Titel seines Hauptwerks *Être et avoir* – mit dem Widerspruch von »Sein und Haben« und der skeptischen Frage, ob menschlicher »Heroismus« ein Selbstwert sein könne:[20] Anstatt sich an Descartes' »Cogito ergo sum« delektieren oder alternativ im Nihilismus versinken zu müssen, stehe es dem Menschen offen, sich im »Liebesabgrund Gottes« zu verlieren und mit dessen »absolutem Du« in Verbindung zu treten.[21]

Sein eigenes Denken reflektierend, klagt Marcel freilich über die Mühsal, das „Problem des Seins […] in theoretischen Begriffen« zu fassen.[22] Womit wir wieder bei Claudius sind, der sein Eigentliches, nämlich die Geste intellektueller Abrüstung, allzu rasch zurückstellte, wo er – im Alter – in seinen theologischen, philosophischen und zeitkritischen Disputen grundsätzlich wurde. Zwar mag er sich selbst immer noch als jung-unkonventioneller David fühlen, der mit Pfeil und Bogen gegen den gepanzerten Goliath namens Aufklärung und Revolution angeht. Realiter hat er jedoch die Waffen des Establishments übernommen – sei es, dass er sich auf die theoretische Begrifflichkeit seiner Gegner einlässt, sei es, dass er an der Seite des Adels und konservativen Bürgertums für die Beibehaltung des Status quo kämpft.

Anders der Poet Claudius. Diesem gelingt bis ins Alter die Geste der Abrüstung: Seine Gedichte und dichterische Prosa sind Ausdruck einer Gelassenheit, die sich jenseits intellektueller und ethischer Maximen dem Fluss des Lebens anvertraut. Darin liegt zugleich ein Moment von Zeitunabhängigkeit. Während sich nämlich die Seelensprache von Goethes Gedicht »An den Mond« (»Füllest wieder Busch und Tal / Still mit Nebelglanz«) unschwer der Ära von Empfindsamkeit und Klassizismus und diejenige in Eichendorffs »Mondnacht« (»Es war, als hätt der Himmel / Die Erde still geküsst«) mühelos der Romantik zuordnen lässt, überschreitet Claudius' »Abendlied« »Der Mond ist aufgegangen« die Grenzen klassischromantischer Subjektivität und deutscher Innerlichkeit in Richtung zeitübergreifender menschlicher Existenzerfahrung. Selbst der »launige« Asmus ist ein Unzeitgemäßer, denn sein Spott gilt nicht einem dummen, unaufgeklärten Volk, sondern dem bornierten Wissen der Studierten; und seine vergnüglichen Texte appellieren an einen gesunden Menschenverstand, den nach Kräften zu gebrauchen noch keiner Zeit geschadet hat.

Zum Kern von Claudius' Denken scheint mir ein Satz des Kolumbianers Nicolás Gómez Dávila zu führen, der sich gegenüber den fortschrittlichen Strömungen seiner Zeit »auf verlorenem Posten« – so der Titel eines seiner Bücher – erlebte, geradezu als Reaktionär. Damit verband der vor zwanzig Jahren verstorbene Philosoph jedoch nicht den Gestus von Rückwärtsgewandtheit, sondern die Bereitschaft zur Änderung der Wegrichtung. In diesem Sinne hielt er dem Rationalismus der Aufklärung entgegen: »Der Abstand zwischen Gott und dem menschlichen Verstand ist so gewaltig, daß nur eine kindliche Theologie nicht kindisch ist.«[23]

* * *

Ein Buch über Claudius kann man nicht mit großen Worten beschließen. Ich belasse es deshalb bei einer Momentaufnahme von einem meiner meditativen Claudius-Spaziergänge rund um den Stockumer Bruch. Wie immer sind die Hunde dabei. Jola, die Mutter, ist schwarz, hat jedoch weiße Pfoten und eine weiße Schwanzspitze. Aby, einer ihrer Söhne, ist braun, hat jedoch gleichfalls weiße Pfoten und eine weiße Schwanzspitze. Nun könnte ich einen Genetiker fragen, welche Erbgüter für die Farbverteilung auf den beiden Fellen verantwortlich sind und warum es da beim Hund so viel mehr Variationsmöglichkeiten gibt als beim Menschen. Das könnte ich tun. Ich könnte auch einen mit Ablautbildung befassten Linguisten fragen, weshalb meine Hunde gerade noch »stark« *rennen – rannten – gerannt sind*, jetzt jedoch »schwach« *hecheln – hechelten – gehechelt haben*. Ich bin jedoch froh, mein Buch geschafft zu haben, erkläre die Farbenvielfalt der Hunde und den Formenreichtum der menschlichen Sprache als Wunder der Schöpfung und lasse Claudius' Gedicht »Täglich zu singen« in mir aufsteigen – in Franz Schuberts Vertonung von 1817, die zwar nicht die bekannteste, einem Schubert-Freund jedoch die nächste ist. Und ich denke: Wenn sich schon der vom Lebensglück nicht verwöhnte, zudem früh verstorbene Schubert nicht nur Claudius' »Der Tod und das Mädchen«, sondern auch diese Verse kompositorisch zu eigen gemacht hat, wie sollte ein mit dem Leben versöhnter älterer Mensch nicht wie zu Kinderzeiten singen dürfen:

Täglich zu singen

Franz Schubert, D 533

Darf das Buch eines Wissenschaftlers so persönlich enden? Ein Goethe-Interpret würde dergleichen kaum wagen; ein Claudius-Biograph kann es sich leisten!

ANHANG

Anmerkungen

Mein Claudius – damals

1 Matthias Claudius, Sämtliche Werke, hg. v. Rolf Siebke und Hansjörg Platschek, 8. Aufl., Düsseldorf und Zürich 1996, S. 217f. (künftig: W)

2 W 473

3 Janne Teller, »Zwischen den Zeilen«, in: Lettre International, Sommer 2012, S. 126 – 127, hier S. 126

4 vgl. Richard Alewyn, »Die Lust an der Angst«, in: ders., Probleme und Gestalten, Essays, Frankfurt a. M. 1974, S. 307 – 330

5 Rainer Marx, »Unberührte Natur, christliche Hoffnung und menschliche Angst – Die Lehre des Hausvaters in Claudius' Abendlied«, in: Karl Richter (Hg.), Gedichte und Interpretationen, Bd. 2, Stuttgart 1983, S. 341 – 355, hier S. 344

6 Eine ausführliche Übersicht bietet u. a. Albrecht Beutel, »›Jenseit des Monds ist alles unvergänglich‹. Das ›Abendlied‹ von Matthias Claudius«, in: Zeitschrift für Theologie und Kirche, 87 (1990), S. 487 – 520

7 Johann Gottfried Herder, Volkslieder. Nebst untermischten andern Stücken, 2. Teil, Leipzig 1779, S. 4

8 Beutel 1990, S. 516

9 Wolfgang Koeppen, Nach Russland und anderswohin. Empfindsame Reisen, Stuttgart 1958, S. 7

10 Koeppen 1958, S. 8

11 Bertolt Brecht, Werke, Große kommentierte Berliner und Frankfurter Ausgabe, Bd. 11, Weimar und Frankfurt a. M. 1988, S. 49f.

1. Von Reinfeld nach Wandsbek

1 W 19f.

2 Urban Roedl [d. i. Bruno Adler), Matthias Claudius. Sein Weg und seine Welt, 3. Aufl., Hamburg 1969, S. 14

3 Roedl 1969, S. 13

4 W 262

5 Wolfgang Stammler, Matthias Claudius, der Wandsbecker Bothe. Ein Beitrag zur deutschen Literatur= und Geistesgeschichte, Halle 1915, S. 10

6 W 69f.
7 Jörg-Ulrich Fechner (Hg.), Matthias Claudius, Tändeleyen und Erzählungen, Reprint, Hamburg 1998, S. 76
8 W 19
9 Fechner (Hg.) 1998, S. 63f.
10 Matthias Claudius, Botengänge. Briefe an Freunde, hg. v. Hans Jessen, Witten 1965, S. 15 (künftig: Briefe an Freunde)
11 Briefe an Freunde 18
12 Briefe an Freunde 58
13 Klopstocks sämmtliche Werke, Bd. 4, Leipzig 1839, S. 158
14 Briefe an Freunde 33
15 Briefe an Freunde 32
16 Briefe an Freunde 34
17 W 729
18 W 749
19 W 775
20 W 75–77
21 Friedrich Schiller, Werke, Nationalausgabe, Bd. 20, Weimar 1962, S. 382
22 Martin Geck, Mozart. Eine Biographie, Reinbek 2005, S. 220f.
23 Wichmann von Meding, »Matthias Claudius 1740–1815: Narr am Hof der regierenden Aufklärung«, in: Literatur in Wissenschaft und Unterricht, 24 (1991), S. 3–16
24 Briefe an Freunde 50
25 Wolfgang Stammler, »Claudius und Gerstenberg«, in: Archiv für das Studium der neueren Sprachen und Literaturen, deutsches Sonderheft, Braunschweig und Berlin 1920, S. 21–58, hier S. 29
26 Stammler 1920, S. 29
27 Stammler 1920, S. 32f.
28 Stammler 1920, S. 33
29 Johann Friedrich Reichardt, Autobiographische Schriften, hg. v. Günter Hartung, Halle 2002, S. 124f.
30 Reichardt 2002, S. 127
31 Wandsbecker Bothe, 4. Januar 1771, in: Der Wandsbecker Bothe, Jg. 1–5, 1771–1775, 5 Bde., Faksimile-Nachdruck, hg. v. Karl Heinrich Rengstorf und Hans-Albrecht Koch, Hildesheim und New York 1978 (künftig: WB)
32 W 139
33 Carl Mönckeberg, Lessing als Freimaurer, Hamburg 1880, S. 53–55. Hier zitiert nach Jörg-Ulrich Fechner, »Claudius – Bach – Reichardt – Schlabrendorf: Zur

Notwendigkeit einer wissenschaftlichen Ausgabe der Briefe von und an Matthias Claudius«, in: Friedhelm Debus (Hg.), Matthias Claudius. 250 Jahre Werk und Wirkung, Göttingen 1991, S. 121–142, hier S. 126

34 Fechner 1991, S. 126

35 Klaus Bohnen, »Lessing und Claudius«, in: Jörg-Ulrich Fechner (Hg.), Matthias Claudius 1740–1815. Leben – Zeit – Werk, Tübingen 1996, S. 111–133, hier S. 113

36 Vgl. Reinhard Görisch, Matthias Claudius und der Sturm und Drang. Ein Abgrenzungsversuch. Vergleiche mit Goethe, Herder, Lenz, Schubart und anderen am Beispiel eschatologischer Vorstellungen im Kontext des Epochenbewußtseins, Frankfurt a. M. 1981

37 Roedl 1969, S. 53

38 Briefe an Freunde 68

2. Der *Wandsbecker Bothe*

1 WB 1. Januar 1771

2 Stammler 1915, S. 64

3 Diese Zitate nach: Holger Böning, Periodische Presse. Kommunikation und Aufklärung. Hamburg und Altona als Beispiel, Bremen 2002, S. 80

4 Stammler 1915, S. 104

5 Böning 2002, S. 80

6 Böning 2002, S. 87

7 Böning 2002, S. 78

8 Briefe an Freunde 74

9 Böning 2002, S. 93

10 Böning 2002, S. 98

11 WB 1. Januar 1771 – fehlt in W

12 Christian Felix Weißens Selbstbiographie, hg. v. Christian Ernst Weiße und Samuel Gottlob Fritsch, Leipzig 1806, S. 141. Ferner: Jakob Minor, Christian Felix Weiße und seine Beziehungen zur deutschen Literatur des 18. Jahrhunderts, Innsbruck 1880, S. 236

13 WB 14. Juni 1771

14 WB 11. August 1775

15 die von mir nicht im Einzelnen nachgeprüfte Aufzählung der Namen vor allem nach F. J. Curt Hoefer, Der Wandsbecker Bothe. Ein Beitrag zur Geschichte der deutschen Publizistik im 18. Jahrhundert, Diss. Leipzig 1945 (maschinenschriftlich), S. 209, und Böning 2002, S. 94

16 WB 9. März 1774

17 WB 19. November 1771
18 WB 6. Februar 1772
19 WB 2. Juni 1774
20 Empfindsame Reisen durch Deutschland von S***, Erster Theil, Wittenberg und Zerbst 1771, S. 2
21 ebd., S. 265
22 WB 18. Juni 1771
23 ebd.
24 WB 21. Oktober 1774. In W geringfügig überarbeitet
25 WB 24. März 1774
26 W 44
27 WB 20. August 1771
28 ebd.
29 WB 23. Mai 1775
30 WB 18. Juni 1771
31 WB 26 . Oktober 1773
32 WB 20. September 1771
33 WB 8. April 1772
34 Sabine Schwarz, Die anatomische Privatsammlung der Anatomenfamilie Meckel, Diss. Halle-Wittenberg 2000, S. 5f. (im PDF-Format ins Internet gestellt; Abruf am 20. 8. 2013)
35 Johann Caspar Lavater, Physiognomische Fragmente, zur Beförderung der Menschenkenntniß und Menschenliebe, dritter Versuch, Leipzig und Winterthur 1777, Faksimiledruck Zürch 1969, S. 216, Auslassungspunkte im Original. Ein weiterer Schattenriss in: (Lose), Schattenrisse edler Teutschen, Bd. 1, Halle 1783, nach S. 36
36 W 546
37 W 118
38 Friedrich Lauchert, G. Chr. Lichtenberg's schriftstellerische Thätigkeit …, Göttingen 1893, S. 29
39 Roman Bucheli, »Flammende Plädoyers in Klagenfurt«, in: Neue Zürcher Zeitung, 4. Juli 2013
40 Georg Christoph Lichtenberg, Briefwechsel, Bd. 1, hg. v. Ulrich Joost und Albrecht Schöne, München 1983, S. 479
41 Manfred von Stosch (Hg.), Der Briefwechsel zwischen J. M. Miller und J. H. Voß, Berlin und Boston 2012, S. 107
42 Christian Friedrich Daniel Schubart, Deutsche Chronik, 2. Jg., 92. Stück vom 16. 11. 1775, S. 736

43 Jörg-Ulrich Fechner, »›Auf Asmus Tod‹ – 1775. Zeitgenössische Claudius-Spuren in Schlesien«, in: Jahresschriften der Claudius-Gesellschaft, 1 (1992), S. 22–33

44 Christian Friedrich Daniel Schubart, Deutsche Chronik, 3. Jg., 4. Stück vom 11.1.1776, S. 27f.

3. Das kleine Wandsbek und die große Welt

1 W 546

2 WB 28. November 1772

3 Carl Mönckeberg, Matthias Claudius. Ein Beitrag zur Kirchen= und Litterar= Geschichte seiner Zeit, Hamburg 1869, S. 67

4 Briefe an Freunde 81

5 Briefe an Freunde 79

6 Georg Christoph Lichtenberg, Schriften und Briefe, Bd. 1, München 1967, S. 279

7 Johann Georg Hamann, Briefwechsel, Bd. 3, hg. v. Walther Ziesemer und Arthur Henkel, Wiesbaden 1957, S. 263ff.

8 Briefe an Freunde 78

9 Briefe an Freunde 80f.

10 Stammler 1915, S. 104

11 Briefe an Freunde 85

12 Hamann 1957, S. 99

13 Briefe an Freunde 85f.

14 Helmut Glagla und Dieter Lohmeier (Hg.), Matthias Claudius 1740–1815. Ausstellung zum 250. Geburtstag, Heide 1990, S. 116

15 Briefe an Freunde 87

16 ob es sich bei der Wendung »und nun ist Betty mein« um ein Zitat handelt, habe ich nicht feststellen können

17 Anonymus [= Friedrich Gottlieb Klopstock], »Gesetze der Gelehrtenrepublik in Deutschland«, in: Der Hypochondrist, eine holsteinische Wochenschrift, 2. Teil, 2. verbesserte und vermehrte Auflage, Bremen und Schleswig 1771, S. 629–667, hier S. 650

18 WB 27. März 1772

19 Jörg-Ulrich Fechner, »Claudius und Herder. Eine Skizze«, in: Fechner (Hg.) 1996, S. 135–149, hier S. 140

20 Briefe an Freunde 82

21 Ernst-Peter Wieckenberg, Johan Melchior Goeze, Hamburg 2007, S. 168

22 W 66

23 hier nach dem Originaldruck von 1772 beschrieben. Für die *Sämmtlichen Werke* hat Claudius den Kupferstich verändert, nämlich noch etwas frecher gemacht
24 Angaben nach Stammler 1915, S. 234, und W 1052
25 Klaus-Jürgen Stock, »Matthias Claudius. Alle freimaurerischen Artikel im ›Wandsbecker Bothen‹ 1771–1775«, in: Quatuor Coronati. Jahrbuch für Freimaurerforschung, 27 (1990), S. 77–99
26 W 901f.
27 Briefe an Freunde 119f.
28 Briefe an Freunde 126–128
29 Briefe von Johann Heinrich Voß nebst erläuternden Beilagen, hg. v. Abraham Voß, Bd. 1, Halberstadt 1829, S. 268
30 ebd., S. 269f.
31 Voß, Briefe, Bd. 2, Halberstadt 1830, S. 245f.
32 ebd., S. 192
33 ebd., S. 283f.
34 Stosch (Hg.) 2012 (vgl. Kap. 2, Anm. 41), S. 83
35 Voß 1829, S. 301
36 Stammler 1915, S. 102
37 Stammler 1915, S. 103
38 Stammler 1915, S. 105f.
39 Voß 1829, S. 284f.
40 Briefe an Freunde 216
41 zitiert nach Annelen Kranefuss, Matthias Claudius, Hamburg 2011, S. 137
42 W 821
43 Ernst Schröder, »Der Wandsbecker Bote. Persönlichkeit und Lebensweise, von seinem Sohn Fritz mitgeteilt«, in: Eckart. Blätter für evangelische Geisteskultur, 16 (1940), S. 217
44 Letzteres bis etwa 1795 – vgl. Schröder 1940, S. 217
45 Schröder 1940, S. 217
46 Glagla und Lohmeier (Hg.) 1990, S. 92
47 Christian Degn, Die Schimmelmanns im atlantischen Dreieckshandel. Gewinn und Gewissen, Neumünster 1974, S. 40
48 Degn 1974, S. 115
49 Degn 1974, S. 161
50 Degn 1974, S. 108
51 Degn 1974, S. 110
52 Degn 1974, S. 159

53 Wilhelm Grabke, Wandsbek und Umgebung, Hamburg 1960, S. 120f.
54 WB 2. Mai 1772
55 Balthasar Münter, Bekehrungsgeschichte des vormaligen Grafen und Königlichen Dänischen Geheimen Cabinetsministers Johann Friederich Struensee, nebst desselben eigenhändiger Nachricht von der Art, wie er zur Aenderung seiner Gesinnungen über die Religion gekommen ist, Kopenhagen 1772, S. 279
56 WB 4. September 1772
57 WB 9. September 1772
58 W 56
59 WB 31. August 1773, W 17f.
60 Jörg-Ulrich Fechner, »›Claudius in Halberstadt‹. Zu einer poetischen Epistel Klamer Eberhard Karl Schmidts über Claudius' Besuch bei J. W. L. Gleim«, in: Jahresschriften der Claudius-Gesellschaft, 4 (1995), S. 19 – 42, hier S. 26
61 vgl. Grabke 1960, S. 123
62 Walter Frahm, »Die Beziehungen des Wandsbeker Boten zum Wandsbeker Gutsherrn«, in: Nordelbingen, 12 (1936), S. 278 – 283, hier S. 282
63 Erich Fried, Warngedichte, Frankfurt a. M. 1980, S. 134
64 W 150
65 W 19
66 WB 21. August 1772
67 W 18f.
68 W 67f.
69 W 149f.
70 WB 18. August 1773. Dort ohne Verfasserangabe. Jedoch verweist der Zusatz »an meinem Gebuhrtstage« deutlich auf Claudius selbst hin
71 Belege bei Stammler 1915, S. 90f.
72 WB 9. November 1774
73 Briefe an Freunde 121f.
74 W 11
75 W 13 – 15
76 Briefe an Freunde 117
77 Hans-Albrecht Koch und Rolf Siebke, »Unbekannte Briefe und Texte von Matthias Claudius nebst einigen Bemerkungen zur Claudius-Forschung«, in: Jahrbuch des Freien Deutschen Hochstifts, 1972, S. 1 – 35, hier S. 15
78 Briefe an Freunde 193
79 Hamann 1957, S. 189

4. Das Darmstädter Intermezzo

1 W 174
2 Stammler 1915, S. 107
3 Jörg-Ulrich Fechner (Hg.), Hessen=Darmstädtische privilegirte Land=Zeitung 1777, Faksimileausgabe des von Matthias Claudius redigierten Teils ..., Darmstadt 1978, S. 222
4 Briefe an Freunde 177f.
5 Briefe an Freunde 178f.
6 Kranefuss 2011, S. 127
7 Stammler 1915, S. 108. Nicht in Voß' Briefausgabe enthalten
8 Briefe an Freunde 192
9 Briefe an Freunde 193
10 Briefe an Freunde 216f.
11 Briefe an Freunde 202
12 zitiert nach: Siobhán Donovan und Annette Lüchow, »Matthias Claudius und die Volksaufklärung«, in: Jahresschriften der Claudius-Gesellschaft, 9 (2000), S. 6–25, hier S. 15
13 Anonymus [= Friedrich Carl von Moser], Der Herr und der Diener geschildert mit Patriotischer Freyheit, Frankfurt a. M. 1759, S. 87
14 Briefe an Freunde 217
15 Briefe an Freunde 207
16 Fechner 1978, S. 238
17 Briefe an Freunde 231f.
18 Fechner 1978, S. 269
19 Fechner 1978, S. 270
20 Fechner 1978, 1. Januar 1777
21 Fechner 1978, 8. Januar 1777
22 Fechner 1978, 1. März 1777
23 Fechner 1978, 8. Januar 1777
24 Fechner 1978, 29. Januar 1777. Vgl. Fechners Kommentar, S. 267
25 Fortgesetzte Neue Genealogisch=Historische Nachrichten von den Vornehmsten Begebenheiten, welche sich an den Europäischen Höfen zutragen ..., 89. Theil, Leipzig 1769, S. 344
26 Fechner 1778, 1. März 1777
27 W 136
28 W 464
29 Gerhard Kölsch, Georg Adam Eger (1727–1808): Jagdmaler am Hessen-Darm-

städter Hof. Katalog der Werke im Museum Jagdschloss Kranichstein, Petersberg 2010, S. 37

30 W 156f.

31 vgl. Jörg-Ulrich Fechner, »›'Tame, 'Haschmu,: 'Portolabi 'Paehu.‹ Einige Fakten, Überlegungen und vorläufige Schlußfolgerungen zu Matthias Claudius' ›Nachricht von meiner Audienz bey'm Kaiser von Japan‹«, in: Jahresschriften der Claudius-Gesellschaft, 13 (2004), S. 22–32, hier S. 29

32 W 144

33 W 149

34 W 146

35 W 142

36 W 142

37 W 143

38 W 147

39 W 149

40 Cosima Wagner, Die Tagebücher, Bd. 2, München und Zürich 1977, S. 125

41 Briefe an Freunde 277

42 vgl. Fechner 2004, S. 26

43 Reiner Andreas Neuschäfer, »›Wie man mit Ehren fechten soll‹ oder: Matthias Claudius als David in Darmstadt. ›Die Geschichte von Goliath und David, in Reime bracht‹«, in: Jahresschriften der Claudius-Gesellschaft, 15 (2006), S. 5–20, hier S. 6

44 Drap d'argent = Silbertuch; advenant = passend

45 Sarras = Säbel

46 W 166f.

47 W 126f.

48 Johann Heinrich Merck, Werke, ausgewählt und hg. v. Arthur Henkel, Frankfurt a. M. 1968, S. 389

49 Briefe an Freunde 222

50 W 95

51 Walter Münz, »›Der Zahn soll Alexander heißen.‹ Spurensuche zu einem Vers von Matthias Claudius«, in: Jahresschriften der Claudius-Gesellschaft, 20 (2011), S. 17–24

52 W 239

53 W 162

54 Fechner 1978, S. 242

55 Fechner 1978, S. 242

56 Briefe an Freunde 245
57 Briefe an Freunde 245
58 Briefe an Freunde 246
59 Briefe an Freunde 246
60 Briefe an Freunde 247
61 Friedrich Müller, genannt Maler Müller, Briefwechsel, kritische Ausgabe, Teil 1, hg. v. Rolf Paulus und Gerhard Sauder, Heidelberg 1998, S. 51
62 Stammler 1920, S. 48f.
63 Briefe an Freunde 257
64 Lewis de Bougainville, A Voyage round the World, translated from the French by John Reinhold Forster, London 1772, S. 470f.
65 Briefe an Freunde 234
66 zitiert nach Kranefuss 2011, S. 160f.

5. »…Verachtet, und verehret; hat Freude, und Gefahr …«

1 W 248
2 Stammler 1915, S. 123
3 Stammler 1915, S. 123
4 W 546
5 Hamann 1957, S. 252
6 Hamann 1957, S. 242
7 W 162
8 Der Prediger Salomo. Mit einer Einleitung von Doris Lessing, Frankfurt a. M. 2000, S. 13
9 Gerhard Kaiser, Augenblicke deutscher Lyrik, Frankfurt a. M. 1987, S. 163 und S. 167
10 Friedrich Hölderlin, Sämtliche Werke und Briefe, hg. v. Günther Mieth, Bd. 3, 2. Aufl., Berlin 1995, S. 410
11 Johann Wolfgang von Goethe, Gedenkausgabe der Werke …, Bd. 1, Zürich und Stuttgart 1950, S. 345
12 Siobhán Donovan, Der christliche Publizist und sein Glaubensphilosoph. Zur Freundschaft zwischen Matthias Claudius und Friedrich Heinrich Jacobi, Würzburg 2004, S. 175
13 Reiner Andreas Neuschäfer, »Dietrich Bonhoeffer und Matthias Claudius. Spuren des Wandsbecker Boten bei Bonhoeffer«, in: Dietrich Bonhoeffer Jahrbuch, 5 (2011/2012), S. 167–187, hier S. 172
14 W 29f.

15 Briefe an Freunde 330
16 vgl. Görisch 1981
17 W 644
18 W 644. Vgl. Annelen Kranefuss, »›Und er kömmt nimmer wieder‹. Poetische Endlichkeitsreflexionen bei Matthias Claudius«, in: Friederike Felicitas Günther und Torsten Hoffmann (Hg.), Anthropologien der Endlichkeit. Stationen einer literarischen Denkfigur seit der Aufklärung. Für Hans Graubner zum 75. Geburtstag, Göttingen 2011, S. 37–54
19 Wolfgang Martens, »Gegen den Zeitgeist gerichtet: Matthias Claudius' Gedicht ›Der Mensch‹«, in: Zeitschrift für Deutsche Philologie, 110/4 (1991), S. 505–515, hier S. 505
20 Rolf Kussl (Hg.), Themen und Texte. Anregungen für den Lateinunterricht, Speyer 2010, S. 135
21 Des Quintus Horatius Flaccus Werke von Johann Heinrich Voss, Bd. 1, Heidelberg 1806, S. 28
22 Agnes Heller, Der Mensch der Renaissance, aus dem Ungarischen von Hans-Henning Paetzke, Frankfurt a. M. 1988, S. 118
23 Voß 1830, S. 20f.
24 W 149f.
25 Briefe an Freunde 319
26 Jan Wartenberg, »Unbekannter Brief Friedrich Heinrich Jacobis an Matthias Claudius aus dem Jahr 1778«, in: Jahresschriften der Claudius-Gesellschaft, 21 (2012), S. 6–16, hier S. 11
27 Donovan 2004, S. 22
28 Wartenberg 2012, S. 6
29 Friedrich Heinrich Jacobi, Briefwechsel 1775–1781, hg. v. Peter Bachmaier u. a., Stuttgart-Bad Cannstatt 1983, S. 69
30 Jacobi 1983, S. 253
31 Jacobi 1983, S. 255
32 Carmen Götz, Friedrich Heinrich Jacobi im Kontext der Aufklärung. Diskurse zwischen Philosophie, Medizin und Literatur, Hamburg 2008, S. 195
33 Friedrich Heinrich Jacobi, Briefwechsel 1775–1781, Kommentar, hg. v. Michael Brüggen u. a., Stuttgart-Bad Cannstatt 1997, S. 76f.
34 Wolfgang Frühwald, »Der Sonne und des Mondes Philosoph. Matthias Claudius in seiner Zeit«, in: Debus (Hg.) 1991, S. 13–40, hier S. 14
35 Frühwald 1991, S. 18
36 Briefe an Freunde 355

37 Briefe an Freunde 359
38 Agnes Perthes, Erinnerungen an Matthias Claudius, hg. v. Hansjörg Schmitthenner, München 1978, S. 23f.
39 Matthias Claudius, Asmus und die Seinen. Briefe an die Familie, hg. v. Hans Jessen und Ernst Schröder, Berlin o. J. [1940], S. 181 (künftig: Familienbriefe)
40 Perthes 1978, S. 23
41 Vgl. Hans-Diether Grohmann, Matthias Claudius als Übersetzer französischsprachiger Schriftsteller. Eine translationskritische Analyse ..., Neumünster 1995
42 Grohmann 1995, S. 23
43 Grohmann 1995, S. 63
44 Conrad Siegmund Ziehen, Nachricht von den möglichen Ursachen der Revolution der Erde, und der Auflösung der Welt, auf eine natürliche Weise, und vom Jüngsten Tage ..., o. O. 1784
45 Wolfgang Stammler, »Gleim und Claudius«, in: Zeitschrift des Harz-Vereins für Geschichte und Altertumskunde, 47 (1914), S. 103 – 140, hier S. 125
46 W 237
47 W 237
48 Grohmann 1995, S. 70
49 Grohmann 1995, S. 84
50 Walter Jens (Hg.), Kindlers Neues Literatur Lexikon, Bd. 14, München 1991, S. 628
51 Grohmann 1995, S. 37
52 Grohmann 1995, S. 299
53 Grohmann 1995, S. 20
54 Glagla und Lohmeier (Hg.) 1990, S. 150f.
55 Glagla und Lohmeier (Hg.) 1990, S. 152
56 Kranefuss 2011, S. 217
57 W 1052
58 W 910
59 W 932
60 Stammler 1915, S. 151
61 Briefe an Freunde 348
62 Stammler 1915, S. 152
63 Johann Georg Hamann, Briefwechsel, Bd. 5, hg. v. Walther Ziesemer und Arthur Henkel, Wiesbaden 1965, S. 246
64 Johann Wolfgang von Goethe, Gedenkausgabe der Werke ..., Bd. 18, Zürich und Stuttgart 1951, S. 804

65 Briefe an Freunde 291
66 Fechner 1995, S. 24
67 Johann Wolfgang von Goethe, Gedenkausgabe der Werke …, Bd. 11, Zürich und Stuttgart 1950, S. 455 und S. 459
68 Wilhelm Herbst, Matthias Claudius, der Wandsbecker Bote. Ein deutsches Stillleben, 3. Aufl., Gotha 1863, S. 325
69 Briefe an Freunde 120
70 Briefe an Freunde 269
71 Samuel Gottlieb Bürde, »Besuch bei Familie Claudius in Wandsbeck«, in: Jahresschriften der Claudius-Gesellschaft, 17 (2008), S. 18 – 22, hier S. 20
72 Hermann Patsch, »Claudius – Reichardt – Schleiermacher. Wege der ›Weihnachtskantilene‹«, in: Jahresschriften der Claudius-Gesellschaft, 8 (1999), S. 5 – 26, hier S. 20
73 W 366f.
74 Hamann 1965, S. 353
75 vgl. Patsch 1999, S. 19
76 Friedrich Daniel Ernst Schleiermacher, Kritische Gesamtausgabe, Bd. I,5, hg. v. Hermann Patsch, Berlin und New York 1995, S. 49f.
77 ebd.
78 Reinhard Görisch, »›… als einen Claudiusthaler jährlicher Liebesgabe‹. Johann Hinrich Wicherns Äußerungen über Matthias Claudius«, in: Jahresschriften der Claudius-Gesellschaft, 5 (1996), S. 25 – 42, hier S. 40
79 Jörg-Ulrich Fechner, »Das Stammbuch Friedrich von Matthissons, Rezension der kommentierten Faksimileausgabe«, in: Jahresschriften der Claudius-Gesellschaft, 17 (2008), S. 48 – 51, hier S. 50
80 Reinhard Görisch, »Begegnungen mit Matthias Claudius in den 1780er Jahren«, in: Jahresschriften der Claudius-Gesellschaft, 22 (2013), S. 26 – 31, hier S. 27
81 Christoph Friedrich Rinck, Studienreise 1783/84, unternommen im Auftrage des Markgrafen Karl Friedrich von Baden. Nach dem Tagebuche des Verfassers hg. v. Moritz Geyer, Altenburg 1897, S. 189f.
82 Mark Pockrandt, Biblische Aufklärung. Biographie und Theologie der Berliner Hofprediger August Friedrich Wilhelm Sack und Friedrich Samuel Gottfried Sack, Berlin 2003, S. 139
83 W 101
84 W 102
85 W 111
86 W 129

87 W 207
88 Stammler 1915, S. 150
89 Voß, Briefe, Bd. 3, Halberstadt 1832, S. 179
90 Stammler 1915, S. 150
91 W 199
92 W 207f.
93 Moralische Bibliothek für den jungen deutschen Adel, Bd. 1, Leipzig 1785, S. 425–436
94 ebd. S. 429
95 W 958
96 W 184f.
97 W 235f.
98 Barthold Heinrich [recte: Hinrich] Brockes, Auszug der vornehmsten Gedichte aus dem Irdischen Vergnügen in Gott, Faksimilenachdruck der Ausgabe von 1738, Stuttgart 1965, S. 458–462
99 W 182
100 W 258
101 Vgl. Jörg Schönert, »›Wie können Sie alle Tage das Elend so ansehen?‹. Matthias Claudius: ›Der Besuch im St. Hiob zu **‹. Aufklärung als Selbstbegrenzung von Erfahrung?«, in: Inge Stephan und Hans-Gerd Winter (Hg.), Hamburg im Zeitalter der Aufklärung, Berlin und Hamburg 1989, S. 333–356
102 W 236
103 Neuschäfer 2011/12, hier S. 178–185. Vgl. auch: Reinhard Görisch, »Das Gedicht zum Krieg. Matthias Claudius' ›Kriegslied‹ im Medieneinsatz«, in: Jürgen Felix und Peter Zimmermann (Hg.), Medien-Krieg. Zur Berichterstattung über die Golfkrise, Marburg 1991, S. 65–75
104 W 261
105 W 261
106 W 263

6. Die späten Wandsbeker Jahre

1 W 545
2 Stammler 1915, S. 160
3 W 673
4 Anonymus [= Johann Friedrich Reichardt], Freundliches Anschreiben des Vetter Andres an seinen lieben Vetter Asmus in Wandsbeck, o. O. 1793, S. 10
5 Reichardt 1793, S. 15

6 Gerhard Anton v. Halem's Selbstbiographie nebst einer Sammlung von Briefen an ihn …, hg. v. C. F. Strackerjan, Oldenburg 1840, S. 206
7 Johann Martin Lappenberg (Hg.), Briefe von und an Klopstock …, Braunschweig 1867, S. 373
8 W 449
9 W 450
10 Stammler 1915, S. 170
11 Gottfried Bölsing (Hg.), Friedrich Matthissons Gedichte, Bd. 2, Stuttgart 1913, S. 276
12 W 935
13 Elisa von der Recke, Tagebücher und Selbstzeugnisse, hg. v. Christine Träger, München 1984, S. 214f.
14 zitiert nach Stammler 1915, S. 275
15 W 1053
16 Johann Gottfried Herder, Sämmtliche Werke, hg. v. Bernhard Suphan, Bd. 15, Berlin 1888, S. 172
17 Jörg-Ulrich Fechner, »Claudius und Herder. Eine Skizze«, in: Fechner (Hg.) 1996, S. 135–149, hier S. 148
18 Karl August Böttiger, Literarische Zustände und Zeitgenossen. Begegnungen und Gespräche im klassischen Weimar, hg. v. Klaus Gerlach und René Sternke, Berlin 1998, S. 130
19 Erich Schmidt und Bernhard Suphan (Hg.), Xenien 1796, Weimar 1893, S. 33
20 W 940
21 François Fénelon, Allgemeine Anleitung um den innerlichen Frieden zu haben, aus dem Französischen übersetzt von Matthias Claudius, Wuppertal 1984, S. 3
22 1. Könige 19, 12
23 W 490
24 Perthes 1978, S. 43
25 Horst Weigelt, »Lavater und Claudius«, in: Fechner (Hg.) 1996, S. 165–178, hier S. 171
26 Franz Wegener, Der Freimaurergarten. Die geheimen Gärten der Freimaurer des 18. Jahrhunderts, Gladbeck 2008, S. 74
27 W 301
28 W 291
29 Wilhelm Heinrich Wackenroder, Sämtliche Werke und Briefe, Bd. 1, hg. v. Silvio Vietta, Heidelberg 1991, S. 205f.
30 E. T. A. Hoffmann, »Beethovens Instrumentalmusik«, in: ders., Musikalische Dichtungen und Aufsätze, Stuttgart 1922, S. 304

31 W 595f.
32 Ernst Bloch, Geist der Utopie. Bearbeitete Neuauflage der zweiten Fassung von 1923, Frankfurt a. M. 1964, S. 199
33 W 666–671 und 675–677
34 Cornelia Richter, Philipp Otto Runge. Ich weiß eine schöne Blume. Werkverzeichnis der Scherenschnitte, München 1981, S. 13
35 York-Gothart Mix, Ein unerforschter Kosmos. Philipp Otto Runges Zeitreflexion als Weltentwurf, in: Neue Zürcher Zeitung, 24.12.2011. Vgl. Familienbriefe 169f.
36 Jens Pfeiffer, Contemplatio Caeli. Untersuchungen zum Motiv des Himmelsbetrachters in lateinischen Texten der Antike und des Mittelalters, Hildesheim 2001
37 Gustave Flaubert, Die Briefe an Louise Colet, übersetzt von Cornelia Hasting, Zürich 1995, S. 778
38 W 623
39 Familienbriefe 261
40 Friedrich Perthes Leben …, aufgezeichnet von Clemens Theodor Perthes …, Bd. 2, Hamburg und Gotha 1851, S. 60
41 Philipp Otto Runge, Hinterlassene Schriften, Teil I, Faksimilenachdruck der Ausgabe Hamburg 1841, Göttingen 1965, S. 12
42 Frank Büttner, Philipp Otto Runge, München 2010, S. 71
43 Runge 1965, S. 20
44 W 675
45 Folke-Christiane Möller-Sahling, Julia Gräfin von Reventlow. Versuch einer sozialhistorischen Rekonstruktion, Klagenfurt 1999, S. 20
46 W 313–342
47 Willi Winkler (Hg.), Matthias Claudius übersetzt Platons Apologie des Sokrates, Berlin 2005, S. 100
48 Auserlesene Gespräche des Platon übersetzt von Friedrich Leopold Graf zu Stolberg, Dritter Theil, Königsberg 1797, S. 70
49 Friedrich Leopold Graf zu Stolberg, Briefe, hg. v. Jürgen Behrens, Neumünster 1966, S. 366
50 Harro Zimmermann, Aufklärung und Erfahrungswandel. Studien zur deutschen Literaturgeschichte des späten 18. Jahrhunderts, Göttingen 1999, S. 166
51 Olaf Klose und Christian Degn, Die Herzogtümer im Gesamtstaat 1721–1830, Neumünster 1960 (= Geschichte Schleswig-Holsteins, Bd. 6, hg. v. Olaf Klose), S. 163–407, hier S. 273
52 W 937

53 W 416–443
54 W 423
55 W 370–411
56 Julius August Wagenmann, Artikel »Riem, Andreas«, in: Allgemeine Deutsche Biographie, Bd. 29 (1889), S. 756–757
57 W 376
58 W 407
59 W 459–461
60 Briefe an Freunde 426f.
61 Dieter Andresen, »Matthias Claudius' Schrift ›*An den Naber mit Rat*‹ sprach- und theologiegeschichtlich«, in: Fechner (Hg.) 1996, S. 265–276, hier S. 268
62 W 951–958
63 zitiert nach Stammler 1915, S. 195
64 W 959–962
65 W 962
66 W 367–369, 477–493, 666–670, 677–690
67 W 545
68 W 548–552
69 W 573–592
70 W 607–618
71 W 641–645
72 W 691–700
73 W 547
74 zitiert nach Glagla und Lohmeier (Hg.) 1990, S. 218
75 W 345–348
76 W 473
77 Stosch (Hg.) 2012, S. 280
78 Roedl 1969, S. 251f.
79 Ludwig van Beethoven, Briefwechsel. Gesamtausgabe, hg. v. Sieghard Brandenburg, Bd. 4, München 1996, S. 241
80 Ada Kadelbach, »›Sie nahm aus ihrem Beutel ein uraltes Buch …‹. Paul Gerhardt bei Matthias Claudius und Thomas Mann«, in: Günter Balders und Christian Bunners (Hg.), »Und was er sang, es ist noch nicht verklungen«. Paul Gerhardt im Spiegel der Literatur, Berlin 2011, S. 27–43, hier S. 41
81 Perthes 1978, S. 19
82 Briefe an Freunde 464
83 Briefe an Freunde 447
84 Familienbriefe 252

85 Familienbriefe 182
86 von Halem 1840 (vgl. Anm. 6 in diesem Kapitel), S. 207
87 Johann Wolfgang von Goethe, Gedenkausgabe der Werke ..., Bd. 5, Zürich und Stuttgart 1950, S. 272
88 W 463
89 Familienbriefe 153
90 Familienbriefe 152
91 Familienbriefe 202f.
92 Familienbriefe 191
93 Familienbriefe 233
94 Familienbriefe 234
95 Familienbriefe 33
96 Familienbriefe 87
97 Familienbriefe 201
98 Familienbriefe 263
99 Familienbriefe 253
100 Familienbriefe 253
101 Rüdiger Pfeiffer u. a. (Hg.), Der Vahldorfer Gesangbuchstreit ..., Frankfurt a. M. u. a. 2009
102 Hans Erich Bödeker u. a. (Hg.), Le livre religieux et ses pratiques. Études sur l'histoire du livre religieux en Allemagne et en France à l'époque moderne, Göttingen 1991, S. 269 – 288, hier S. 280
103 W 344
104 Allgemeines Gesangbuch, auf Königlichen Allergnädigsten Befehl zum öffentlichen und häuslichen Gebrauche ... herausgegeben, Altona 1780, S. 424
105 Konrad Ameln, »Johann Gottfried Herder als Gesangbuch-Herausgeber«, in: Jahrbuch für Liturgik und Hymnologie, 23 (1979), S. 132 – 144, hier S. 143
106 Perthes 1978, S. 16
107 Perthes 1978, S. 12 – 15
108 nachzulesen bei Kranefuss 2011, S. 256f.
109 Briefe an Freunde 436
110 Familienbriefe 233
111 Familienbriefe 270
112 Perthes 1978, S. 31
113 Familienbriefe 306
114 W 966

115 Familienbriefe 311f.
116 Familienbriefe 317
117 Perthes 1978, S. 44f.

Mein Claudius – heute

1 Carl Friedrich Cramer (Hg.), Magazin der Musik, 1 (1783), Reprint Hildesheim 1971, S. 36
2 Römer 13, 1
3 W 439
4 Friedrich Nietzsche, Sämtliche Werke: Kritische Studienausgabe …, hg. v. Giorgio Colli und Mazzino Montinari, Bd. 6, München 1988, S. 151
5 Herbert Kopp-Oberstebrink und Martin Treml (Hg.), Hans Blumenberg. Jacob Taubes. Briefwechsel 1961–1981, Berlin 2013, S. 268
6 Reinhard Görisch, Matthias Claudius oder Leben als Hauptberuf, Hamburg und Freiburg/Schweiz 1985
7 Görisch 1985, S. 59
8 Johann Gottfried Herder, Sämmtliche Werke, hg. v. Bernhard Suphan, Bd. 5, Berlin 1891, S. 586
9 W 16f.
10 vgl. Pfeiffer 2001, S. 83
11 W 202
12 »Der Sinn des Lebens ist zu leben« [Tobias Haberl interviewt Agnes Heller], in: Süddeutsche Zeitung Magazin, Heft 4 (2014)
13 Heller 1988 (vgl. Kap. 5, Anm. 22), S. 516
14 W 177
15 Alain Badiou, Platons ›Staat‹. Aus dem Französischen von Heinz Jatho, Zürich und Berlin 2013, S. 13
16 D. Martin Luthers Werke. Kritische Gesamtausgabe, Bd. 8, Weimar 1889, S. 637
17 Wilhelm Dilthey, Die geistige Welt. Einleitung in die Philosophie des Lebens. Erste Hälfte …, hg. v. Georg Misch, Leipzig 1924 (= Gesammelte Schriften, Bd. 5), S. 5
18 Martin Heidegger, Aus der Erfahrung des Denkens. 1910–1976, 2. Aufl., Frankfurt a. M. 2002 (= Gesamtausgabe, I. Abteilung, Bd. 13), S. 97
19 Martin Heidegger, Schwarze Hefte, zitiert nach Thomas Assheuer, »Das vergiftete Erbe«, in: Die Zeit, 21. 3. 2014
20 Gabriel Marcel, Sein und Haben, aus dem Französischen von Ernst Behler, Paderborn 1954, S. 228ff.

21 Marcel 1954, S. 257

22 Marcel 1954, S. 111

23 zitiert nach George Steiner, Von realer Gegenwart. Hat unser Sprechen Inhalt? Aus dem Englischen von Jörg Trobitius, München und Wien 1990, S. 315

Bibliographie

Aufgeführt sind nur Veröffentlichungen zu Leben und Werk von Matthias Claudius. Weitere Literaturangaben finden sich von Fall zu Fall in den Anmerkungen.

1. Ausgaben

Claudius, Matthias, Sämtliche Werke, hg. v. Rolf Siebke und Hansjörg Plaschek, 8. Aufl., Düsseldorf und Zürich 1996

Der Wandsbecker Bothe, Jg. 1–5, 1771–1775, 5 Bde., Faksimile-Nachdruck, hg. v. Karl Heinrich Rengstorf und Hans-Albrecht Koch, Hildesheim und New York 1978

Fechner, Jörg-Ulrich (Hg.), Hessen=Darmstädtische privilegirte Land=Zeitung 1777, Faksimileausgabe des von Matthias Claudius redigierten Teils …, Darmstadt 1978

Fechner, Jörg-Ulrich (Hg.), Matthias Claudius, Tändeleyen und Erzählungen, Reprint, Hamburg 1998

Claudius, Matthias, Asmus und die Seinen. Briefe an die Familie, hg. v. Hans Jessen und Ernst Schröder, Berlin o. J. [1940]

Claudius, Matthias, Botengänge. Briefe an Freunde, hg. v. Hans Jessen, Witten 1965

2. Literatur

Andresen, Dieter, »Matthias Claudius' Schrift ›*An den Naber mit Rat*‹ sprach- und theologiegeschichtlich«, in: Jörg-Ulrich Fechner (Hg.), Matthias Claudius 1740–1815. Leben – Zeit – Werk, Tübingen 1996, S. 265–276

Anonymus [= Johann Friedrich Reichardt], Freundliches Anschreiben des Vetter Andres an seinen lieben Vetter Asmus in Wandsbeck, o. O. 1793

Berglar, Peter, Matthias Claudius, 6. Aufl., Reinbek 2003

Beutel, Albrecht, »›Jenseit des Monds ist alles unvergänglich‹. Das ›Abendlied‹ von Matthias Claudius«, in: Zeitschrift für Theologie und Kirche, 87 (1990), S. 487–520

Bohnen, Klaus, »Lessing und Claudius«, in: Jörg-Ulrich Fechner (Hg.), Matthias Claudius 1740–1815. Leben – Zeit – Werk, Tübingen 1996, S. 111–133

Bürde, Samuel Gottlieb, »Besuch bei Familie Claudius in Wandsbeck«, in: Jahresschriften der Claudius-Gesellschaft, 17 (2008), S. 18–22

Debus, Friedhelm (Hg.), Matthias Claudius. 250 Jahre Werk und Wirkung, Göttingen 1991

Donovan, Siobhán, Der christliche Publizist und sein Glaubensphilosoph. Zur Freundschaft zwischen Matthias Claudius und Friedrich Heinrich Jacobi, Würzburg 2004

Donovan, Siobhán, und Lüchow, Annette, »Matthias Claudius und die Volksaufklärung«, in: Jahresschriften der Claudius-Gesellschaft, 9 (2000), S. 6 – 25

Fechner, Jörg-Ulrich, »Claudius – Bach – Reichardt – Schlabrendorf: Zur Notwendigkeit einer wissenschaftlichen Ausgabe der Briefe von und an Matthias Claudius«, in: Friedhelm Debus (Hg.), Matthias Claudius. 250 Jahre Werk und Wirkung, Göttingen 1991, S. 121 – 142

Fechner, Jörg-Ulrich, »›Auf Asmus Tod‹ – 1775. Zeitgenössische Claudius-Spuren in Schlesien«, in: Jahresschriften der Claudius-Gesellschaft, 1 (1992), S. 22 – 33

Fechner, Jörg-Ulrich, »›Claudius in Halberstadt‹. Zu einer poetischen Epistel Klamer Eberhard Karl Schmidts über Claudius' Besuch bei J. W. L. Gleim«, in: Jahresschriften der Claudius-Gesellschaft, 4 (1995), S. 19 – 42

Fechner, Jörg-Ulrich, »Claudius und Herder. Eine Skizze«, in: Jörg-Ulrich Fechner (Hg.), Matthias Claudius 1740 – 1815. Leben – Zeit – Werk, Tübingen 1996, S. 135 – 149

Fechner, Jörg-Ulrich, »›'Tame, 'Haschmu,: 'Portolabi 'Paehu.‹ Einige Fakten, Überlegungen und vorläufige Schlußfolgerungen zu Matthias Claudius' ›Nachricht von meiner Audienz bey'm Kaiser von Japan‹«, in: Jahresschriften der Claudius-Gesellschaft, 13 (2004), S. 22 – 32

Fechner, Jörg-Ulrich (Hg.), Matthias Claudius 1740 – 1815. Leben – Zeit – Werk, Tübingen 1996

Frahm, Walter, »Die Beziehungen des Wandsbeker Boten zum Wandsbeker Gutsherrn«, in: Nordelbingen, 12 (1936), S. 278 – 283

Frühwald, Wolfgang, »Der Sonne und des Mondes Philosoph. Matthias Claudius in seiner Zeit«, in: Friedhelm Debus (Hg.), Matthias Claudius. 250 Jahre Werk und Wirkung, Göttingen 1991, S. 13 – 40

Glagla, Helmut, und Lohmeier, Dieter (Hg.), Matthias Claudius 1740 – 1815. Ausstellung zum 250. Geburtstag, Heide 1990

Görisch, Reinhard, Matthias Claudius und der Sturm und Drang. Ein Abgrenzungsversuch. Vergleiche mit Goethe, Herder, Lenz, Schubart und anderen am Beispiel eschatologischer Vorstellungen im Kontext des Epochenbewußtseins, Frankfurt a. M. 1981

Görisch, Reinhard, Matthias Claudius oder Leben als Hauptberuf, Hamburg und Freiburg/Schweiz 1985

Görisch, Reinhard, »Das Gedicht zum Krieg. Matthias Claudius' ›Kriegslied‹ im Medieneinsatz«, in: Jürgen Felix und Peter Zimmermann (Hg.), Medien-Krieg. Zur Berichterstattung über die Golfkrise, Marburg 1991, S. 65 – 75

Görisch, Reinhard, »›… als einen Claudiusthaler jährlicher Liebesgabe‹. Johann Hinrich Wicherns Äußerungen über Matthias Claudius«, in: Jahresschriften der Claudius-Gesellschaft, 5 (1996), S. 25–42

Görisch, Reinhard, »Begegnungen mit Matthias Claudius in den 1780er Jahren«, in: Jahresschriften der Claudius-Gesellschaft, 22 (2013), S. 26–31

Grabke, Wilhelm, Wandsbek und Umgebung, Hamburg 1960, S. 120f.

Grohmann, Hans-Diether, Matthias Claudius als Übersetzer französischsprachiger Schriftsteller. Eine translationskritische Analyse …, Neumünster 1995

Herbst, Wilhelm, Matthias Claudius, der Wandsbecker Bote. Ein deutsches Stillleben, 3. Aufl., Gotha 1863

Hoefer, F. J. Curt, Der Wandsbecker Bothe. Ein Beitrag zur Geschichte der deutschen Publizistik im 18. Jahrhundert, Diss. Leipzig 1945 (maschinenschriftlich)

Kadelbach, Ada, »›Sie nahm aus ihrem Beutel ein uraltes Buch …‹. Paul Gerhardt bei Matthias Claudius und Thomas Mann«, in: Günter Balders und Christian Bunners (Hg.), »Und was er sang, es ist noch nicht verklungen«. Paul Gerhardt im Spiegel der Literatur, Berlin 2011, S. 27–43

Koch, Hans-Albrecht, und Siebke, Rolf, »Unbekannte Briefe und Texte von Matthias Claudius nebst einigen Bemerkungen zur Claudius-Forschung«, in: Jahrbuch des Freien Deutschen Hochstifts, 1972, S. 1–35

Kranefuss, Annelen, Matthias Claudius, Hamburg 2011

Kranefuss, Annelen, »›Und er kömmt nimmer wieder‹. Poetische Endlichkeitsreflexionen bei Matthias Claudius«, in: Friederike Felicitas Günther und Torsten Hoffmann (Hg.), Anthropologien der Endlichkeit. Stationen einer literarischen Denkfigur seit der Aufklärung. Für Hans Graubner zum 75. Geburtstag, Göttingen 2011, S. 37–54

Martens, Wolfgang, »Gegen den Zeitgeist gerichtet: Matthias Claudius' Gedicht ›Der Mensch‹«, in: Zeitschrift für Deutsche Philologie, 110/4 (1991), S. 505–515

Marx, Rainer, »Unberührte Natur, christliche Hoffnung und menschliche Angst – Die Lehre des Hausvaters in Claudius' Abendlied«, in: Karl Richter (Hg.), Gedichte und Interpretationen, Bd. 2, Stuttgart 1983, S. 341–355

Meding, Wichmann von, »Matthias Claudius 1740–1815: Narr am Hof der regierenden Aufklärung«, in: Literatur in Wissenschaft und Unterricht, 24 (1991), S. 3–16

Mönckeberg, Carl, Matthias Claudius. Ein Beitrag zur Kirchen= und Litterar=Geschichte seiner Zeit, Hamburg 1869

Mönckeberg, Carl, Lessing als Freimaurer, Hamburg 1880

Münz, Walter, »›Der Zahn soll Alexander heißen.‹ Spurensuche zu einem Vers von Matthias Claudius«, in: Jahresschriften der Claudius-Gesellschaft, 20 (2011), S. 17–24

Neuschäfer, Reiner Andreas, »›Wie man mit Ehren fechten soll‹ oder: Matthias Claudius als David in Darmstadt. ›Die Geschichte von Goliath und David, in Reime bracht‹«, in: Jahresschriften der Claudius-Gesellschaft, 15 (2006), S. 5–20

Neuschäfer, Reiner Andreas, »Dietrich Bonhoeffer und Matthias Claudius. Spuren des Wandsbecker Boten bei Bonhoeffer«, in: Dietrich Bonhoeffer Jahrbuch, 5 (2011/2012), S. 167–187

Patsch, Hermann, »Claudius – Reichardt – Schleiermacher. Wege der ›Weihnachts-kantilene‹«, in: Jahresschriften der Claudius-Gesellschaft, 8 (1999), S. 5–26

Perthes, Agnes, Erinnerungen an Matthias Claudius, hg. v. Hansjörg Schmitthenner, München 1978

Roedl, Urban [d. i. Bruno Adler], Matthias Claudius. Sein Weg und seine Welt, 3. Aufl., Hamburg 1969

Schönert, Jörg, »›Wie können Sie alle Tage das Elend so ansehen?‹. Matthias Claudius: ›Der Besuch im St. Hiob zu **‹. Aufklärung als Selbstbegrenzung von Erfahrung?«, in: Inge Stephan und Hans-Gerd Winter (Hg.), Hamburg im Zeitalter der Aufklärung, Berlin und Hamburg 1989, S. 333–356

Schröder, Ernst, »Der Wandsbecker Bote. Persönlichkeit und Lebensweise, von seinem Sohn Fritz mitgeteilt«, in: Eckart. Blätter für evangelische Geisteskultur, 16 (1940), S. 217

Stammler, Wolfgang, »Gleim und Claudius«, in: Zeitschrift des Harz-Vereins für Geschichte und Altertumskunde, 47 (1914), S. 103–140

Stammler, Wolfgang, Matthias Claudius, der Wandsbecker Bothe. Ein Beitrag zur deutschen Literatur= und Geistesgeschichte, Halle 1915

Stammler, Wolfgang, »Claudius und Gerstenberg«, in: Archiv für das Studium der neueren Sprachen und Literaturen, deutsches Sonderheft, Braunschweig und Berlin 1920, S. 21–58

Stock, Klaus-Jürgen, »Matthias Claudius. Alle freimaurerischen Artikel im ›Wandsbecker Bothen‹ 1771–1775«, in: Quatuor Coronati. Jahrbuch für Freimaurerforschung, 27 (1990), S. 77–99

Wartenberg, Jan, »Unbekannter Brief Friedrich Heinrich Jacobis an Matthias Claudius aus dem Jahr 1778«, in: Jahresschriften der Claudius-Gesellschaft, 21 (2012), S. 6–16

Weigelt, Horst, »Lavater und Claudius«, in: Jörg-Ulrich Fechner (Hg.), Matthias Claudius 1740–1815. Leben – Zeit – Werk, Tübingen 1996, S. 165–178

Winkler, Willi (Hg.), Matthias Claudius übersetzt Platons Apologie des Sokrates, Berlin 2005

Werkregister

Kursiv gesetzte Seitenzahlen verweisen auf Abbildungen.

Werke

* D. h.: Silbern A B C; der Text folgt in *Asmus* 7 auf das »Gülden A B C«.

Personenregister

Kursiv gesetzte Seitenzahlen verweisen auf Abbildungen.

Bildnachweis

Archive:

akg-images, Berlin: 59 o. M., 59 M. M. , 59 u. l., 91 r., 141, 229, 239 (N. N.), 255 (historic-maps)

Bayerische Staatsbibliothek, München: 120 (Vossiana 51.1)

bpk | Bildagentur für Kunst, Kultur und Geschichte, Berlin: 36 l. (Staatsbibliothek zu Berlin/Ruth Schacht), 36 M., 36 r., 59 u. M. (Das Gleimhaus, Halberstadt/Ulrich Schrader), 73 (Lutz Braun), 227 r., 248 (N. N.)

Bridgeman Images, Berlin: 149 r. (Hamburger Kunsthalle, Hamburg)

ddp images, Hamburg: 59 M. l. (Georgios Kollidas)

Hamburg Museum, Hamburg: 103, 173, 182, 236 l., 236 r.

Heimatmuseum Bad Oldesloe: 101

Heinrich-Heine-Institut, Düsseldorf: 51

Interfoto, München: 160 (National Maritime Museum, London)

Kirchengemeinde Reinfeld: 23 o. (Dierk Topp)

ÖNB, Wien: 91 l.

Pictura Paedagogica Online, Bibliothek für Bildungsgeschichtliche Forschung, Berlin: 194 (b0013859berl), 202 (b0013737berl)

Privatarchiv Autor: 23 u.

Privatsammlung M. C. Tümpel, Düsseldorf: 97

Schleswig-Holsteinische Landesbibliothek, Kiel: 177

Schlossmuseum Darmstadt: 145

Staatsarchiv Hamburg: 256

Staats- und Universitätsbibliothek Hamburg: 58 (Gemäldesammlung 48 – Claudius, Matthias)

The Museum of National History on Frederiksborg Castle: 25, 106

ullstein bild, Berlin: 59 o. r. (Lebrecht Music & Arts), 226 (N. N.), 227 l. (Iberfoto)

Publikationen:

Bougainville, Lewis de, A Voyage round the World, translated from the French by John Reinhold Forster, London 1772: 161

Claudius, Matthias, Ob und wie weit Gott den Tod der Menschen bestimme, bey der Gruft seines geliebtesten Bruders Herrn Josias Claudius, der Gottesge-

lahrtheit rühmlichst Beflissenen welcher zu Jena den 19ten des Wintermonats 1760. seelig verschied von M. Claudius der teutschen Gesellschaft zu Jena ordentlichen Mittgliede, Jena 1760: 27
Claudius, Matthias, Sämtliche Werke, hg. v. Rolf Siebke und Hansjörg Plaschek, 8. Aufl., Düsseldorf und Zürich 1996: 78, 90, 148 l., 148 r., 149 l.
Claudius, Matthias, Werke, 4. Aufl., Hamburg 1829: 121
Über Land und Meer. Deutsche Illustrierte Zeitung, Jg. 64, 1890, S. 923: 163

Alle weiteren Abbildungen sind gemeinfrei.